W0466783

wort stark

Enter>>

werkst

wortstark 8

Themen und Werkstätten für den Deutschunterricht

Schroedel

wortstark 8

Themen und Werkstätten für den Deutschunterricht

Neubearbeitung

Herausgegeben von August Busse und Ingrid Hintz

Erarbeitet von Georg Boslak, Reinhard Brauer, August Busse, Gabriele Czech, Irmgard Ehls, Ingrid Hintz, Heiderose Lange, Gerd Ludwig, Christina Meinik, Eleonore Preuß, Andrea Rudel, Hubert Schröer und Fritz Wiesmann

Online-Werkservice

Ergänzungsmaterialien zu den wortstark-Schülerbänden erscheinen regelmäßig im Internet unter: www.schroedel.de/werkservice

ISBN 3-507-48003-4

© 2004 Bildungshaus Schulbuchverlage
Westermann Schroedel Diesterweg Schöningh Winklers GmbH, Braunschweig
www.schroedel.de

Das Werk und seine Teile sind urheberrechtlich geschützt. Jede Nutzung in anderen als den gesetzlich zugelassenen Fällen bedarf der vorherigen schriftlichen Einwilligung des Verlages. Hinweis zu § 52 a UrhG: Weder das Werk noch seine Teile dürfen ohne eine solche Einwilligung gescannt und in ein Netzwerk eingestellt werden. Dies gilt auch für Intranets von Schulen und sonstigen Bildungseinrichtungen.

Druck A 5 4 3 2 1 / Jahr 2008 07 06 05 04

Alle Drucke der Serie A sind im Unterricht parallel verwendbar. Die letzte Zahl bezeichnet das Jahr des Druckes.

Redaktion: Stefan Bicker
Herstellung: Christian Behrens
Illustrationen: Manfred Bofinger, Sabine Lochmann und Jaroslaw Schwarzstein
Umschlaggestaltung und Lay-out: Janssen Kahlert Design & Kommunikation, Hannover
Satz: Jesse Konzept & Text GmbH, Hannover
Druck: Appl Aprinta, Wemding
Bindung: Josef Spinner Großbuchbinderei, Ottersweier

Selbstständig lernen

In sein – Out sein – Ich sein

„Anders sind wir, anders die Andern"

INHALTSVERZEICHNIS

Wasser ist Leben

Traumberufe – Berufsträume

Eine Zeitung wird „gemacht“

MAGAZIN: Krimis und Detektivgeschichten

WERKSTATT GEDICHTE

WERKSTATT Geschichten

WERKSTATT THEATER

WERKSTATT Schreiben

WERKSTATT Rechtschreiben

WERKSTATT Sprache

METHODEN LERNEN

Wenn ihr schon mit „wortstark“ gearbeitet habt, wisst ihr, dass es aus verschiedenen Teilen besteht:

- Auf der nächsten Seite beginnt ein Kapitel **Selbstständig lernen**. Es enthält viele Tipps für das freie Arbeiten. Außerdem könnt ihr hier überprüfen, wie gut ihr schon im Lesen von Texten und Diagrammen seid und wo ihr noch besser werden könnt.

- Dann folgen fünf Kapitel, in denen es um interessante **Themen** geht: Trends, Fremdes und Vertrautes, Umwelt, Traumberufe, Zeitung. Hier findet ihr viele Texte, Bilder und Anregungen zum Lesen, Sprechen, Schreiben und Spielen. Manchmal arbeitet ihr in den Werkstatt-Kapiteln weiter, wenn ihr etwas genauer erarbeiten wollt.

- Das **Magazin** bietet euch spannende, witzige, informative Texte zum Thema „Krimis und Detektivgeschichten“ an, zum Lesen, Handeln und Weiterlesen.

- In den **Werkstätten** wird euch sprachliches „Handwerkszeug“ vermittelt, das ihr immer wieder verwenden könnt. Zum Beispiel lernt ihr etwas über
  - ganz unterschiedliche Gedichte (**Werkstatt Gedichte**),
  - Anekdoten und andere kurze Geschichten (**Werkstatt Geschichten**),
  - das Spielen zu Texten (**Werkstatt Theater**),
  - perspektivisches Erzählen und sachliches Berichten (**Werkstatt Schreiben**),
  - richtiges Schreiben (**Werkstatt Rechtschreiben**),
  - Wortarten und Satzbau (**Werkstatt Sprache**),
  - Sachtexte und wie man sie erarbeiten kann (**Methoden lernen**).

- Achtet einmal auf die **gelochten Wortzettel** in den Themen-Kapiteln. Sie sagen euch: Sammelt neue, wichtige oder schwierige Wörter, wenn ihr an einem Thema arbeitet. Ihr könnt diese Wörter in eure Rechtschreibkartei aufnehmen und in der Werkstatt Rechtschreiben damit üben. So tragt ihr viel Wortmaterial zusammen, um fit im Rechtschreiben zu werden.

- Auch mit dem **Anhang** des Buches könnt ihr arbeiten:
  - Ihr sucht Erklärungen zu den Wörtern mit Sternchen (*)? Schlagt auf S. 261 nach!
  - Ihr wollt Vokale, Silben, Pronomen und andere Fachbegriffe erklärt bekommen? Das Verzeichnis **Fachbegriffe zum Nachschlagen** hilft weiter.
  - Gedichte, Erzähl- oder Sachtexte sind überall im Buch verstreut – wenn ihr sie finden wollt, dann schlagt im **Textsortenverzeichnis** nach.
  - Ihr möchtet mehr von einer Autorin oder einem Autor lesen – vielleicht werdet ihr im **Autoren- und Quellenverzeichnis** fündig.

Selbstständig lernen

Info ... Schreibwerkstatt ... Info

Elfer
leer
das Papier
schreiben soll ich
mir fällt nichts ein
Stress
Kathrin

In dieser Woche können ihre Texte am Computer schreiben:
Sonja, Sina, Fabian

Lustig
Anziehend
Redegewandt
Supercool

Liebe 8b!
Noch einmal zur Erinnerung:
→ Freie Schreibzeit für jeden dienstags, 3. Stunde
→ Schreibideen findet ihr
- im Buch „wortstark",
- in den Schreibkarteien und Ordnern hinten im Klassenraum.
→ Jeder gibt zwei Texte pro Monat ab.
Busse

Wer sammelt und schreibt mit mir „Schulgeschichten" für unsere Klassenzeitung?
Daniel

Schreiben macht Spaß. Und es ist gar nicht so schwer, gute Texte zu schreiben. Die Pinnwand, von der ihr einen Ausschnitt seht, hat sich eine 8. Klasse eingerichtet; daran hängen die Schülerinnen und Schüler und ihre Lehrerin ihre Schreibvorschläge, fertige Texte, Überarbeitungsanregungen, Absprachen usw. aus.
Auf den folgenden Seiten findet ihr viele verschiedene Ideen, die euch zum Schreiben „verführen" wollen, denn Schreiben lernt man durch Schreiben. Auch zum Überarbeiten, Gestalten und Sammeln von Texten findet ihr Anregungen.

Was ihr schreibt, wie ihr schreibt, warum ihr schreibt – das hängt vom Thema ab, das ihr wählt, und von der Situation, in der ihr schreibt. Das Schreiben ist allerdings auch Übungssache. Deshalb ist es gut, wenn ihr euch bestimmte Zeiten zum Schreiben reserviert.

Ins Schreiben kommen

Um ins Schreiben zu kommen, gibt es verschiedene Wege:

- Sich überlegen, worüber man schreiben will (z. B. Themen aus dem eigenen Leben; Geschichten und Gedichte, um Erlebnisse zu verarbeiten; Themen, die einen Spaß machen).
- Kurze Zeitungsmeldungen oder Bilder sammeln, die die Fantasie zu einer Geschichte anregen.
- Sich zu einem Thema Notizen machen, die man später ausformuliert.
- Sich Vorlagen oder Muster suchen, die man „nachahmen" kann (S. 12/13).
- Ein Wort oder eine Überschrift aufschreiben und spontan alles, was einem gerade in den Sinn kommt, notieren. Den Stift dabei möglichst nicht absetzen. (Das Geschriebene muss nicht unbedingt gleich ein zusammenhängender Text sein, aber hinterher kann man etwas Zusammenhängendes daraus machen.)
- Ein Cluster machen, um Gedanken zu einem Thema zu sammeln.

Ein **Cluster** ist ein Zauberschlüssel, mit dem du Ereignisse, Gedanken, Gefühle, Ideen, Bilder aus deinem Gedächtnis „herauslocken" kannst:
- Du schreibst ein Wort oder einen Satz in die Mitte eines Blattes.
- Dann malst du einen Kreis um das Wort oder den Satz.
- Danach lässt du deinen Gedanken freien Lauf und schreibst alles, was dir einfällt, auf.
- Später kannst du alle Gedanken, die du für deinen Text verwenden willst, umranden oder miteinander verbinden.

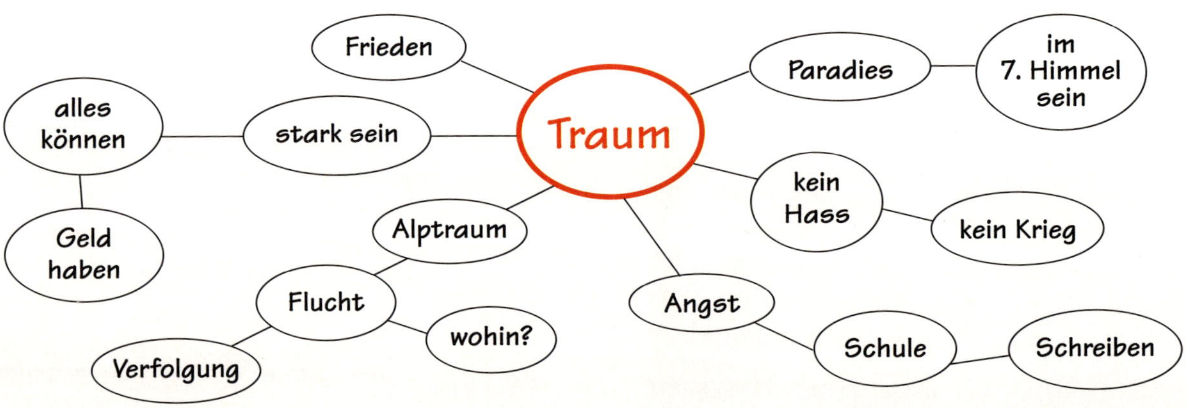

Hier sind einige Schreibideen oder Überschriften. Ihr könnt ein Cluster dazu entwerfen, um ins Schreiben zu kommen. Ihr könnt aber auch einfach drauflosschreiben oder einen anderen Weg wählen.

Schreibideen

- Angst – Wut – Freude – Ärger
  Glück – Pech – Alleinsein
  Liebe – Tod – Freiheit
- Familie – Schule – Freunde
- Reise – Ferien – Freizeit – Sport
- Farben: Rot – Blau – Weiß
- manchmal – obwohl – aber trotzdem

- Da habe ich wirklich Glück gehabt
- Eine Reise in ein fernes Land
- So stelle ich mir eine gute Familie vor
- Manchmal kämpfe ich wie gegen einen Schatten
- Als Teenager schon Millionär
- Ich bin ein Skater
- Plötzlich klingelt das Telefon
- Nix wie weg
- Sprüche, nichts als Sprüche
- So ein Leben als Gangsterbraut …
- Jedenfalls hab ich's versucht
- Alles nur geträumt
- Wenn ich viel Zeit hätte …
- Da begegnet mir doch dieser Traummann / diese Traumfrau
- Einmal Model sein
- Ich war Zeuge bei einem Verkehrsunfall
- Wenn ich nur noch einen Tag zu leben hätte …
- Liebeserklärung
- Mein schlimmster Alptraum
- Mein schönster Traum
- Was ich mir für mein Leben wünsche
- Wie ich mir meinen Beruf vorstelle

In meinem schönsten Traum …

bin ich im Paradies
Nur ich und ein anderer
Mensch
leben dort
Wir können tun und lassen
was wir wollen
Wir können den ganzen Tag
auf Pferden reiten
schwimmen
und die Früchte von den
Bäumen essen
Alles ist friedlich
kein Hass
kein Krieg

Sara

In meinem schlimmsten Alptraum …

saß ich in der Schule
im Deutschunterricht
und
sollte
meinen schlimmsten
Alptraum
aufschreiben

Carsten

Schreiben nach Mustern

Mithilfe der folgenden Muster könnt ihr eigene Texte schreiben und eure Schreibideen in eine geeignete Form bringen. Ihr könnt auch zu den Themen in „wortstark" kleine Texte schreiben, z. B. über eine Betriebsbesichtigung, ein Erlebnis mit Wasser, einen modischen Trend …

Abc-Texte

Was ich mag

A Apfelsaft
B Bonbons
C Cola
D Donuts
E Eis
F

Was ich nicht mag

A Abends früh schlafen gehen
B Brot ohne Käse
C Chemie im Essen
D

Senkrecht

S Schon wieder früh aufstehen
C Chemie in der 1. Stunde
H Hausaufgaben ohne Ende
U Unterricht bis um halb zwei
L Lehrer, die nerven
E Echt ätzend

I nteressiert
N ervenstark
G ern mit Freunden zusammen
M odisch gekleidet
A bends fast nie zu Hause
R undum zufrieden

Nomen mit Artikel

ein Mädchen
ein Junge
ein Treffen
ein Lächeln
eine Berührung
ein Kuss
…
oje, bin ich verliebt

die Schule
die Stunden
die Pausen
das Lernen
die Langeweile
der Stress
die Zensuren
…
hurra, endlich Ferien

Elfer-Gedicht

Gedichte aus elf Wörtern, häufig mit einer Farbe beginnend. In der ersten Zeile steht ein Wort, in den Zeilen zwei bis vier jeweils ein Wort mehr, in der fünften Zeile wieder nur ein Wort:

Blau
das Wasser
Muscheln und Steine
Ich sitze am Strand
Ferien

Wort-Anfang

Jede Zeile fängt mit dem gleichen Wort an. In der letzten Zeile kann etwas verändert werden (z. B. mit dem Wort „aber"):

Schule

Schule ist anstrengend
Schule bedeutet Unterricht
Schule beginnt morgens früh
Schule ist manchmal Stress
Aber ich treffe viele Freunde

Rondelle

Gedichte aus acht Zeilen; in der zweiten, vierten und siebten Zeile wiederholt sich immer derselbe Satz:

Party

Viele Freunde kommen
Endlich eine Party
Wir werden Spaß haben
Endlich eine Party
Ich habe Lust und freue mich
Ob Kerstin auch kommt?
Endlich eine Party
Hoffentlich machen meine Eltern keinen Ärger

Dreieck

Du beginnst wieder mit einem Wort in der ersten Zeile.
In der zweiten Zeile folgen zwei Wörter usw.
In der letzten Zeile steht wieder das erste Wort:

Schule
Ganz allein
In meiner Bank
Es begann der Unterricht
Der Lehrer verteilte die Zeugnisse
Dann war mein Gesicht voller Tränen
Schule

Sieben

Ein Text besteht aus sieben Zeilen, beginnend mit einem Wort in der ersten Zeile, dann in den Zeilen zwei bis vier jeweils ein Wort mehr und in den nächsten Zeilen wieder ein Wort weniger, sodass in der siebten Zeile nur ein Wort steht:

Trends
IN sein
oder OUT sein
Das ist die Frage.
Was will ich?
Ich bin
ICH.

Stufen-Gedicht

Du fängst in der ersten Zeile mit einem Wort an (Überschrift), in jeder Zeile wird ein weiteres Wort hinzugefügt. In der letzten Zeile steht wieder ein Wort: (Tipp: Zuerst einen langen Satz ausdenken!)

Freunde
Freunde finden
Freunde finden ist
Freunde finden ist nicht
Freunde finden ist nicht so
einfach

Alle Schreibideen sind Anregungen. Ihr könnt sie ausprobieren, aber auch verändern oder etwas ganz anderes schreiben.

Textentwürfe überarbeiten

Manchmal findet man seine Texte nicht gut genug. Manchmal möchte man noch besser schreiben können. Alle geschriebenen Texte könnt ihr allein oder in einer Schreibkonferenz überarbeiten. Hierbei überprüft ihr sie im Hinblick auf

- den Inhalt,
- die Form,
- den Aufbau,
- den Umfang,
- die Wortwahl,
- die Rechtschreibung.

Ihr könnt euch folgende Fragen stellen:

- Entspricht euer Text dem, was ihr sagen und ausdrücken wolltet?
- Wenn andere euren Text lesen, können sie ihn dann verstehen?

Diana hat einen Text zum Thema „Mein schlimmster Alptraum" geschrieben. Ihren ersten Entwurf hat sie überarbeitet und anschließend mit dem Computer gestaltet:

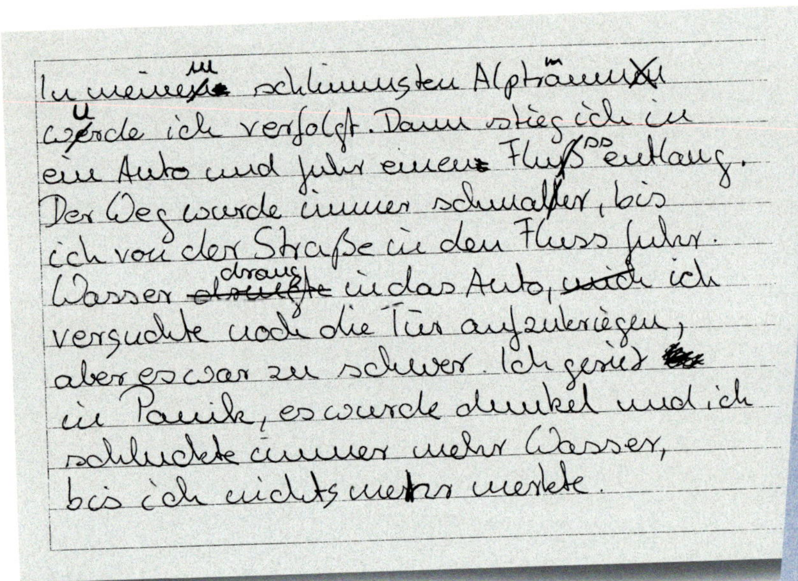

In meinem schlimmsten Alpträumen
würde ich verfolgt. Dann stieg ich in
ein Auto und fuhr einen Fluss entlang.
Der Weg wurde immer schmaler, bis
ich von der Straße in den Fluss fuhr.
Wasser drang in das Auto, und ich
versuchte noch die Tür aufzukriegen,
aber es war zu schwer. Ich geriet
in Panik, es wurde dunkel und ich
schluckte immer mehr Wasser,
bis ich nichts mehr merkte.

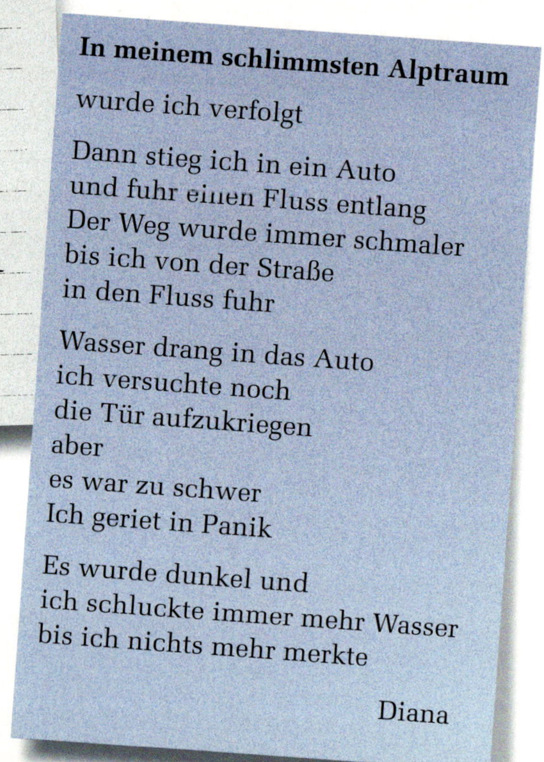

In meinem schlimmsten Alptraum

wurde ich verfolgt

Dann stieg ich in ein Auto
und fuhr einen Fluss entlang
Der Weg wurde immer schmaler
bis ich von der Straße
in den Fluss fuhr

Wasser drang in das Auto
ich versuchte noch
die Tür aufzukriegen
aber
es war zu schwer
Ich geriet in Panik

Es wurde dunkel und
ich schluckte immer mehr Wasser
bis ich nichts mehr merkte

Diana

Fertige Texte sammeln und gestalten

Überlegt euch, ob und wie ihr eure Texte sammeln wollt:
Ihr könnt sie für euch selbst oder auch mit anderen aus eurer Klasse sammeln, z. B. in Themen-Heften, selbst gemachten „Büchern“ oder Ordnern.

Schülerinnen und Schüler der Klasse 8b haben kurze Texte zu den Themen „Mein schönster Traum …“ und „Wenn ich nur noch einen Tag zu leben hätte …“ geschrieben. Mit dem Computer wurden die Texte gestaltet und anschließend als „Buch“ zusammengestellt. Das geht ganz leicht:

- DIN-A4-Papier der Länge nach in zwei Hälften teilen,
- rechts und links die Texte aufschreiben oder drucken,
- in der Mitte falzen, die Seiten ineinander legen,
- ein Deckblatt/Außenblatt gestalten, die Seiten hineinlegen,
- oben links lochen und einen Faden durchziehen.

Ideen für Textsammlungen:

Montagsgeschichten
Jahreszeitenbuch
(Zahn-)Arztgeschichten
Stargeschichten
Freizeitideen
Pop und Trends
Computer-Texte
Fernsehgeschichten
Sportnachrichten
Geschichten über andere Länder
Klassenfahrten
Wir über uns
Betriebserkundungen

Wichtig ist, dass ihr die Sammlungen so gestaltet, dass sie schon auf den ersten Blick zum Lesen einladen:

- ansprechendes Titelblatt oder Umschlag
- Inhaltsverzeichnis
- Illustrationen, Zeichnungen, Bilder, Fotos …
- passend gestaltete Überschriften
- mit gut leserlicher Handschrift schreiben oder geeignete Schrifttypen aussuchen (Computer nutzen)
- Rand zum Heften lassen
- keine Rechtschreibfehler
- bei gehefteten Sammlungen:
  Heftklammern mit farbigem Klebeband überkleben
- bei gelochten Sammlungen:
  durch die Löcher eine farbige Kordel ziehen

Verschenk-Texte

Aus euren eigenen Texten könnt ihr auch persönliche Geschenke für andere machen, z. B. zum Geburtstag oder zu Weihnachten:

Streichholzschachtel
Texte auf ganz kleine Papierstücke schreiben und damit Streichholzschachteln oder Dosen bekleben.

Tipp: Durch Überkleben mit einer selbstklebenden Folie werden die kleinen Geschenke noch haltbarer.

Kalender
Zwölf Texte, die gut gelungen sind, als Kalenderblätter zusammenstellen und gestalten.

Dieses Gespräch müsst ihr mit verteilten Rollen lesen. Die eine Rolle steht auf dieser Seite, die andere auf der Rückseite.
Die Rolle auf dieser Seite kann ein Junge oder ein Mädchen lesen; die Rolle auf der Rückseite müsste ein Junge lesen.
Die einzelnen Sprecher wissen aber nie, was der andere sagen wird.
Also: Gut zuhören – und warten, bis der andere fertig ist!
Die Wörter, die man in den Sätzen betont, sind unterstrichen.

Das Geburtstags-geschenk

Hi, Boris!
...

Schon mal was von Nachdenken gehört?
...

Meine Schwester hat Geburtstag. Und ich denke darüber nach, was ich ihr schenken könnte.
...

Morgen. Sag bloß, du weißt das nicht! Sie ist doch deine Freundin!
...

Jetzt weißt du es wenigstens! Und was würdest du ihr schenken?
...

Da hast du auch wieder Recht. Jedenfalls fällt mir überhaupt nichts ein. Ich glaube, ich übe einfach Happy Birthday und spiel es ihr vor.
...

Ich trommle es ihr auf dem Schlagzeug vor.
...

Echt? Dann muss ich mir was anderes einfallen lassen. Aber was?
...

Wirklich originell! Dann weiß sie ja, wie teuer ihr Geschenk ist.
Das war wohl nichts!
...

Na, komm schon raus damit!
...

Sag mal, spinnst du? Ich kann doch keinen Kuchen backen!
...

Um Himmels Willen! So viel Geld will ich nicht ausgeben!

Dieses Gespräch müsst ihr mit verteilten Rollen lesen. Die eine Rolle steht auf dieser Seite, die andere auf der Rückseite.
Die Rolle auf dieser Seite müsste ein Junge lesen; die Rolle auf der Rückseite kann ein Junge oder ein Mädchen lesen.
Die einzelnen Sprecher wissen aber nie, was der andere sagen wird.
Also: Gut zuhören – und warten, bis der andere fertig ist!
Die Wörter, die man in den Sätzen betont, sind unterstrichen.

Das Geburtstagsgeschenk

…

Hi! Was machst du denn für ein Gesicht?
…

Siehst du immer so aus, wenn du nachdenkst? – Na meinetwegen! Und worüber denkst du nach?
…

Ach ja. Und wann hat deine Schwester Geburtstag?
…

Ja schon. Aber ich weiß doch nicht, wann sie Geburtstag hat!
…

Jedenfalls etwas, was sie von dir ganz bestimmt nicht haben will.
…

Da wird sie sich aber freuen! Besonders, weil du überhaupt nicht singen kannst.
…

Bist du wahnsinnig? Mach das bloß nicht! Mir hat sie nämlich mal gesagt, dass du sie mit deinem Schlagzeug immer nur nervst.
…

Mal ihr doch einfach ein Bild und schenke ihr einen Gutschein! Dann kann sie sich selber was aussuchen.
…

Ich glaube, ich hätte da noch eine Idee.
…

Schenk ihr doch einfach dasselbe, was sie dir zu deinem Geburtstag geschenkt hat. Das freut einen immer!
…

Dann musst du sie eben fragen, was sie sich wünscht.
…

In Zeitungen und Zeitschriften findet man manchmal Texte, die durch Diagramme noch einmal anschaulich ergänzt werden. Man muss also beides lesen, um das Ganze zu verstehen:

Was Jugendliche am liebsten lesen:

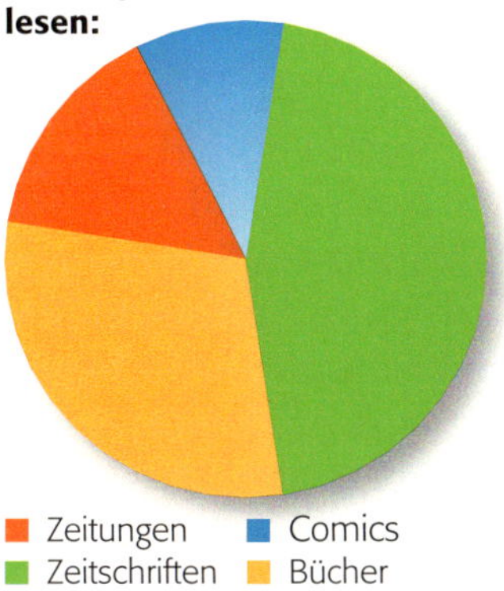

1 Schau dir zunächst einmal das Diagramm an und ergänze die folgenden Aussagen schriftlich:

a Knapp die Hälfte der befragten Jugendlichen gibt an, dass sie am liebsten ______ lesen.
b Ein gutes Viertel der Jugendlichen ______ .
c Das andere Viertel sind Leser von ______ und ______ .

2 Beantworte mithilfe des Textes und des Diagramms die folgenden Fragen:

a Lesen die „Zeitungsleser" unter den Jugendlichen wirklich die ganze Zeitung? Oder lesen sie nur bestimmte Teile?
b Zeitschriften werden besonders häufig gelesen. Welche Zeitschriften werden von den befragten Jugendlichen genannt?
c Nur wenige Jugendliche lesen Bücher. Welche Bücher werden genannt?

Was Jugendliche lesen

„Also ich lese eigentlich nur, wenn ich etwas für die Schule lesen muss", sagt Janosch auf die Frage der Interviewerin. Und das trifft, wie eine Untersuchung ergeben hat, auf fast die Hälfte der 15-jährigen Mädchen und Jungen zu. In der Schule wird also gelesen, zu Hause aber eher selten. Natürlich gibt es sie: die Vielleser und Leseratten. Aber fast ebenso viele sind ausgesprochene Lesemuffel. Davon finden sich unter den Jungen mehr als unter den Mädchen.

Wenn man etwas genauer unter die Lupe nimmt, was denn eigentlich gelesen wird, wenn überhaupt, dann zeigt sich, dass das gute alte Buch nur einen geringen Platz einnimmt: „Ich lese manchmal eine Computerzeitschrift oder die Fanzeitschrift von meinem Verein." – „Ich lese am liebsten Comics." – „Ich lese montags immer den Sportteil in unserer Zeitung, das andere interessiert mich kaum." – „Ich kaufe mir immer *Das Pferd,* das ist so eine Pferdezeitschrift." – „Wenn meine Mutter das *ADAC-Blatt* kriegt, dann lese ich da manchmal drin rum." – „Manchmal lese ich eine Tiergeschichte aus *GEO,* das interessiert mich schon mal." Das sind typische Aussagen von Mädchen und Jungen, die nur selten lesen. Natürlich gibt es auch die anderen, die immer wieder gern zu Büchern greifen: „Sachbücher über Tiere lese ich am liebsten." – „Fantasy, das mag ich besonders." – „Ich hole mir jede Woche ein Buch aus der Bücherei. Ich könnte ohne Bücher gar nicht leben!" – „In der Schule haben wir meistens nicht so viel Zeit, im Lesebuch zu lesen. Aber ich habe fast alle Geschichten schon gelesen." Auch das gibt es also. Und manche Jugendliche lesen sogar manchmal Gedichte; doch das sind seltene Ausnahmen. Insgesamt sind die Leseinteressen so verteilt, wie es das Diagramm zeigt.

Was wird in eurer Klasse am liebsten gelesen? Ihr könnt dazu ein eigenes Diagramm anfertigen. Überlegt gemeinsam, wie ihr das am besten macht. Vielleicht könnt ihr dazu auch den Computer verwenden …

Schutz für den Schreiadler

Nur noch rund 115 Schreiadlerpaare brüten in Deutschland. Während sich die Bestände von Seeadler und Fischadler im Aufwind befinden, also in den letzten Jahren wieder zugenommen haben, hat der Schreiadler mehr und mehr den Rückzug angetreten. Das Brutgebiet des Schreiadlers ist relativ klein. In Europa konzentriert es sich auf Polen, Weißrussland und die Slowakei. In Deutschland siedeln Schreiadler fast nur noch in Mecklenburg-Vorpommern.

Der Schreiadler gehört zu den besonders bedrohten Vogelarten. Deswegen gibt es jetzt detaillierte Aktionspläne, um den Bestand zu erhalten. Doch es wird nicht einfach, die kritische Situation des Schreiadlers zu verbessern. Der recht scheue Greifvogel ist auf große, unzerschnittene Lebensräume angewiesen. Geeignete Brutplätze findet er in feuchten, strukturreichen Laub- und Mischwäldern mit einem hohen Anteil an Totholz und ausgeprägten Waldrändern. Ihre Nahrung suchen Schreiadler in dem angrenzenden Grünland mit hohem Grundwasserstand und wenig intensiver Nutzung. Sie besteht im Wesentlichen aus Wühlmäusen, kleineren Wirbeltieren und Insekten. Wo sich die Lebensbedingungen für den Schreiadler verschlechtern, geht auch der Bruterfolg zurück.

Schon seit einigen Jahren ist zu beobachten, dass Brutplätze viel öfter gewechselt werden, zusammenhängende Brutgebiete mehr und mehr verinseln, und bei einem Teil der Brutpaare die Fortpflanzungsrate sinkt. Auf den lehmigen Böden südwestlich der Insel Rügen sind bis heute größere Feuchtwälder erhalten geblieben. Sie sind für Vogelarten wie den Schreiadler ein einzigartiges Refugium. Dorthin können sie sich noch ungestört zurückziehen. Diese Wälder mit ihren Altholzbeständen müssen erhalten werden. Wenn aber die Nutzung der Wälder so weiter geht wie bisher, sind in fünf Jahren keine Flächen aus Altholzbuchen mehr übrig – und der Schreiadler ist zum Aussterben verurteilt. Um das zu verhindern wird der Naturschutzbund demnächst um Paten werben, die für die Auswilderung von jungen Schreiadlern und die Unterstützung von Aktionen für den Schutz von Schreiadlern Geld spenden.

1 Lies dir den Text durch. Worum geht es darin? Eine der folgenden Aussagen dazu ist richtig:

a Es geht um die Beobachtung von Vögeln in den Wäldern.
b Es geht um die genaue Beschreibung des Schreiadlers.
c Es geht um die Gefahr des Aussterbens eines Greifvogels.
d Es geht um das Leben in Buchenwäldern südwestlich von Rügen.

2 Was will dieser Text eigentlich bewirken? Zwei Antworten sind richtig:

a Er will eine spannende Geschichte über den Schreiadler erzählen.
b Er will für den Naturschutz eintreten.
c Er will über das Brutverhalten des Schreiadlers berichten.
d Er will darüber berichten, in welcher Situation sich Schreiadler befinden.

3 In diesem Text kommen viele Fachausdrücke und Fremdwörter vor, die man nicht sofort versteht. Sie sind gelb markiert! Was sie bedeuten, könnt ihr auf verschiedene Weise ermitteln:

a Unterhaltet euch miteinander darüber. Fast immer gibt es jemanden in der Klasse, der euch erklären kann, was das eine oder andere Wort bedeutet.
b Lest euch genau durch, in welchem Zusammenhang Wörter und Ausdrücke vorkommen. Folgende Ausdrücke und Fachwörter erklären sich aus dem Zusammenhang: *im Aufwind befinden, kritische Situation, Refugium.*
c Schlagt in einem Fremdwörterbuch folgende Fremdwörter nach: *relativ, detailliert, intensiv.*

4 Zu den folgenden Ausdrücken sind jeweils drei Erklärungen gegeben. Welche davon sind richtig? Es ist immer nur eine!

Rückzug angetreten:
a Der Schreiadler wird mit der Eisenbahn in die Zoos gebracht.
b Die Anzahl der Schreiadler geht immer mehr zurück.
c Der Schreiadler hat sich in die Wälder zurückgezogen.

unzerschnittene Lebensräume:
d Die Bäume und Hecken dürfen nicht beschnitten werden.
e Die Wiesen müssen immer gemäht sein.
f Die Lebensräume dürfen nicht von Straßen und Hochspannungsleitungen zerschnitten sein.

strukturreiche Laub- und Mischwälder:
g Die Wälder müssen reich an Baumarten, abgestorbenen Bäumen und Gebüsch sein.
h Die Wälder müssen gut gegliedert und überschaubar sein.
i Die Wälder müssen von vielen Wegen durchkreuzt sein.

verinseln:
j Die Brutgebiete findet man nur noch auf Inseln.
k Es gibt nur noch ganz wenige Brutgebiete.
l Die Brutgebiete sind so vereinsamt, dass immer nur ein Schreiadler darauf lebt.

die Fortpflanzungsrate sinkt:
m Die Adlermännchen finden keine Weibchen mehr.
n Die Paare ziehen immer weniger Junge auf.
o Die Adlerpaare versenken ihre Eier in zu tiefe Nester.

Diagramme sind grafische Darstellungen von Zahlenwerten in anschaulicher Form. Man kann in solchen Schaubildern die angegebenen Zahlen leichter überblicken als in einem Text mit vielen Worten. Die meisten Diagramme enthalten Prozentwerte. Es gibt Diagramme in Balkenform und in Kreisform. In unseren Beispielen ist das Leseverhalten von Jugendlichen in diesen beiden Formen wiedergegeben.

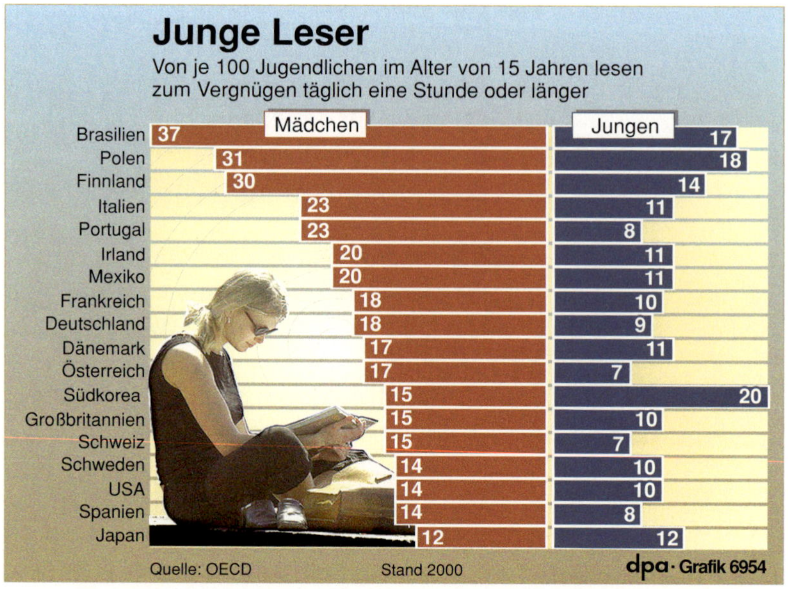

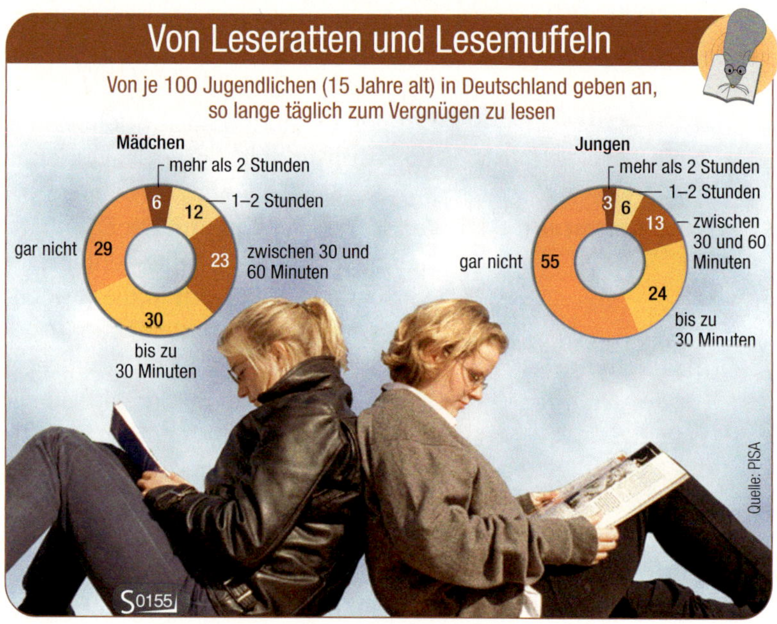

1 Hier sind zwei Diagramme zum Leseverhalten von Mädchen und Jungen abgedruckt:

- Welches Diagramm gibt Auskunft über das Leseverhalten von Jungen und Mädchen im Vergleich? Das obere? Das untere? Oder alle beide?
- Welches gibt Auskunft über Mädchen und Jungen nur in Deutschland?
- Welches zeigt einen Vergleich von Lesern in verschiedenen Ländern?

2 Welcher Unterschied im Leseverhalten von Jungen und Mädchen lässt sich schon auf den ersten Blick erkennen?

3 In welchem Land verwenden Jungen und Mädchen zusammen die längste Zeit zum Lesen?

4 In welchen Ländern gibt es die meisten „Lesemuffel", also Jungen und Mädchen, die ungern lesen? Das ist in zwei Ländern gleich!

5 Welches Land bildet im Leseverhalten von Jungen und Mädchen eine absolute Ausnahme? Und worin besteht sie?

6 Das obere Diagramm zeigt, dass in Deutschland 18 % der Mädchen und 9 % der Jungen eine Stunde oder länger zum Vergnügen lesen.
Das untere Diagramm sagt dies noch etwas genauer. Gib Auskunft darüber.

Zum Knobeln

- Es gibt in Deutschland eine große Anzahl von 15-Jährigen, die überhaupt nicht zum Spaß lesen. Wie groß ist diese Zahl?

- Was ist aus dem unteren Diagramm herauszulesen?
  Achtung: Nur eine Antwort ist richtig!
  a) 55 % der Jungen in Deutschland lesen überhaupt nicht.
  b) 29 % der Mädchen können nicht lesen.
  c) Rund 42 % der Jungen und Mädchen in Deutschland lesen nicht zum Spaß.

Zum Weiterdenken

- Wie erklärt ihr es euch eigentlich, dass es so viele Jungendliche in Deutschland gibt, die nicht gern lesen? Diskutiert darüber.

- Woran könnte es liegen, dass in Ländern wie Polen und Finnland so viele Jugendliche mehr und lieber lesen als in Deutschland?
  Stellt Vermutungen darüber an.

- Wie mag es zu erklären sein, dass in fast allen Ländern der Welt Mädchen lieber lesen als Jungen? Tauscht eure Meinungen dazu aus.

Zum Weiterarbeiten

- Verfasst einen kurzen zusammenfassenden Text über die Auskünfte, die das obere Diagramm gibt. Der Text sollte vor allem enthalten: Wie die deutschen Jugendlichen im Vergleich zu anderen Ländern stehen, welche Länder am besten bzw. am schlechtesten abschneiden.
  Der Text könnte so beginnen:

  Ein Vergleich von 18 Ländern der Welt hat ergeben, dass es unter den 15-jährigen Jungen und Mädchen mehr Lesemuffel als Leseratten gibt. Die meisten Leseratten gibt es in …

- Wie würde ein Kreisdiagramm in eurer eigenen Klasse aussehen? Macht eine entsprechende Umfrage, errechnet die Prozentwerte und zeichnet ein Kreisdiagramm.

Das folgende Diagramm gibt Auskunft darüber, wie Kinder und Jugendliche ihr körperliches Aussehen einschätzen. Befragt wurden Schülerinnen und Schüler bis zum 14. Lebensjahr.

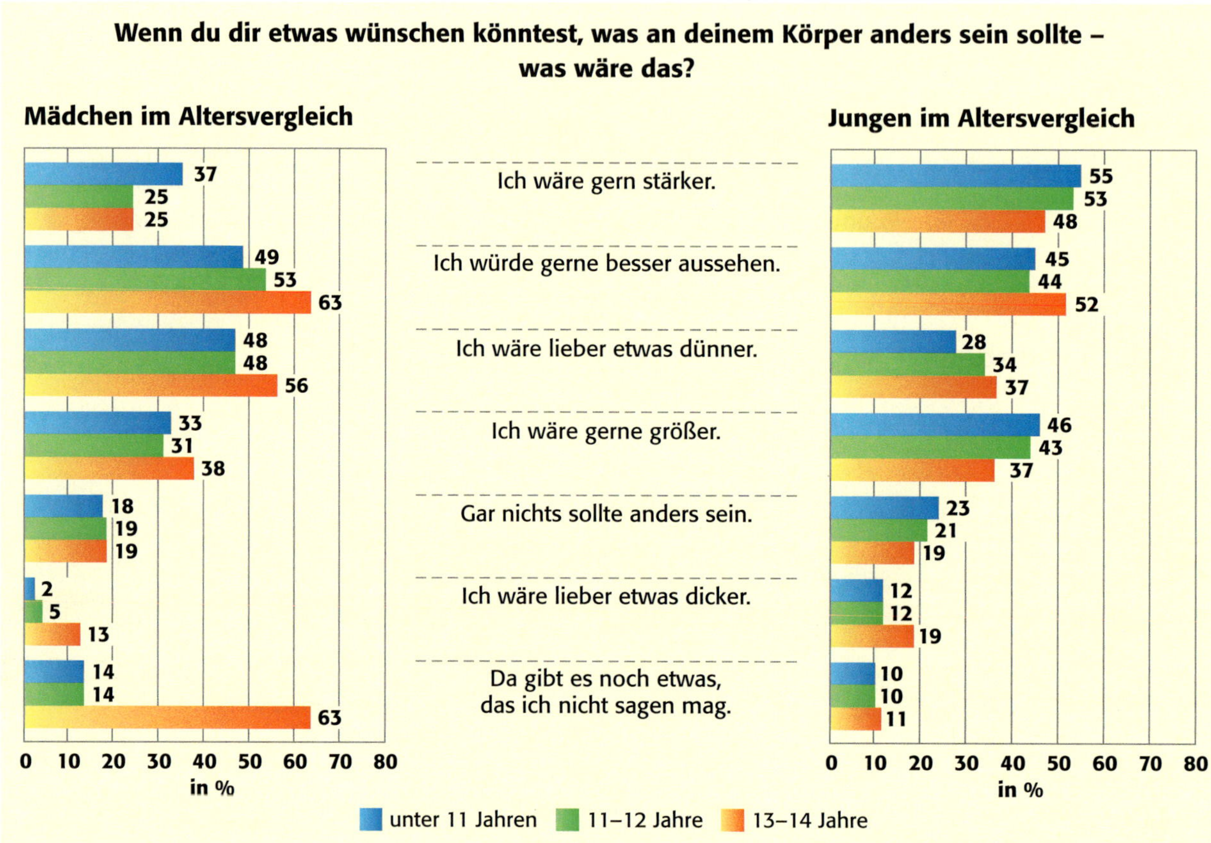

1 Wie unterscheiden sich Mädchen und Jungen?
Jungen möchten vor allem ____.
Mädchen möchten vor allem ____.

2 Worin unterscheiden sich die Mädchen am deutlichsten von den Jungen?
Viele Jungen wären gern ____. Bei den Mädchen aber sind es viel weniger.

3 In welchem Alter möchten Mädchen und Jungen besonders gern stärker sein? **a** mit 14 Jahren **b** mit 10 Jahren

4 In welchem Alter möchten sie besonders gern besser aussehen?

5 Sind die Jungen oder die Mädchen eher zufrieden mit ihrem Aussehen? Sind es eher die jüngeren oder die älteren?

In sein – Out sein – Ich sein

Was voll im Trend ist, ist IN.
Was nicht mehr im Trend liegt, ist OUT.
Wer bestimmt, was IN oder OUT ist?
Bin ich OUT, wenn ich einem Trend nicht folge?
Wie kann ich ICH SELBST sein?

Das folgende Kapitel gibt euch Anregungen, diesen Fragen nachzugehen. Es soll euch auch helfen, Standpunkte einzunehmen und begründet vorzutragen und die Standpunkte anderer zu verstehen.

Jugendliche in den 50er-Jahren

1 Auf der vorhergehenden Seite findet ihr „Trend-Wörter“. Schaut sie euch an und sprecht darüber,
- welche Wörter ihr kennt,
- woher ihr sie kennt,
- was sie bedeuten können,
- ob ihr noch andere kennt.

Überlegt euch, warum es immer wieder neue „Trend-Wörter“ gibt.

2 Mit dem Begriff „Trend“ ist häufig gemeint, dass etwas IN ist. Was nicht mehr im Trend liegt, ist OUT. Trends gibt es in den verschiedensten Bereichen: Mode/Aussehen, Haarschnitt/Frisur, Musik/Musiksendungen, Sport/Freizeit, Fernsehen/Zeitschriften …
- Fertigt eine Hitliste oder ein Trend-Barometer an: Was ist in eurer Klasse/ in eurer Freundesclique IN bzw. OUT?
- Diskutiert über unterschiedliche Meinungen. Gibt es Unterschiede zwischen Jungen und Mädchen?

Mode/Aussehen

IN	OUT
Schlaghosen	gelbe Socken

Harrschnitt/Frisur

IN	OUT

Musik/Musiksendungen

IN	OUT
Girl-Groups	

Sport/Freizeit

IN	OUT
Inline-Skating	

Fernsehen/Zeitschriften

IN	OUT

Jugendsprache/Trendwörter

IN	OUT

Hängt die Hitliste oder das Trend-Barometer im Klassenraum auf und überprüft eure Eintragungen nach einiger Zeit.

3 Wie bekommt ihr Trends mit? Wer kann „Trendsetter"* sein? Hattet ihr auch schon einmal eine Trend-Idee?
Vielleicht findet ihr im folgenden Text einige Antworten.

Wie Trends entstehen

Die meisten erfahren in der Schule von neuen Trends. Irgendwer fängt mit irgendwas an und andere machen's nach. Das passiert besonders in Gruppen und Cliquen, dass man's da als Zeichen der Zusammengehörigkeit macht, sei's ein bestimmtes Sweatshirt, sei's eine Sicherheitsnadel, die irgendwo angesteckt wird.

Neben der Schule und der Clique kommt man auf neue Trend-Ideen besonders auch bei einem Stadtbummel. Da sieht man irgendwelche originellen Dinge oder Leute, die einem gefallen und die man nachmacht. Einige werden sicher auch selber Trendsetter, wenn z. B. jemand auf die Idee kommt, seine Schulsachen weder in die Schultasche noch in eine Plastiktüte noch in einen Rucksack oder Koffer zu stecken, sondern in irgendein anderes Behältnis. Wer irgendwas Verrücktes macht, findet meistens auch Nachahmer.

Die wichtigsten Trendsetter sind die vielen Stars und Musikgruppen. Sie verpassen sich irgendein hervorstechendes Outfit, das manchmal sogar auffälliger ist als ihre Musik. Und die Fans machen's nach und bei denen ist es dann oft noch auffälliger, dass in der wilden Hülle nur noch wenig von ihnen selber steckt.

Die wichtigsten und schnellsten Vermittler von Trends sind das Fernsehen und das Radio, aber auch Zeitschriften und Magazine.

Trend-Infos aus dem Web

Das Web liegt bei Jugendlichen, wenn sie sich über aktuelle Trends informieren wollen, mit 78,7 Prozent bereits an zweiter Stelle. Nur das Free-TV ist in dieser Hinsicht noch beliebter (81,2 Prozent). Dies geht aus einer aktuellen Studie hervor.

Bei der Internet-Nutzung nimmt das Empfangen und Verschicken von E-Mails mit 88,6 Prozent die Spitzenposition ein. 83,6 Prozent wollen „einfach nur surfen", 81,4 Prozent nützen das Web zur Infosuche für Schule, Beruf oder Studium. Musik laden 64,7 Prozent der Jugendlichen regelmäßig aus dem Web herunter. Gleichzeitig handelt es sich hier um die Nutzungsmöglichkeit, von der die meisten Befragten einen Bedeutungszuwachs erwarten (85,1 Prozent).

4 Sprecht über die Ergebnisse der Studie.

5 Stellt in einer Tabelle oder in einem Säulendiagramm dar, wo Jugendliche sich über aktuelle Trends informieren, wozu Jugendliche das Internet nutzen und welchen Nutzungsmöglichkeiten eine Bedeutungssteigerung zugesprochen wird.

Neue Trends dienen auch dem Geschäft. Kleidung, CDs, Inline-Skater, Fan-Artikel, Zeitschriften … sollen gekauft werden. Werbe-Experten denken sich Strategien aus, damit die neuen Trends sich durchsetzen und möglichst viel gekauft wird. Werbesprüche oder Werbeslogans können dabei helfen:

EIN EIGENER STIL KOSTET NICHT VIEL.

VOLL IM TREND

STARKE TRENDS
FÜR DIE NEW POWER GENERATION

On the top, in the top – tipptopp

Ehrlich unentbehrlich

Wer was drauf hat, ist jetzt dran

JE SCHRILLER, DESTO BESSER

HEISSER START
IN DIE NEUE SAISON

Für einen tollen Trip
sorgen diese
top-aktuellen Outfits

Anziehen und wohl fühlen

Pack die Freiheit ein

HAUPTSACHE
COOL

Das coole Fashion-Vergnügen

Das Mega-Event

Der Frische-Kick

Das hypt total!

1 Wofür könnten diese Slogans und Werbesprüche werben?

2 Solche und ähnliche Sprüche preisen nicht nur Produkte an. Sie nennen auch Gründe, warum man sich bestimmten Trends anschließen soll.

- Sammelt aus Zeitschriften weitere Werbesprüche.
- Erörtert, welche Gründe genannt werden bzw. in den Werbesprüchen enthalten sind. Was meint ihr dazu?

Jugendliche
in den 60er-Jahren

3 Ihr könnt euch auch eigene Werbesprüche ausdenken und für oder gegen eine Trend-Idee werben, z. B. für Girl-Krawatten, Kummerkiller, Kult-Games fürs Handy … Gestaltet eine Collage oder Plakate mit euren Ideen.
Ihr könnt die Slogans und Bilder auch so zusammenstellen, dass witzige Kombinationen entstehen.

Wendeweste aufgesetzte Pattentaschen schwarze Hemdjacke mit Zipper Blusenjacke in Struktur-Karo bi-elastischer Rippenrolli Outdoor-Jacket Ringeltop Kapuzenweste Bindebluse Hüfthose aerodynamisches Radler-Shirt mit luftgekühlten Stretch-Einsätzen aus Netzstoff Rennmini mit abschließbaren Seitentaschen und Leichtmetallreißverschlüssen ampelrote Hose mit reichlich variablem Stauraum kurvenstabile Stretch-Weste Minikleid mit reflektierendem Sicherheitsstreifen Luxus-Windbreaker mit versenkbarem Faltdach stretchiger Rippenrock knallfroschgrüne Satinhose Luxus-Schlabberhose mit Gummizug Neckholder-Top mit freiem Rücken Blumen und Karos im Mustermix papageibunte Hawaiihemden Plateauschuhe bleistiftschmale Hosen nadelgestreifter Blazer klassisches Sweatshirt

1 Alle diese Wörter stammen aus Mode-Anzeigen oder aus Zeitschriften, die über Mode-Trends informieren. Was soll damit wohl erreicht werden?

2 Es ist nicht immer sofort zu verstehen, was gemeint ist. Sucht für eure Tischnachbarn jeweils einen Begriff aus der Liste heraus, den sie erklären sollen. Manche Begriffe lassen sich auch gut zeichnen.

3 Eine besondere Wirkung wird oft dadurch erreicht, dass die Bezeichnungen für die Kleidungsstücke
- aus zwei Nomen zusammengesetzt sind (z. B.: Hemd + Jacke = Hemdjacke),
- mit bestimmten Ergänzungen beschrieben werden (z. B.: mit *abschließbaren* Seitentaschen),
- mit Adjektiven anschaulich gemacht werden (z. B.: knallfroschgrün),
- durch Begriffe ergänzt oder ersetzt werden, die eigentlich nicht zum Wortfeld „Mode" gehören (z. B.: aerodynamisch, Stauraum).
- …

Findet weitere Beispiele für die genannten Möglichkeiten im Wortmaterial oben.

4 Macht euch einen Spaß und kombiniert die Wörter neu. Auch ganz neue Ideen sind toll. Ihr könnt eure Neuschöpfungen auch zeichnen.

Aerodynamische Bindebluse mit ampelrotem Stauraum

Papageibunte Plateauschuhe

Klamotten – und was auf die hohe Kante

Köln. Noch nie hatte eine junge Generation so viel Geld in der Tasche wie die Teenager heute. Alle zusammen verfügen über eine jährliche Kaufkraft von rund 7,5 Milliarden Euro.

Doch die Jugendlichen verprassen das Geld nicht blind. Im Gegenteil: Beim Kauf erwarten sie Qualität und achten auf den Preis. Auch an die Zukunft denken viele Jugendliche und legen regelmäßig etwas zur Seite. Zu diesen Schlüssen kommt das Institut der deutschen Wirtschaft (IW) nach Auswertung der aktuellen Studie „Bravo Faktor Jugend" des Münchener Instituts für Jugendforschung.

Erwachsene verweisen in zähen Taschengeld-Verhandlungen mit ihren hartnäckigen Sprösslingen gern auf ihre „entbehrungsreiche" Jugend. Doch die Zeiten, in denen der Nachwuchs Pfennig-Beträge in die Hand bekam, sind lange vorbei: Mittlerweile bekommen die 13- bis 17-Jährigen durchschnittlich 40 Euro Taschengeld im Monat. Insgesamt steckten Deutschlands Eltern ihren Kindern 2002 schätzungsweise 2,3 Milliarden Euro zu. Fast genauso viel bringen den 4,7 Millionen Jugendlichen die „Scheine" zum Geburtstag, zu Weihnachten oder beim Besuch der Großeltern ein.

Doch vielen ist das nicht genug. Knapp jeder Dritte verdient sich mit Jobs noch etwas dazu. Im Schnitt bekommen die 13- bis 17-Jährigen gut 90 Euro pro Monat fürs Rasenmähen, Zeitungsaustragen und Regale-Einräumen. Eine feste Anstellung – etwa als Lehrling – haben dagegen nur sechs Prozent. Diese Jungarbeitnehmer können im Vergleich mit ihren Altersgenossen gut leben. Im Schnitt verdienen sie gut 360 Euro netto im Monat.

Jugendliche in den 70er-Jahren

Unterm Strich verdienen Deutschlands Jugendliche nach aktuellen Berechnungen pro Jahr und Kopf rund 1440 Euro. Obwohl in der Bundesrepublik noch nie eine junge Generation finanziell so üppig ausgestattet war, leben nur wenige in den Tag hinein: Zwei von drei Jugendlichen haben Geld gespart. Durchschnittlich hortet ein Jugendlicher 1500 Euro auf dem Sparbuch oder dem Giro-Konto – zusammen haben alle 5,5 Milliarden Euro auf der hohen Kante.

Doch nicht jeder hat den verantwortlichen Umgang mit dem eigenen Geld gelernt: Immerhin jeder Zehnte macht Schulden. Im Schnitt waren das zum Zeitpunkt der Befragung jedoch nur 70 Euro pro Mädchen oder Junge. Bevorzugt pumpen die jungen Schuldner Eltern und Freunde an. Lediglich jeder vierte Jugendliche, der in den Miesen steckt, hat sich das Geld von der Bank geliehen. Außer für das Begleichen astronomischer Telefonrechnungen leihen sich die Jugendlichen vor allem Geld für neue Klamotten und Partys.

Kaum verwunderlich ist es, dass die drei wichtigsten Verschuldungsgründe gleichzeitig auch die ersten drei Plätze auf dem Einkaufszettel der ganzen Generation einnehmen. Allein in den Modegeschäften schieben die 12- bis 18-Jährigen monatlich insgesamt 211 Millionen Euro über die Ladentheken. Gut 70 Millionen Euro gehen fürs Telefonieren und Verschicken von Kurzmitteilungen via Handy (SMS) drauf.

Diese gigantischen Summen bringt die Jugend jedoch nicht allein über das reguläre Taschengeld auf. Vielmehr bitten die Jugendlichen bei bestimmten Anschaffungen ihre Eltern zusätzlich um Geld. Neue Kleidung beispielsweise sponsern bei 80 Prozent der 12- bis 18-Jährigen Mama und Papa. Vom eigenen Budget* leisten sich die jungen Kunden vor allem Fast Food, Zeitschriften und Musik-CDs. Ganz gleich, wer zahlt und was gekauft wird: Das Bild vom konsumbesessenen Teenager, der nur auf sein Image bedacht ist, trifft nicht zu. Gute Produkteigenschaften und ein vernünftiges Preis-Leistungs-Verhältnis sind für neun von zehn Jugendlichen wichtig oder sehr wichtig. Aktuelle Trends und den Geschmack der Freunde halten 79 beziehungsweise 68 Prozent der Befragten für bedeutend.

Teenager: Aussehen ist alles

So viel Geld geben Deutschlands 12- bis 18-Jährige pro Monat für diese Produkte aus (in Millionen Euro):

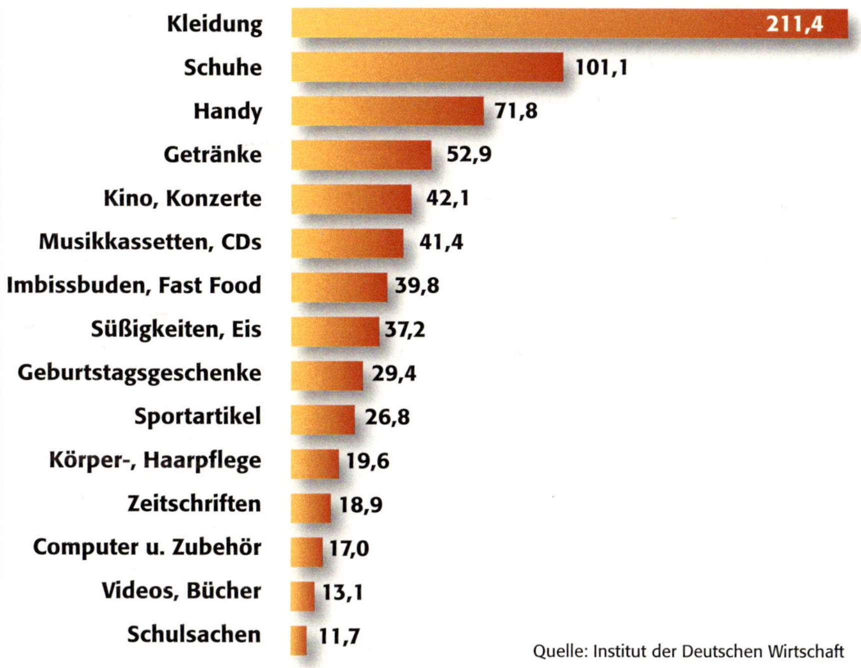

Quelle: Institut der Deutschen Wirtschaft

1 Entnehmt dem Text Informationen darüber, wie viel Geld die Jugendlichen zur Verfügung haben, woher dieses Geld kommt und wofür sie es vorrangig ausgeben. Beachtet dazu auch die Grafik.

2 Vergleicht den Inhalt des Zeitungsartikels mit euren eigenen Erfahrungen und Erkenntnissen. Gibt es Gemeinsamkeiten oder Unterschiede?

3 In dem Zeitungsartikel werden auch einzelne Probleme angesprochen. Benennt sie und setzt euch damit in einer Diskussion auseinander.

4 Fragt eure Eltern oder Großeltern, wie es in ihrer Jugendzeit mit Taschengeld und modischen Trends war.

5 Verarbeitet die Informationen, die in der Grafik veranschaulicht sind, in einem kurzen Text. So könnt ihr beginnen:

Das Institut der Deutschen Wirtschaft hat in einer Umfrage herausgefunden, wofür 12- bis 18-jährige Jugendliche in Deutschland Geld ausgeben. An erster Stelle …

im Schnitt
diese gigantische Summe
verantwortlicher Umgang
jeder Zehnte
...

→ Groß oder klein?
Seite 200–205

Das war das Schlimmste

Mirjam Pressler

Seit zweieinhalb Jahren ärgere ich mich über Rike. Am Anfang hat sie mir gut gefallen, ich mag das, wenn jemand hübsch aussieht. Aber dann hatten wir einmal Streit, wegen einer ganz blöden Sache eigentlich.

Wir saßen in der Zeichenstunde nebeneinander, sie hatte eine sehr schöne, weiße Latzhose an. Ich war ein bisschen neidisch, denn ich wusste, dass Mama mir nie so eine Hose kaufen würde. So viel gab Mama für eine Hose nicht aus.

Nun, irgendwie, ich weiß auch nicht mehr genau, wie, kam ich an das Wasserglas, in dem wir unsere Pinsel sauber machten. Es fiel um und die ganze dreckige Brühe floss über Rikes neue Hose. Die war dann nicht mehr weiß und schön.

Sie regte sich schrecklich darüber auf und als ich ganz ruhig sagte, sie solle sich doch nicht so anstellen, das könne man bestimmt wieder auswaschen, schrie sie mich an: „Du bist ja nur neidisch, weil ich immer so schöne Sachen zum Anziehen habe und du selbst immer so hässlich bist. Das hast du bestimmt mit Absicht gemacht."

Es war fürchterlich. Ich fing vor lauter Schreck an zu heulen. Das ist mir danach nie wieder passiert, dass ich vor anderen geweint habe. Herr Rost, unser Zeichenlehrer, wurde richtig böse und verlangte von Rike, dass sie sich bei mir entschuldigte. Das tat sie dann auch. Aber ich konnte danach nicht mehr so tun, als wäre nichts gewesen. Ich werde auch nie vergessen, wie mich alle angestarrt haben. Das kann ich nun mal nicht ausstehen.

„Du bist neidisch, weil du selbst immer so hässlich bist", hatte sie gesagt. Das war das Schlimmste. Ich hatte vorher nie darüber nachgedacht, aber jetzt wusste ich es. Und weil Rike es laut gesagt hatte, wussten es auch die anderen. Und noch etwas: Vorher hatte ich auch nie gemerkt, dass die meisten Mädchen aus der Klasse viel besser angezogen waren als ich. Natürlich nicht alle, aber die, die wirklich beliebt waren, hatten tolle Sachen und immer wieder neue.

In den Wochen danach bildeten sechs Mädchen aus der Klasse die Clique. Rike war natürlich dabei. Die von der Clique geben den Ton an bei uns in der Klasse. Jedenfalls sind sie sehr laut. Und immer nach der neuesten Mode angezogen. Ich habe sogar mal eine Statistik gemacht. Ich habe jeden Tag aufgeschrieben, was sie anhatten, welche Hosen, Blusen, Pullis und so weiter. Drei Monate lang habe ich geschrieben und gezählt, dann konnte ich mir leicht ausrechnen, dass sie alle offensichtlich drei bis vier neue Sachen im Monat bekamen.

Jugendliche in den 80er-Jahren

Selbst wenn ich gewollt hätte, hätte ich nie dazugehören können, das war mir klar. Aber ich will ja gar nicht!

Ich laufe eben immer in alten Jeans rum und in einfachen T-Shirts, und die kauft Mama im Kaufhaus, weil es da billiger ist. Dafür sitzen sie dann auch nicht richtig und die T-Shirts werden schon nach der ersten Wäsche breit und kurz. Ich finde mich auch sonst nicht besonders hübsch, aber ich finde mich lange nicht so blöd wie die von der Clique, von denen gefallen mir nur Chris und Nina.

Ich habe mich dann mit Alex angefreundet. Sie ist nicht so auffällig wie die anderen, sehr zurückhaltend und ruhig, aber wirklich lieb und nett. Sie gehört auch nicht zur Clique.

1 In diesem Text spricht Karin (so heißt das Mädchen) Probleme an, die im Zusammenhang mit modischen Trends entstehen können. Um welche Probleme handelt es sich und wie geht Karin damit um?

2 Manchmal ist es schwer, einem Trend nicht zu folgen. Ist Karin IN oder OUT? Wovon hängt das ab?

3 Stell dir vor, du bist Rike. Schreibe die Geschichte aus ihrer Sicht in der Ich-Form auf. Du kannst dir auch vorstellen, dass du ein Junge aus der Klasse bist.

er ist „in“ *Josef Reding*

er ist „in“
wo „in“?
in unseren kreisen,
in unserer runde,
in unserer clique,
in unserem verein,
in unserem haufen,
in unserer gesellschaft.
lohnt es sich,
hier immer „in“ zu sein?
ist es eine schande,
auch „out“ zu sein,
ein außenstehender,
ein ausgestoßener,
ein outsider?
und wer entscheidet,
ob jemand „in“ oder „out“ ist?
du, ich, wir?
schreib die namen derer auf,
die heute „in“ sind,
dann schreib die namen derer auf,
die heute „out“ sind.
und dann schreib deinen
namen dazu.

Jugendliche in den 90er-Jahren – und heute …?

1 Der Text enthält mehrere Fragen zum Thema „IN und OUT“. Versucht darauf eine Antwort zu geben.

2 Der Text endet mit einer Aufforderung zum Schreiben. Wenn ihr die Aufgabe bearbeitet habt: An welche Stelle habt ihr euren Namen geschrieben? Begründet eure Entscheidung.

3 Schreibt selbst kleine Texte zum Thema „IN und OUT“. Sucht euch aus den Schreibideen auf den Seiten 12 und 13 Vorlagen für eure Texte aus.

1 Lies den folgenden Text aufmerksam durch. Wie stellst du dir das Mädchen vor, von dem hier die Rede ist?

Spiegelfrätzchen

Godehard Schramm

Zum Abwischen des Spiegels hat sie nie Zeit. Schminke sieht sie nur im eigenen Gesicht. Wann die neuen Zeitschriften im Laden sind, das weiß sie. Wann die dicken, glänzenden ausländischen erscheinen, auch; dann fährt sie zum Bahnhof. Die allerneueste Mode – da will sie drin sein. Grad wuchern die Schlumperhosen. Manchmal, wenn alles Geld vertan ist, näht sie vor dem Spiegel nach. Im Zimmer wachsen Lippenstifte, Zeitschriften, Parfums, Nagellack, Modeschmuck und Poster. Sie versucht sich – nicht nur vor dem Spiegel – in den neuesten Kleidern genauso zu bewegen, wie in den neuesten Sendungen und Filmen. Man muss es ja nur genauso machen, um genauso zu sein wie … In ihrem Kopf scheint ein Knopf zu sein, der durch den Anblick von dem Neuesten sofort betätigt wird. Dann spitzt sie den Mund wie … Wackelt mit dem Hintern wie … Lässt sich anmachen wie … Fährt hinten auf dem neuesten Mofa mit wie … Trinkt Cola wie … Säuft mit allen Ohren den Discosound wie … Macht das Maul nicht auf wie … Empfindet die Seife X als das Meer selbst wie … und der Spiegel sagt, du bist wie …

Kaum geht man heute vor die Tür, schon sieht man sie: Jugendliche. Meist sind sie in Grüppchen versammelt und so einheitlich gekleidet wie eine Fußballmannschaft. Aber warum bloß? Gibt es in der Stadt nur ein Bekleidungsgeschäft oder wird gar nichts anderes mehr hergestellt?

Woher haben die das eigentlich? Um das zu beantworten, braucht man nur einmal den Fernseher anzuschalten und sich einen dieser Musiksender anzusehen. Die sehen da ganz genauso aus, ihre Helden, mit dieser lauten „Affenmusik“ rund um die Uhr. Kein Wunder, dass unsere Kinder den Bezug zur Realität verlieren. Alle sind ganz toll und reich, die Haare sitzen in jeder Situation perfekt und natürlich sind sie auch alle immer sauber und teuer angezogen. Markenklamotten, versteht sich, die sollen die Konsumenten nämlich fleißig kaufen. Was sie ja auch tun. Und kommt mal einer der Stars mit nicht so ordentlichen Sachen, hat man einen neuen Trend, den morgen jeder nachmachen will.

2 Im zweiten Teil des Textes findest du viele Stellen, an denen etwas ausgelassen worden ist.
Was muss man sich an diesen Stellen dazudenken?

3 Der Spiegel spielt im Leben des Mädchens eine große Rolle. Beschreibe, was sie im Spiegel sieht. Fällt dir dabei etwas auf?

4 Der Text hat eine merkwürdige Überschrift. Kannst du sie erklären?

5 Aus wessen Sicht könnte der Leserbrief auf den Zettel geschrieben sein?

6 Stimmt ihr dem Inhalt des Leserbriefs zu? Schreibt eure Stellungnahme dazu auf.
Wenn ihr eine andere Meinung habt, könnt ihr einen „Gegenbrief“ schreiben.

1 Diskutiert die verschiedenen Meinungen. Überlegt, welche Argumente dafür sprechen, einem Trend zu folgen, und welche dagegen sprechen.

Ich bin dafür, dass jeder das machen oder anziehen soll, was er will. Dabei können die modischen Trends ja viele Tipps und Anregungen geben, denn die sind so vielseitig, dass fast für jeden etwas dabei ist.

Björn, 15 Jahre

2 Welcher Meinung von den Zetteln könnt ihr euch anschließen? Welcher Meinung möchtet ihr widersprechen?

Ich finde Mode und Trends eigentlich schrecklich. Meiner Meinung nach geht dabei total die eigene Persönlichkeit unter. Ich sehe überhaupt nicht ein, warum ich plötzlich Orange oder Grün tragen soll, nur weil das gerade Mode ist. Vielleicht gefällt mir ja Schwarz viel besser. Oder warum soll ich mir Inline-Skater kaufen, nur weil alle welche haben? Oder muss ich eine bestimmte Musik hören, nur weil die anderen dabei ausflippen?

Katja, 14 Jahre

Mir gefällt es sehr, mich modisch zu kleiden. Bei uns in der Schule wird sehr darauf geachtet, welche Marken man trägt. Wenn man dazugehören will, muss man sich da schon nach richten.
Das wird natürlich teuer, wenn sich die Trends ständig ändern.

Simone, 14 Jahre

3 Was ist eure Meinung über Trends? Schreibt sie auf. Ihr könnt Argumente aus den Sprechblasen und von den Zetteln verwenden. Lest euch eure Texte anschließend vor und sprecht darüber. Ihr könnt auch einen Leserbrief an eine Jugendzeitschrift oder eure Schülerzeitung schreiben.

Diskutieren, Argumentieren, Stellungnehmen

- Denke über die folgenden Behauptungen und Fragen nach und überlege dir, welchen Standpunkt du vertreten willst:
  - *Folge dem Trend – sonst bist du out!* Was meinst du dazu?
  - Markenklamotten oder No-Name-Kleidung?
  - *Dabei sein ist alles!* Stimmt das wirklich?
  - Braucht man als Fan auch Fankleidung und Fanartikel?
  - *Immer cool bleiben – keine Gefühle zeigen!* Ist das richtig?
  - *Ist mir doch egal, was die anderen von mir denken.* Kommt man damit weiter?

- Formuliere deine Stellungnahme:
  - Sage, worum es in der Behauptung oder Frage geht.
  - Formuliere dann deine Meinung.
  - Finde möglichst viele Argumente, die deinen Standpunkt begründen. Du kannst auch versuchen, deine Argumente näher zu erklären, indem du sie mit Beispielen erläuterst.
  - Besonders überzeugend wirkt es, wenn du auch einige Argumente der Gegenmeinung nennst und sie annimmst oder widerlegst.

Meiner Meinung nach …

Ich meine, finde, denke, bin der Überzeugung, vertrete die Ansicht …

Für mich ist wichtig, …

Ich bin dafür, dass …

Mir gefällt (nicht) …

Kahlschnitt

Kirsten Boie

Ömchen stellte die Kanne auf den Tisch und setzte sich zu mir. „Mit den Umgangsformen bin ich ja schon bei deiner Mutter gescheitert", sagte sie und sah auf meinen Kopf, als nähme sie die neue Frisur jetzt überhaupt zum ersten Mal wahr. „Und bei dir habe ich auch nur deshalb noch Hoffnung, weil du gerade mitten in der Pubertät steckst, und da sagen ja die Psychologen, dass das rebellische Wesen dazugehört. Zwei Jahre gebe ich dir noch. Diese Haare!" Und sie schüttelte mehr verständnislos als wirklich angewidert den Kopf.

„Ist doch geil", sagte ich, weil mir sonst dazu nicht viel einfiel. Mit der neuen Frisur hatte ich wirklich einen guten Griff getan, auch wenn Irene[1] überhaupt nicht reagiert hatte. Und dass Irene reagieren sollte, war ja eigentlich der Grund für den Kahlschnitt gewesen.

In der Klasse hatten sie sich regelrecht in zwei Gruppen aufgespalten, die darüber stritten, ob ich nun mutig oder einfach nur blöde war. Die Theorie, ich wäre so hübscher, vertrat allerdings niemand ernsthaft.

Auch die Lehrer hatten mir einige Aufmerksamkeit geschenkt und bei Rübelsberger in Biologie hatte ich sogar nach vorne kommen müssen, weil er sich, sagte er, so eine einmalige Gelegenheit, die menschliche Schädelform am lebenden Beispiel zu demonstrieren, nicht entgehen lassen wolle.

Ich hatte ihn dreist gefunden, aber ich hatte nicht protestiert, weil das so hätte aussehen können, als wäre mir meine Glatze peinlich. Und das war sie ja nun ganz und gar nicht. Ich hatte sie mir ganz bewusst rasieren lassen, obwohl ich erst im dritten Friseursalon eine Friseuse gefunden hatte, die dazu bereit gewesen war. Die beiden vorigen hatten erklärt, dazu bräuchte ich als Minderjährige die Einwilligung meiner Eltern, was bestimmt der größte Unfug des Jahrhunderts ist. Ich glaube nicht, dass sich die Gesetzgeber in Stadt und Land jemals mit der Frage beschäftigt haben, wer über die Haarlänge von Minderjährigen entscheidet. Die Friseusen waren einfach zu feige.

Die dritte dagegen war von meiner Idee total begeistert gewesen und hatte dann auch noch den Einfall mit der lila Ponysträhne beigesteuert. Dafür war ich ihr jetzt regelrecht dankbar. Ganz kahl hätte ich mir vielleicht doch nicht so gut gefallen, aber dieser lila Pony, der zur linken Seite hin in einer langen Strähne vor dem Ohr auslief, machte die Frisur sogar noch ein bisschen verwegener.

Ömchen guckte immer noch auf meinen Kopf.

„Zum Wesen einer Dame gehört es seit eh und je, dass sie sich nicht auffällig benimmt", sagte Ömchen. „Na."

Ich schlürfte vorsichtig meinen Kaffee. „Zwei Jahre gibst du mir ja noch", sagte ich. „Bis dahin sind sie nachgewachsen."

„Und was sagt meine Tochter dazu?"

Ich zuckte die Achseln. Das war eben das Ärgerliche an der Sache, dass Irene gar nichts dazu gesagt hatte. Einen Blick hatte sie geworfen,

1 So sagt das Mädchen zu seiner Mutter.

einen ziemlich spöttischen, und dann hatte sie Rudolf, der gerade in der Küche das Gemüse schnitt, zu uns gerufen.

„Guck dir deine Tochter an“, hatte sie gesagt. Das war es gewesen und das wurmte mich immer noch.

Ich meine, ein bisschen mehr Reaktion kann man als Tochter wohl erwarten, wenn man sich fast eine Vollglatze scheren lässt. Wenigstens ein bisschen! Aber Irene erzählt ja immer diese Geschichte, wie sie sich als junges Mädchen die Haare wachsen lassen wollte und wie Ömchen jedes Mal mit einer Schere die ungepflegten Zottel auf Ohrläppchenlänge zurückgeschnitten hatte, dass die dreizehnjährige Irene aussah wie ein Arsch mit Ohren.

„Und da hab ich mir geschworen“, schloss Irene ihre Geschichte jedes Mal, „mich später in die Frisuren meiner Kinder nie, nie, niemals einzumischen. Niemals! Und daran halte ich mich.“

Und sie hatte sich tatsächlich daran gehalten. Nicht einmal über meine Glatze hatte sie sich aufgeregt, und das war doch wirklich das Äußerste, was man ihr bieten konnte. Ich seufzte.

1 In der Klasse wird darüber gestritten, ob Anna mutig oder blöd ist, weil sie sich den Kopf hat scheren lassen. Wie ist eure Meinung dazu? Findet ihr, dass Anna selbstbewusst ist?

2 Anna nennt einen Grund für den Kahlschnitt. Was meint ihr dazu?

3 Sie ärgert sich über die Reaktion ihrer Mutter Irene. Warum wohl? Und warum seufzt sie am Schluss?

4 Habt ihr auch schon mal versucht, eure Eltern durch ein besonders modisches Trend-Verhalten oder durch ein bewusstes Anderssein zu provozieren? Erzählt davon.

5 Versucht euch auch in die Mutter (Irene) hineinzuversetzen. Was könnte sie ihrer Freundin von der Aktion ihrer Tochter berichten?

Stell dir vor, Anna hat …

my own song *Ernst Jandl*

(mein eigenes lied)

ich will nicht sein
so wie ihr mich wollt
ich will nicht ihr sein
so wie ihr mich wollt
ich will nicht sein wie ihr
so wie ihr mich wollt
ich will nicht sein wie ihr seid
so wie ihr mich wollt
ich will nicht sein wie ihr sein wollt
so wie ihr mich wollt

nicht wie ihr mich wollt
wie ich sein will will ich sein
nicht wie ihr mich wollt
wie ich bin will ich sein
nicht wie ihr mich wollt
wie *ich* will ich sein
nicht wie ihr mich wollt
ich will *ich* sein
nicht wie ihr mich wollt will ich sein
ich will ich *sein*

1 Notiere auf einer Kopie des Gedichtes oder auf Folie, was dir beim Lesen des Textes einfällt. Schreibe deine Gedanken in die Denkblasen.

2 Tauscht eure Gedanken zu dem Gedicht aus. Ihr könnt die Kopien mit euren Bemerkungen aushängen oder die Folien auf den Tageslichtprojektor legen.

3 Dieses Gedicht wird erst richtig lebendig, wenn man es vorliest. Das kann man auf ganz verschiedene Weise tun:

- ganz schnell lesen oder gelangweilt vortragen,
- mit einem Sprecher oder mit mehreren Sprechern,
- zeilenweise abwechselnd,
- gleichgültiger oder immer wütender werdend,
- den Vortrag mit Gesten verstärkend (z. B. auf den Tisch schlagen),
- in unterschiedlichen Betonungen ausprobieren,
- …

„Anders sind wir, anders die Andern"

Für uns
sind die Andern anders.

Für die Andern
sind wir anders.

Anders sind wir,
anders die Andern,
wir alle andern.

James Krüss

In diesem Kapitel geht es um das Anders-Sein, z. B. weil man aus einem anderen Land kommt, sich anders verhält oder andere Meinungen hat.
Viele haben Vorurteile gegenüber dem Fremden oder Anderen, dabei sind wir doch alle manchmal fremd, z. B. wenn wir im Urlaub sind. Darüber könnt ihr in diesem Kapitel nachdenken – und auch darüber, wie man auf andere zugehen kann. Beginnen könnt ihr so:
Bildet Gruppen. Jede Gruppe schreibt das Gedicht von James Krüss auf ein großes Blatt Papier. Wem etwas einfällt, der schreibt seine Gedanken zum Text hinzu. Lasst euch von den Notizen der anderen zu neuen Anmerkungen und Gedanken anregen.

Spaghetti für zwei

Federica de Cesco

Heinz war bald vierzehn und fühlte sich sehr cool. In der Klasse und auf dem Fußballplatz hatte er das Sagen. Aber richtig schön würde das Leben erst werden, wenn er im nächsten Jahr seinen Töff* bekam und den Mädchen zeigen konnte, was für ein Kerl er war. Er mochte Monika, die Blonde mit den langen Haaren aus der Parallelklasse, und ärgerte sich über seine entzündeten Pickel, die er mit schmutzigen Nägeln ausdrückte. Im Unterricht machte er gerne auf Verweigerung. Die Lehrer sollten bloß nicht auf den Gedanken kommen, dass er sich anstrengte.

Mittags konnte er nicht nach Hause, weil der eine Bus zu früh, der andere zu spät abfuhr. So aß er im Selbstbedienungsrestaurant, gleich gegenüber der Schule. Aber an manchen Tagen sparte er lieber das Geld und verschlang einen Hamburger an der Stehbar. Samstags leistete er sich dann eine neue Kassette, was die Mutter natürlich nicht wissen durfte. Doch manchmal – so wie heute – hing ihm der Big Mac zum Hals heraus. Er hatte Lust auf ein richtiges Essen. Einen Kaugummi im Mund, stapfte er mit seinen Cowboy-Stiefeln die Treppe zum Restaurant hinauf. Die Reißverschlüsse seiner Lederjacke klimperten bei jedem Schritt. Im Restaurant trafen sich Arbeiter aus der nahen Möbelfabrik, Schüler und Hausfrauen mit Einkaufstaschen und kleinen Kindern, die Unmengen Cola tranken, Pommes frites verzehrten und fettige Fingerabdrücke auf den Tischen hinterließen.

Viel Geld wollte Heinz nicht ausgeben; er sparte es lieber für die nächste Kassette. „Italienische Gemüsesuppe" stand im Menü. Warum nicht? Immer noch seinen Kaugummi mahlend, nahm Heinz ein Tablett und stellte sich an. Ein schwitzendes Fräulein schöpfte die Suppe aus einem dampfenden Topf. Heinz nickte zufrieden. Der Teller war ganz ordentlich voll. Eine Schnitte Brot dazu und er würde bestimmt satt. Er setzte sich an einen freien Tisch, nahm den Kaugummi aus dem Mund und klebte ihn unter den Stuhl. Da merkte er, dass er den Löffel vergessen hatte. Heinz stand auf und holte sich einen. Als er zu seinem Tisch zurückstapfte, traute er seinen Augen nicht: Ein Schwarzer saß an seinem Platz und aß seelenruhig seine Gemüsesuppe! Heinz stand mit seinem Löffel fassungslos da, bis ihn die Wut packte. Zum Teufel mit diesen Asylbewerbern! Der kam irgendwo aus Uagadugu, wollte sich in der Schweiz breit machen und jetzt fiel ihm nichts Besseres ein, als ausgerechnet seine Gemüsesuppe zu verzehren! Schon möglich, dass so was den afrikanischen Sitten entsprach, aber hierzulande war das eine bodenlose Unverschämtheit! Heinz öffnete den Mund, um dem Menschen lautstark seine Meinung zu sagen, als ihm auffiel, dass die Leute ihn komisch ansahen. Heinz wurde rot. Er wollte nicht als Rassist* gelten. Aber was nun?

Plötzlich fasste er einen Entschluss. Er räusperte sich vernehmlich, zog einen Stuhl zurück und setzte sich dem Schwarzen gegenüber.

Dieser hob den Kopf, blickte ihn kurz an und schlürfte ungestört die Suppe weiter. Heinz presste die Zähne zusammen, dass seine Kinnbacken schmerzten. Dann packte er energisch den Löffel, beugte sich über den Tisch und tauchte ihn in die Suppe. Der Schwarze hob abermals den Kopf. Sekundenlang starrten sie sich an. Heinz bemühte sich, die Augen nicht zu senken. Er führte mit leicht zitternder Hand den Löffel zum Mund und tauchte ihn zum zweiten Mal in die Suppe. Seinen vollen Löffel in der Hand, fuhr der Schwarze fort, ihn stumm zu betrachten. Dann senkte er die Augen auf seinen Teller und aß weiter. Eine Weile verging. Beide teilten sich die Suppe, ohne dass ein Wort fiel. Heinz versuchte nachzudenken. „Vielleicht hat der Mensch kein Geld, muss schon tagelang hungern. Dann sah er die Suppe da stehen und bediente sich einfach. Schon möglich, wer weiß? Vielleicht würde ich mit leerem Magen ähnlich reagieren? Und Deutsch kann er anscheinend auch nicht, sonst würde er da nicht sitzen wie ein Klotz. Ist doch peinlich. Ich an seiner Stelle würde mich schämen. Ob Schwarze wohl rot werden können?“ Das leichte Klirren des Löffels, den der Afrikaner in den leeren Teller legte, ließ Heinz die Augen heben. Der Schwarze hatte sich zurückgelehnt und sah ihn an. Heinz konnte seinen Blick nicht deuten. In seiner Verwirrung lehnte er sich ebenfalls zurück. Schweißtropfen perlten auf seiner Oberlippe, sein Pulli juckte und die Lederjacke war verdammt heiß! Er versuchte den Schwarzen abzuschätzen. „Junger Kerl. Etwas älter als ich. Vielleicht sechzehn oder

sogar schon achtzehn. Normal angezogen: Jeans, Pulli, Windjacke. Sieht eigentlich nicht wie ein Obdachloser aus. Immerhin, der hat meine halbe Suppe aufgegessen und sagt nicht einmal danke! Verdammt, ich habe noch Hunger!"

Der Schwarze stand auf. Heinz blieb der Mund offen. „Haut der tatsächlich ab? Jetzt ist aber das Maß voll! So eine Frechheit! Der soll mir wenigstens die halbe Gemüsesuppe bezahlen!" Er wollte aufspringen und Krach schlagen. Da sah er, wie sich der Schwarze mit einem Tablett in der Hand wieder anstellte. Heinz fiel unsanft auf seinen Stuhl zurück und saß da wie ein Ölgötze. „Also doch: Der Mensch hat Geld! Aber bildet der sich vielleicht ein, dass ich ihm den zweiten Gang bezahle?"

Heinz griff hastig nach seiner Schulmappe. „Bloß weg von hier, bevor er mich zur Kasse bittet! Aber nein, sicherlich nicht. Oder doch?"

Heinz ließ die Mappe los und kratzte nervös an einem Pickel. Irgendwie wollte er wissen, wie es weiterging.

Der Schwarze hatte einen Tagesteller bestellt. Jetzt stand er vor der Kasse und – wahrhaftig – er bezahlte! Heinz schniefte. „Verrückt!", dachte er. „Total gesponnen!" Da kam der Schwarze zurück. Er trug das Tablett, auf dem ein großer Teller Spaghetti stand, mit Tomatensoße, vier Fleischbällchen und zwei Gabeln. Immer noch stumm, setzte er sich Heinz gegenüber, schob den Teller in die Mitte des Tisches, nahm eine Gabel und begann zu essen, wobei er Heinz ausdruckslos in die Augen schaute. Heinz' Wimpern flatterten. Heiliger Strohsack! Dieser Typ forderte ihn tatsächlich auf, die Spaghetti mit ihm zu teilen! Heinz brach der Schweiß aus. Was nun? Sollte er essen? Nicht essen? Seine Gedanken überstürzten sich. Wenn der Mensch doch wenigstens reden würde! „Na gut. Er aß die Hälfte meiner Suppe, jetzt esse ich die Hälfte seiner Spaghetti, dann sind wir quitt!" Wütend und beschämt griff Heinz nach der Gabel, rollte die Spaghetti auf und steckte sie in den Mund. Schweigen. Beide verschlangen die Spaghetti. „Eigentlich nett von ihm, dass er mir eine Gabel brachte", dachte Heinz. „Da komme ich noch zu einem guten Spaghettiessen, das ich mir heute nicht geleistet hätte. Aber was soll ich jetzt sagen? Danke? Saublöd! Einen Vorwurf machen kann ich ihm auch nicht mehr. Vielleicht hat er gar nicht gemerkt, dass er meine Suppe aß. Oder vielleicht ist es üblich in Afrika, sich das Essen zu teilen? Schmecken gut, die Spaghetti. Das Fleisch auch. Wenn ich nur nicht so schwitzen würde!"

Die Portion war sehr reichlich. Bald hatte Heinz keinen Hunger mehr. Dem Schwarzen ging es ebenso. Er legte die Gabel aufs Tablett und putzte sich mit der Papierserviette den Mund ab. Heinz räusperte sich und scharrte mit den Füßen. Der Schwarze lehnte sich zurück, schob die Daumen in die Jeanstasche und sah ihn an. Undurchdringlich. Heinz kratzte sich unter dem Rollkragen, bis ihm die Haut schmerzte. „Heiliger Bimbam! Wenn ich nur wüsste, was er denkt!" [...]

ein cooler Typ
sein Gegenüber
etwas Irres
den Schwarzen
...

→ Groß oder klein?
Seite 200

1 Heinz ist ein cooler Typ. Lies noch einmal die ersten beiden Absätze der Geschichte (Z. 1–22) und beschreibe stichwortartig sein Aussehen und sein Verhalten.

2 An diesem Tag gerät Heinz im Restaurant ziemlich aus der Fassung. Schildere, was dort passiert.

3 Heinz wird immer nervöser. Markiere im Text (mit Folie und Folienstift)
- die äußeren Anzeichen seiner Nervosität: *er sitzt fassungslos da, er wird rot …*
- die Gedanken, die ihm über sein Gegenüber durch den Kopf schießen.

4 Die Geschichte ist an dieser Stelle noch nicht zu Ende.
- Schreibe einen Schluss.
- Lest euch eure Texte vor und vergleicht sie dann erst mit dem Originalschluss von Federica de Cesco (S. 56).

5 Stell dir vor, du selbst hättest den Vorfall in diesem Restaurant beobachtet. Schildere das Geschehen deiner Freundin oder deinem Freund in einem Brief.

Hallo Katrin!
Gestern Mittag habe ich etwas Irres erlebt! Das muss ich dir unbedingt schreiben. Ich sitze im Restaurant …

In der Werkstatt Theater findet ihr eine Spielanregung zu dieser Geschichte (S. 160)

6 Am einfachsten wäre es doch gewesen, wenn Heinz den Schwarzen gleich gefragt hätte, warum er „seine" Suppe aufisst. Warum tut er das nicht? Was meint ihr dazu?

Schülerinnen und Schüler haben Erfahrungen im täglichen Umgang miteinander aufgeschrieben, um sich anschließend damit auseinander zu setzen:

Ich komme aus Afghanistan. In der Schule fühlte ich mich zuerst ziemlich einsam und stand in den Pausen immer allein herum. Warum konnte ich keinen Kontakt zu den anderen bekommen?
Ich glaube, die Deutschen können es nicht vertragen, wenn man sich anders kleidet als sie. Wenn ich mit meinem Kopftuch in die Schule komme, werde ich immer angestarrt. Einmal wurde ich auch schon von einem Jungen beleidigt.

Fatma

Ich habe keine Lust, immer so zu sein, wie die anderen. Ich ziehe mich an, wie es mir gefällt, ich höre die Musik, die ich gut finde, und auf ein Handy kann ich auch ganz gut verzichten. Die meisten in meiner Klasse haben damit ein Problem. Erst haben sie sich lustig gemacht. Seit sie gemerkt haben, dass mir das egal ist, lassen sie mich in Ruhe. Aber viele Freunde habe ich so natürlich nicht gefunden.

Karsten

Es geht schon damit los, dass ich jedes Mal angeschnauzt werde, wenn wir etwas angestellt haben. „Geh doch zurück nach Afrika, wenn du dich hier nicht benehmen kannst!" – auch solche Sprüche musste ich mir schon anhören. Dabei bin ich in Dortmund geboren und aufgewachsen. Die Deutschen kommen doch schon mit Vorurteilen auf die Welt. Wahrscheinlich finden sie das auch noch toll.

Aresi

Alle gucken immer auf meine Schuhe! Sie sagen zwar nichts, wenn ich dabei bin, aber ich spüre, wie sie hinter meinem Rücken tuscheln und sich lustig machen. Aber was soll ich machen, ich muss die Schuhe doch tragen, weil ich eine leichte Gehbehinderung habe. Ich würde auch lieber coole Sportschuhe tragen, aber das geht nun mal nicht. Manchmal fühle ich mich so mies, dass mir bei dem Gedanken an die Schule ganz schlecht wird.

Simon

Mein Freund ist Iraner und ich finde ihn total witzig. Der gibt nicht gleich auf. Also, wenn ich mich für einen anderen Jungen interessiere, versucht er mich zu halten oder zurückzugewinnen. Die deutschen Jungs sind da ganz anders. Probleme mit seiner Kultur und seiner Religion habe ich nicht. Das interessiert mich auch gar nicht.

Annika

1 Lies zunächst leise alle Schüleräußerungen durch:
- Markiere auf Folie Textstellen, mit denen du nicht einverstanden bist oder zu denen du noch etwas sagen willst.
- Ermittle aus jeder Schüleräußerung das Problem, um das es geht und notiere es ganz kurz.

2 Allen Jugendlichen geht es darum, ihre Erfahrungen auszudrücken. Dabei haben sie jedoch einiges für andere verletzend oder gedankenlos formuliert.
Sucht Textstellen heraus, die euch ärgern, und begründet eure Meinung. Wie könnte man das anders ausdrücken?

3 Schreibt eure eigenen Probleme im täglichen Umgang mit anderen Jugendlichen auf.

4 Hängt eure Texte an einer großen Pinnwand aus und sprecht über eure Erfahrungen.
Stellt Nachfragen und macht kritische Anmerkungen:
- Seht ihr das auch so? Oder habt ihr andere Erfahrungen gemacht?
- Welche Lösungsmöglichkeiten gibt es für diese Probleme?

Immer reden die Neuen Russisch. Ich glaube, die ziehen immer über uns und unsere Mädchen her. Wenn wir sie ansprechen, grinsen sie bloß. Die wollen gar keinen Kontakt mit uns. Von wegen: neue Freunde finden, Klassengemeinschaft bilden. Zum letzten Klassentreff sind sie auch nicht gekommen. Die bilden sich ganz schön was ein!

Sven

Ich bin Schüler einer 8. Klasse und komme aus Kasachstan. Es ist sehr schwer für mich in Deutschland. Ich bekomme kaum Kontakt zu Deutschen. Deshalb bin ich meist mit meinen russischen Freunden zusammen. In der Schule habe ich Angst, dass ich eine falsche Antwort gebe. Die anderen lachen dann immer.

Rudolf

1 Lest die Erlebnisse, die Schülerinnen und Schüler im Ausland hatten:

Letzten Sommer waren wir im Urlaub in Griechenland. Was ich klasse fand: Die Kinder waren abends immer dabei, wenn die Eltern ausgingen. Auch die kleinen: Sie spielten auf der Straße, während die Eltern in den Tavernen* saßen. Die haben es vielleicht gut, weil sie so lange aufbleiben dürfen! Aber dafür schlafen sie auch mittags, wenn es heiß ist. Meiner Mutter gefiel es gut, dass häufig die ganze Familie unterwegs war: Großeltern, Eltern, Onkel, Tante und Freunde. Manchmal saßen 15 Leute am Tisch. Bezahlt hat immer einer für alle, nicht so wie bei uns jeder für sich. Manchmal haben sie sich richtig gestritten, wer bezahlen durfte. Das fand ich cool.

Anna

Im letzten Schuljahr habe ich an einem Schüleraustausch teilgenommen. Meine Gastfamilie war supernett. Und Thierry war voll lustig. Aber die französische Schule, das war vielleicht ein Schock! Es gelten viel strengere Regeln als bei uns. Wer zu spät kommt, mit einem Kaugummi im Mund oder einem Cap auf dem Kopf erwischt wird, wird gleich in einen Raum begleitet, in dem ihm schriftliche Aufgaben gegeben werden. Die Schule endet auch erst um 17.30 Uhr, ich konnte gar nicht so lange still sitzen. Ganz schön anstrengend, sag ich euch! Wusstet ihr, dass das Mündliche in den meisten Fächern gar nicht zählt? Und Zeugnisse gibt es dreimal im Jahr. Das würde mir gerade noch fehlen …

Benni

Wir waren in den Herbstferien in Antalya. Das liegt in der Türkei. Was mich überrascht hat: Die meisten Frauen tragen gar keine Kopftücher, nur ein paar habe ich damit gesehen. Die sind dort ganz modern.
Die Jugendlichen sind total fußballbegeistert und kennen sich auch in der Bundesliga hervorragend aus.
Übrigens waren alle Leute sehr freundlich zu uns. Man hat immer jemanden gefunden, der Deutsch sprach. Meist erzählte er stolz, er hätte früher in Deutschland gelebt. Dabei werden die Türken in Deutschland doch manchmal ziemlich schlecht behandelt. Echt peinlich!

Pascal

Ihr könnt für eure Erfahrungen auch Schreibanregungen von S. 12/13 aufgreifen.

2 Vielleicht wart ihr auch schon einmal im Ausland. Schreibt auf, was euch dort besonders aufgefallen ist, was euch überrascht hat, was ihr gut fandet. Ihr könnt auch aufschreiben, was ihr hier in Deutschland mit Ausländern erlebt habt, z. B. zu Besuch in einer Familie, auf einem Fest, mit Freunden, beim Sport …

3 Überlegt, wie ihr eure Texte den anderen vorstellen wollt: in der Klasse aushängen, in einem Ordner sammeln, vorlesen …

Das Boot ist voll!

Carolin Philipps

Teil 1 In sechs Wochen sollte die neue Regierung gewählt werden. Also hatte Frau Pust, die Klassenlehrerin der 8a, beschlossen, dass man nicht früh genug damit anfangen konnte, Jugendliche auf das politische Leben vorzubereiten.

„Ich möchte, dass ihr zu denen gehört, die eine Ahnung davon haben, worum es geht. Ihr sollt Bescheid wissen, was die Parteien wollen und wem ihr später einmal eure Stimme gebt. Und darum werden wir uns in den nächsten Wochen im Geschichtsunterricht mit den Programmen der Parteien auseinander setzen."

Die Antwort war ein einziges Stöhnen. Die Klasse schloss aus den Worten ihrer Lehrerin scharfsinnig, dass sehr viel zusätzliche Arbeit auf sie zukommen würde.

„Aber wir können doch frühestens in fünf Jahren wählen. Wir haben doch noch soooo viel Zeit", machte Björn einen zaghaften Versuch, Frau Pust von ihrer Idee abzubringen.

Vergeblich!

„Diese Zeit werden wir auch brauchen. Man wird nicht von heute auf morgen zu einem verantwortungsbewussten Staatsbürger. Und das wollt ihr doch sicher alle."

Das wollten sie zwar keineswegs, zumal den meisten gar nicht klar war, was das eigentlich bedeutete. Aber alle verstanden, dass es sinnlos war, gegen Frau Pusts Plan zu protestieren.

Sie nahm keine Rücksicht auf das Gemurmel in der Klasse, sondern stellte Gruppen zusammen und verteilte die Themen. Am Nachmittag sollten die Schülerinnen und Schüler durch die Straßen ziehen und Werbesprüche der verschiedenen Parteien sammeln, wobei sich jede Gruppe auf jeweils eine Partei konzentrieren sollte.

„O Scheiße! Und das bei dem tollen Wetter!", schimpfte Nele, Thaos beste Freundin, als sie gemeinsam nach Hause gingen. „Ich wollte heute zum Schwimmen. Stattdessen muss ich durch die Stadt laufen und Wahlparolen sammeln. Ich könnte die Pust erwürgen!"

„Damit sind wir schnell durch", meinte Patty. „Zum Glück haben wir die Arbeiterpartei erwischt. Die Sprüche kann ich euch jetzt schon sagen: Arbeit für alle! Mehr Lohn! Mehr Urlaub! Mein Vater wählt die schon seit Jahren … Da ist schon das erste Plakat!"

Sie zeigte auf einen lächelnden Mann, der von einem roten Plakat auf sie herabschaute. Daneben standen die Worte: „Geben Sie mir Ihr Vertrauen! Ich werde Ihnen mehr Arbeitsplätze geben!"

„Los, wir fangen schon mal an. Die ganze Stadt ist voll von den Dingern. Bis wir zu Hause sind, haben wir die Hälfte geschafft." Nele holte ihren Block aus der Tasche und schrieb den Slogan hinein.

Sie teilten sich auf, Thao ging auf die rechte Straßenseite, Patty und Nele blieben auf der linken. Die Arbeiterpartei war fleißig gewesen, an jedem dritten Baum fanden sie ein rotes Plakat, an den Bäumen

dazwischen hingen die schwarzen, gelben und grünen der anderen Parteien.

Auch Thao hatte schon sechs Werbesprüche aufgeschrieben, als sie plötzlich wie angewurzelt stehen blieb.

„Das Boot ist voll!“

Da war es wieder, das Plakat, dem sie seit Tagen aus dem Weg ging. Das braune Plakat hing auf einer riesigen Stellwand direkt an einer Kreuzung. Ein Ruderboot aus Holz, wie sie im Sommer überall auf den Seen rund um die Stadt zu sehen waren, schwamm auf dem Wasser. Die Wellen schlugen gegen die Bootswand. Das Boot schwankte, die Menschen im Boot sahen verängstigt aus. Darunter der Spruch: Das Boot ist voll!

Thao war noch nie mit einem der Boote auf dem See gefahren. Ihr Vater hatte nicht das Geld für solche Ausflüge mit der ganzen Familie. Und selbst wenn – freiwillig würde niemand von ihnen ein Boot besteigen.

Vor einem Jahr hatte Thaos Klasse einen Bootsausflug gemacht. Sie wäre gar nicht mitgekommen, wenn sie das gewusst hätte. Aber die Lehrerin hatte die Bootsfahrt als Überraschung geplant und die Kinder vorher nicht informiert. Eine Bootsfahrt im Sommer auf dem See, das war für alle Schüler immer ein Vergnügen. Wie konnte sie auch ahnen, dass Thao das ganz anders sah!

Sie war mit den anderen aus dem Bus gestiegen und hinter ihnen hergegangen. Das Schiff war schneeweiß, es schaukelte auf den Wellen, die Sonne schien. Es war alles ganz anders als in jener Nacht in Vietnam.

Als die Ersten schon oben auf dem Deck standen und ihr fröhlich zuwinkten, stand sie immer noch am Ufer ohne sich zu bewegen.

„Thao! Los, einsteigen! Das Boot legt gleich ab!“, rief die Lehrerin ihr zu. Da hatte Thao sich umgedreht und war davongelaufen. Sie hörte die Lehrerin rufen, ihre Freunde schreien. Sie lief und lief, bis sie keine Stimmen mehr hinter sich hörte.

Auf einer Bank am See hatte sie dann gesessen, das Boot beobachtet, wie es ablegte, über den See glitt. Thao schaute zu, und je weiter sich das Boot entfernte, umso mehr nahmen ihre Bauchkrämpfe ab.

Ein Boot von weitem auf dem Wasser schwimmen zu sehen, das konnte sie inzwischen wieder ohne Bauchschmerzen zu bekommen. Auch schwimmen hatte sie in der Schule gelernt. Aber niemals wieder würde sie in ein Boot steigen.

„Thao! Aufwachen!“ Nele und Patty standen neben ihr und schüttelten sie.

„Das hier ist kein Plakat der Arbeiterpartei. Na los, wir wollen weiter. Noch zwei neue Sprüche und wir sind fertig. Schwimmbad, wir kommen!“

Thao ließ sich von ihren beiden Freundinnen mitziehen. Sie ging auch mit ins Schwimmbad, schwamm, tauchte, lachte mit ihnen, aber ihre Gedanken waren beim Boot.

Am nächsten Morgen machte sie einen Umweg, damit sie nicht an dem Plakat vorbeimusste. Sie wollte es vergessen. Aber sobald sie die Augen zumachte, sah sie jede Einzelheit deutlich vor sich. Die Menschen im Boot hielten ihre Hände abwehrend von sich gestreckt: Das Boot ist voll!

Mehr stand dort nicht. Aber das war auch nicht nötig. Jeder, der das Plakat sah, wusste, was es sagen wollte: In unserem Land ist kein Platz mehr frei, wir haben kein Geld für Fremde. Wir haben genug eigene Sorgen! Was können wir dafür, dass es euch nicht gut geht. Versucht es woanders. Vielleicht habt ihr dort mehr Glück.

Sechs Wochen lang würde es dort hängen und sie an etwas erinnern, das sie lieber vergessen wollte. Seit sie das Plakat gesehen hatte, kamen die Träume zurück, die Träume von jener Nacht, die ihr Leben verändert hatte.

In sechs Wochen würde sie wieder den normalen Weg gehen können. Dann war die Entscheidung gefallen.

1 „Das Boot ist voll!“ – Thao reagiert sehr heftig auf dieses Plakat. Markiere Textstellen (Folientechnik), die ihre Reaktion beschreiben, oder schreibe sie heraus:
Zeile 47: … *als sie plötzlich wie angewurzelt stehen blieb.*
Zeile 50: … *das Plakat, dem sie seit Tagen aus dem Weg ging.*
Zeile …:

2 Finde auch Hinweise im Text, *warum* Thao so schockiert reagiert. Was könnte in ihrer Vergangenheit passiert sein?

Teil 2 Frau Pust war sehr zufrieden mit ihren Schülern. Trotz des guten Wetters hatten alle fleißig Werbesprüche gesammelt. Sie besprachen sie ausführlich, luden sogar Vertreter der schwarzen, roten, grünen und gelben Parteien in den Unterricht ein, damit die den Schülern erklären konnten, was sie für Pläne hatten, ob sie neben Arbeitsplätzen nicht auch eine neue Skateboardanlage für nötig hielten und was sie sonst für die Jugendlichen tun wollten.

Es wurde eine sehr ausführliche Untersuchung. Allerdings fehlte in der Sammlung das Plakat, das Thao so viel Angst machte. Die Partei, von der das Plakat stammte, hatte Frau Pust nur am Rande erwähnt.

„Es ist nur eine Minderheit, die solche Parolen verbreitet", erklärte sie mit einem vorsichtigen Blick auf Thao. „Natürlich wollen die Menschen, dass ihnen ihre Arbeitsplätze nicht von den Ausländern weggenommen werden. Aber diese Menschen leben doch nun mal bei uns. Wir können sie doch nicht hinauswerfen."

„Aber mein Vater sagt, dass es einfach zu viele sind. Das Boot ist voll, sagt er. Und wenn wir alle aufnehmen, die noch davor stehen, versinken wir alle."

Thao zuckte zusammen. Frau Pust warf Jens einen bösen Blick zu. „Na, das ist ja wohl etwas übertrieben. Wir sind im Vergleich zu anderen ein reiches Land. Wir können sicher nicht alle aufnehmen, die zu uns wollen, aber noch ist Platz. Und darum wird diese Partei auch nicht viele Stimmen bekommen."

„Das können Sie gar nicht wissen", meldete sich Jens wieder zu Wort. „Mein Vater wählt sie auf jeden Fall. Und seine Freunde und Arbeitskollegen auch."

Es klingelte, worüber nicht nur Frau Pust, sondern auch Thao sehr froh war. Egal, was Frau Pust auch sagte, Thao wusste, dass Jens Recht hatte. Sie hatte die Blicke nicht vergessen, die ihnen manchmal folgten, wenn sie mit ihrem Vater und ihren Geschwistern durch die Stadt ging. Sie hatte auch die Worte nicht vergessen, die ihnen nachgerufen wurden.

„Jetzt essen die von unserem Geld Eis. Unsereins schuftet, damit sich die was leisten können. Wahrscheinlich sprechen sie noch nicht mal unsere Sprache."

Thao hätte sich umdrehen und ihnen in schönstem Deutsch versichern können, dass ihr Vater eine Stelle hatte und dass jedes Geldstück, das er ausgab, im Schichtdienst schwer erarbeitet war, aber ihr Vater hielt sie jedes Mal zurück.

„Du veränderst nichts, wenn du mit ihnen redest. Sie werden nur wütend und dann werfen sie nicht nur mit Worten nach uns. Es ist zu gefährlich."

„Aber es stimmt doch nicht, was sie sagen", protestierte Thao.

„Nein, aber daran musst du dich gewöhnen. Für diese Menschen sind alle Ausländer Schmarotzer*, die auf Kosten anderer leben. Wer weiß, ob wir zu Hause in Vietnam mit den Ausländern anders umgehen würden."

Mit dem Vater würde Thao jedenfalls nicht über das Plakat reden. Seine Meinung kannte sie. „Wir müssen ganz einfach abwarten und hoffen, dass die Mehrheit der Menschen hier anders denkt."

Drei Tage vor der Wahl war die Klasse besser informiert als viele Bürger, die ihre Stimme abgeben durften, und alle bedauerten, dass sie ihr Wissen nicht in Kreuzform auf einem Wahlzettel anbringen konnten.

Daher veranstaltete Frau Pust zum Abschluss eine Wahl mit richtigen Wahlzetteln. Wenn die Schüler hätten wählen dürfen, dann hätte die Arbeiterpartei knapp vor der schwarzen gewonnen. Die weiteren Stimmen waren gleichmäßig auf die anderen Parteien verteilt. Die braune hatte nur eine Stimme bekommen, die von Jens.

„Das Ergebnis zeigt, wie gut wir uns informiert haben. Jetzt kann man nur hoffen, dass die Bürger, die richtig wählen dürfen, das auch gemacht haben", meinte Frau Pust.

„Genau!", sagte Jens. „Und dann sieht das Ergebnis ganz anders aus! Wollen wir wetten?"

3 Jens hat als Einziger während einer Probeabstimmung in der Klasse die braune Partei gewählt. Er ist der Meinung, dass „das Boot voll ist". Die Lehrerin, Frau Pust, ist ganz anderer Ansicht. Markiere im Text die Argumente, mit denen sie Jens überzeugen will.

4 Thaos Familie wurde schön öfter mit dummen Sprüchen konfrontiert.
- Wie hätte Thao am liebsten darauf reagiert?
- Warum hält ihr Vater sie zurück?

Diskutiert in der Klasse über Thaos Einstellung und die ihres Vaters.

Teil 3

Am Wahlabend saß Thao allein vor dem Fernseher. Ihr Vater und ihre Geschwister waren von ihrem Besuch bei Bekannten noch nicht zurückgekommen. Sie wartete auf die ersten Hochrechnungen.

Wie viele Menschen hatten an diesem Tag ein Kreuz hinter der Partei mit dem Boot gemacht?

Das Boot ist voll!

Während sie wartete, sah sie ein anderes Boot vor sich, das Boot, in das sie in jener Nacht hatte hineinsteigen müssen:

Es war eng im Boot, die wenigen Sitzplätze waren schon lange besetzt. Mütter hatten ihre Kinder auf den Schoß genommen, die größeren hockten auf dem Boden. Außer einem kleinen Sack mit dem Nötigsten hatte niemand Gepäck dabei.

Es war eng auf dem Boot und noch immer stiegen Menschen ein. Andere standen am Ufer und schauten verzweifelt zu, wie sich das Boot füllte. Ihre Chance, mitgenommen zu werden, sank.

Es war dunkel am Fluss. Der Mond schien auf die Gestalten am Ufer und im Boot. Der Besitzer drängte zur Eile. Thao kletterte ins Boot, stolperte über die Menschen, die auf dem Boden saßen, fiel hin, schlug mit dem Kopf gegen einen Pfosten. Menschen schimpften. „Kannst du nicht aufpassen?"Thaos Schwestern kamen hinter ihr her, der Vater mit dem kleinen Bruder auf dem Arm.

„Das Boot ist voll!" Entsetzte Rufe am Ufer und im Boot. Mit Stöcken verhinderten der Besitzer und sein Helfer, dass weitere Menschen ins Boot stiegen. Sie legten ab. Das Letzte, was Thao von ihrer Mutter sah, war, dass sie am Ufer auf die Knie fiel und das Gesicht in den Händen versteckte.

Alle auf dem Boot hatten viel Geld bezahlt, um die Heimat Vietnam zu verlassen. Einige erhofften sich Arbeit und Geld in einem der reichen westlichen Länder, andere wollten frei leben, ohne Angst davor haben zu müssen, ihre Meinung zu sagen.

Auch Thaos Vater hatte für die ganze Familie bezahlt, für sich und seine Frau, seine drei Töchter und den kleinen Sohn. Dafür hatte er seinen ganzen Besitz, sein Land und sein Haus verkauft, einschließlich des Wasserbüffels. Alle hatten geweint, als der Bauer aus dem Nachbarort ihn abholte, denn er gehörte zur Familie.

Auch die Mutter hatte einen Platz sicher gehabt. Aber der Besitzer hatte mehr Plätze verkauft, als da waren. 40 statt 20. Im Boot saßen, lagen und standen 30 Personen, die Kleinsten nicht mitgerechnet. Die anderen mussten am Ufer zurückbleiben. Thao wollte zurück ans Ufer, zur Mutter, aber die anderen hinderten sie daran.

So lag sie auf dem Boden und weinte. Der Vater saß wie erstarrt da und streichelte seinem Sohn über den Rücken. „Nicht weinen! Ma kommt mit dem nächsten Boot", murmelte er.

Es war totenstill im Boot. Die kleinen Kinder schliefen in den Armen der Erwachsenen, die großen auf dem Boden. Auch viele Frauen und Männer waren durch das gleichmäßige Tuckern des Motors eingenickt. Reden war verboten.

Die Patrouillenboote* der Regierung waren auch in dieser Nacht wieder unterwegs, um Boote mit flüchtenden Menschen ausfindig zu machen und nach Vietnam zurückzubringen. Eine Entdeckung würde für fast alle Gefängnis bedeuten.

Manchmal konnte man in der Ferne den Lichtkegel eines Scheinwerfers erkennen, der einen großen, hellen Bogen auf dem Meer beschrieb.

Dann kauerten sich die Menschen noch enger aneinander, als könnten sie dadurch ihre Entdeckung verhindern.

Die Nacht verging und mit ihr die Angst vor den Patrouillenbooten. Mit dem Tag kam die Sonne. Von Stunde zu Stunde brannte sie stärker vom Himmel. Es gab keinen Schatten, keinen Schutz vor den brennenden Strahlen, nur Durst, flimmerndes Wasser und weinende Kinder.

Nach einigen Tagen wurde das Wasser knapp. Genau wie der Reis war es für 20 Personen berechnet. Jetzt hatten 30 Durst. Und die Fahrt würde noch Tage dauern.

Die meisten im Boot saßen apathisch* da. Angst, Hunger, Durst. Sogar die Kinder waren still.

Es gab noch mehr Boote auf dem Meer, alle mit Kurs Malaysia. Fast hatten sie es geschafft. Dann kamen die Polizeiboote der Malayen. Sie schleppten die Flüchtlinge aufs Meer zurück. Man wollte keine neuen Flüchtlinge. Es waren schon zu viele da.

Ein anderes Boot mit Flüchtlingen kenterte. Die Menschen schrien und versuchten in das Boot zu klettern, in dem Thao saß. Es schwankte bedenklich, als sich acht Menschen an den Rand klammerten.

„Das Boot ist voll!“, schrie der Kapitän. Er und sein Helfer schlugen mit Stöcken auf die Hände ein. Eine Hand nach der anderen löste sich.

„Macht die Augen zu!“, befahl der Vater. Er wollte nicht, dass sie die Menschen im Wasser sahen. Aber Thao konnte ihre Augen nicht abwenden. Eine Frau reichte mit letzter Kraft ihr Baby hoch. Thao nahm es ihr ab.

„Wirf es zurück! Es ist kein Platz mehr!“

„Es braucht keinen Platz, ich behalte es auf dem Arm.“

„Wir haben kein Wasser.“

„Es kriegt mein Wasser!!“

So war Thanh zu ihnen gekommen. Der Vater hatte ihn wie seinen Sohn aufgenommen. Von Thaos Mutter gab es keine Nachrichten. Sie war nicht mit dem nächsten Boot gekommen. Verwandte berichteten später, dass alle, die am Ufer gestanden hatten, verhaftet worden waren, kurz nachdem das Boot abgelegt hatte.

Das war nun sechs Jahre her. Sie hatten schließlich doch den Weg ins Lager auf einer der Inseln im Pazifik gefunden und von dort in dieses Land. Der Vater hatte Arbeit, die Kinder Schulunterricht, es ging ihnen gut.

Und nun? Das Boot ist voll! Wenn die Mutter es aber doch noch schaffte? Thao hatte die Hoffnung nie ganz aufgegeben.

Sie zuckte zusammen, als die ersten Wahlergebnisse angekündigt wurden. Wer würde Recht behalten: Frau Pust oder Jens?

5 Thaos Angst vor dem Wahlplakat kann man jetzt viel besser erklären. Auch ihr Verhalten während des Schulausflugs erscheint plötzlich verständlich. Begründe, warum das so ist.

6 Bearbeite eine oder mehrere der folgenden Schreibaufgaben:

- Während der Flucht aus Vietnam verbringt Thao mehrere Tage auf dem engen Boot. Versetze dich in ihre Lage und schreibe auf, was ihr durch den Kopf gegangen sein könnte (Ich-Form). Dazu musst du Teil 3 des Textes noch einmal genau lesen. So kannst du beginnen:
  Nie hätte ich gedacht, dass unsere Reise so schlimm werden würde …

- Eines Tages taucht doch noch ein Brief von Thaos Mutter auf. Sie hat ihn nach ihrer Verhaftung aus dem Gefängnis geschrieben. Stell dir vor, wie sie die Ereignisse jener Nacht wohl empfunden haben mag, und schreibe ihren Brief weiter.

- „Das Boot ist voll!" – Nele, Thaos beste Freundin, ist empört über Jens' Einstellung. Sie erklärt ihm in einem Brief, warum sie ganz anderer Meinung ist. Schreibe diesen Brief an Neles Stelle.

> Ich weiß nicht, ob euch diese Zeilen jemals erreichen. Ich schreibe sie aus dem Gefängnis. Man hat alle, die am Ufer standen, verhaftet und eingesperrt. Ich weiß nicht, was sie mit uns machen werden. Es ist so schrecklich, dass …

Der Schluss der Geschichte „Spaghetti für zwei" (S. 42–44)

Verwirrt, schwitzend und erbost ließ er seine Blicke umherwandern. Plötzlich spürte er ein Kribbeln im Nacken. Ein Schauer jagte ihm über die Wirbelsäule von den Ohren bis ans Gesäß. Auf dem Nebentisch, an den sich bisher niemand gesetzt hatte, stand – einsam auf dem Tablett – ein Teller kalter Gemüsesuppe.

Heinz erlebte den peinlichsten Augenblick seines Lebens. Am liebsten hätte er sich in ein Mauseloch verkrochen. Es vergingen zehn volle Sekunden, bis er es endlich wagte, dem Schwarzen ins Gesicht zu sehen. Der saß da, völlig entspannt und cooler, als Heinz es je sein würde, und wippte leicht mit dem Stuhl hin und her.

„Äh …", stammelte Heinz, feuerrot im Gesicht. „Entschuldigen Sie bitte. Ich …"

Er sah die Pupillen des Schwarzen aufblitzen, sah den Schalk in seinen Augen schimmern. Auf einmal warf er den Kopf zurück, brach in dröhnendes Gelächter aus. Zuerst brachte Heinz nur ein verschämtes Glucksen zustande, bis endlich der Bann gebrochen war und er aus vollem Halse in das Gelächter des Afrikaners einstimmte. Eine Weile saßen sie da, von Lachen geschüttelt. Dann stand der Schwarze auf, schlug Heinz auf die Schulter.

„Ich heiße Marcel", sagte er in bestem Deutsch. „Ich esse jeden Tag hier. Sehe ich dich morgen wieder? Um die gleiche Zeit?"

Heinz' Augen tränten, sein Zwerchfell* glühte und er schnappte nach Luft. „In Ordnung!", keuchte er. „Aber dann spendiere ich die Spaghetti!"

Lesetipps:
- Du bist nicht wie wir. Geschichten vom Anderssein. Wien: Ueberreuter-Verlag 2001.
- Kirsten Boie: Lisas Geschichte, Jasims Geschichte. Hamburg: Friedrich-Oetinger-Verlag 1989.
- Rafik Schami: Eine Hand voller Sterne. Weinheim und Basel: Beltz-Verlag 1992.
- Tahar Ben Jelloun: Papa, was ist ein Fremder? Berlin: Rowohlt-Verlag1999.
- Nasrin Siege: Juma. Weinheim und Basel: Beltz-Verlag 1998.

Wasser ist Leben

Wenn ich an Wasser denke,
denke ich an …
denke ich an …
denke ich an …
fühle ich …

In diesem Kapitel befasst ihr euch mit den schönen, angenehmen, nützlichen, aber auch mit den bedrohlichen Seiten des Wassers und unserem manchmal allzu leichtfertigen Umgang mit diesem Leben spendenden Element.
Einen ersten Eindruck bekommt ihr, wenn ihr die Fotos auf dieser und den folgenden Seiten betrachtet.

Des Menschen Seele
Gleicht dem Wasser:
Vom Himmel kommt es,
Zum Himmel steigt es,
Und wieder nieder
Zur Erde muss es.
Ewig wechselnd.

Johann Wolfgang von Goethe

Gewitteranfang *Christian Morgenstern*

Erste große Tropfen fallen
wie aus großer Siebe Augen.
Fels und Straße sprühn und saugen.

Laut betupft es Laub und Matten.
Sind es Tropfen, sind es Schloßen*?
Da zerreißt ein Blitz die Schatten –
und der Regen kommt geschossen.

Tonerde *Christoph Wilhelm Aigner*

Die Bäume dirigieren
Sturm mit blitzenden Stäben
Vom Blatt spielt der Regen
Unter donnerndem Applaus

Haikus

Wellen kräuseln sich
Unsichtbares wird sichtbar –
Die Kraft des Wassers

Hielte ich es fest
bliebe nichts in meiner Hand –
Wasser ist Leben

Bastian ist ein stilles Wasser.
Julia kann kein Wässerchen trüben.
Wir können uns kaum über Wasser halten.
Mir läuft das Wasser im Munde zusammen!

Wasser [das], eine chemische Verbindung aus Wasserstoff und Sauerstoff (H_2O). Wasser siedet unter Normaldruck bei 100 °C und erstarrt bei 0 °C zu Eis. Wasser ist einer der wichtigsten Stoffe, die in der Natur vorkommen. Es bedeckt als Flüssigkeit oder als Eis mehr als 3/4 der ganzen Erdoberfläche. Das in der Natur vorkommende Wasser enthält unterschiedliche Mengen von Salzen und Gasen. Wasser ist für alle Organismen lebensnotwendig, da die chemischen Prozesse in den Zellen nur in wässrigen Lösungen ablaufen können. Pflanzen bestehen bis zu 90 %, der tierische und der menschliche Körper bis zu 70 % aus Wasser.

W ellen
A ngst
S uche
S ee
E ntsetzen
R ettung

Du kannst …

- dir eines der Bilder zum Thema „Wasser" aussuchen und dazu deine Gedanken in einigen Sätzen frei aufschreiben;
- dir einen der Texte aussuchen, der dir gut gefällt, und ihn in einer besonderen Schrift, die zum Inhalt passt, aufschreiben und ihn mit einem Bild illustrieren;
- die Satzanfänge auf Seite 57 weiterschreiben;
- ein „Wasserwort" senkrecht aufschreiben und passende Begriffe oder Sätze ergänzen;
- ein Haiku zum Thema Wasser erfinden (mögliche Anfänge: *Schäumende Wogen … Im Wasser spiegeln …*); wie man ein Haiku schreibt, kannst du in der Werkstatt Gedichte nachsehen (S. 133);
- herausfinden, was die Redewendungen (S. 58) bedeuten oder sie im Gespräch klären;
- weitere Redewendungen oder Sprichwörter suchen, in denen Wasser vorkommt, und sie erklären. Zum Thema „Redewendungen" könnt ihr auch in der Werkstatt Sprache (S. 222) weiterarbeiten.
- Wörter aus dem Lexikonartikel nachschlagen, die du nicht genau verstehst.
- weiteres Material zum Thema „Wasser" sammeln, auch im Internet (z. B. www.wasser-lexikon.de oder www.wasser.de)

Schreibanregungen, die ihr für das Thema „Wasser" nutzen könnt, findet ihr auch auf S. 12/13.

Wasser

Hartmut Böhme

Wasser tritt aus der Erde als Quelle, bewegt sich als Fluss, steht als See, ist in ewiger Ruhe und endloser Bewegtheit das Meer. Es verwandelt sich zu Eis oder zu Dampf; es bewegt sich aufwärts durch Verdunstung und abwärts als Regen, Schnee oder Hagel; es fliegt als Wolke.

Es spritzt, rauscht, sprüht, gurgelt, gluckert, wirbelt, stürzt, brandet, rollt, rieselt, zischt, wogt, sickert, kräuselt, murmelt, spiegelt, quillt, tröpfelt, brandet.

Es ist farblos und kann alle Farben annehmen. Im Durst weckt es das ursprünglichste Verlangen, rinnt erquickend durch die Kehle; es wird probiert, schlückchenweise getrunken, hinuntergestürzt.

Es ist formlos, passt sich jeder Form an; es ist weich, aber stärker als Stein. So bildet es selbst Formen: Täler, Küsten, Grotten. Es gestaltet Landschaften und Lebensformen durch extremen Mangel (Wüsten) oder periodischen Überfluss (Regenzeit). Es ängstigt, bedroht, verletzt und zerstört den Menschen und seine Einrichtungen durch Überschwemmungen, Sturmfluten, Hagelschlag.

Wasser fordert den menschlichen Erfindungsgeist heraus: Flussregulierung, Dammbau, Bewässerungsanlagen, Kanalisation, Schiffsbau, Navigation*, Fischereitechnik …

1 Markiert im Text alle Nomen, Verben und Adjektive, die etwas mit Wasser zu tun haben.
- Untergliedert diese Wörter in **Wortfelder** und schreibt zu jedem Wortfeld weitere passende Wörter hinzu, z. B.:

Wie Wasser in der Natur vorkommt:
Quelle, Fluss …
Eis, Dampf …

Wie Wasser klingt und sich bewegt:
rauscht, gurgelt …
spritzt, sprüht …

Welche Eigenschaften Wasser haben kann:
farblos, formlos …

In einem Rechtschreibgespräch im Text „Wasser“ die Kommas begründen.

→ Das Komma bei Aufzählungen Seite 212

- Schreibt alle Nomen heraus, die sagen, wie Wasser den menschlichen Erfindungsgeist herausfordert: *Flussregulierung, Dammbau …* Fällt euch noch mehr dazu ein?
- Ergänzt eure Zusammenstellung mit Wassersportarten: *Schwimmen, Wasserski …*

2 Stellt eine **Wortfamilie** „Wasser“ zusammen. Beispiel: *Wasser, Abwasser, entwässern, wässrig …*

1 Hast du schon einmal von einem Tsunami gehört? Schreibe auf, was du darüber weißt oder dir darunter vorstellst.

2 Lies nun den folgenden Informationstext und sieh dir die Fotos an.

Tsunami

Wie aus dem Nichts kann sich das Meer vor der Küste plötzlich zu einer 30 Meter hohen Welle auftürmen, die alles zerstört, was ihr im Weg ist. Hier lest ihr, woher Tsunamis kommen, warum sie erst harmlos sind und plötzlich mordsgefährlich werden.

Wenn das Meer explodiert

Es ist der 17. Juli 1998, gegen acht Uhr abends, als der Ozean einen unerwarteten Überfall auf die Insel Papua-Neuguinea startet. Zuerst donnern die Pazifikwellen über die Palmen am Strand. Dann rollen sie schäumend in mehrere Dörfer. Zerdrücken Häuser, als wären die aus Papier. Wirbeln Fischerboote herum wie Korken – und reißen die Dorfbewohner mit sich. Nach wenigen Minuten ist der Spuk vorüber. Doch 2200 Menschen sterben an diesem Tag in den Fluten, 9500 werden obdachlos. Ein unheimliches Naturereignis, das einen geheimnisvollen Namen trägt: „Tsunami".

Tsunami ist Japanisch und bedeutet „Große Welle im Hafen". Aber weshalb „im Hafen"? Weil sie erst dort, an der Küste also, ihre unheimliche Energie entfesselt! Vorher sind die Riesenwellen so gut wie „unsichtbar": Kein Sturm, kein Wölkchen am Himmel kündigt sie an.

Das Leben solcher Ungeheuer beginnt nämlich meist tief unter der Wasseroberfläche: Tsunamis werden oft durch Seebeben ausgelöst. Diese Unterwasser-Erdbeben erschüttern den Meeresgrund bisweilen so stark, dass sich ein großes Stück Ozeanboden ruckartig hebt oder senkt. Und das lässt dann auch das Wasser darüber nicht in Ruhe: Die blaue Haut des Meeres „beult" sich aus oder ein – und schickt beim Zurückschwappen nach allen Seiten Wellen auf den Weg. Als plumpse ein Stein in einen Tümpel, gerät das Meer mit einem Schlag in Wallung. Auch unterseeische Erdrutsche und Vulkanausbrüche können das Wasser so in Bewegung versetzen.

Wettlauf mit dem Wasser: Am 1. April 1946 überflutete eine Tsunami die Küstenstadt Hilo auf Hawaii. 159 Menschen starben, als die Flutwelle durch die Straßen raste

Zerstörung in Sekundenschnelle: Am 12. Juli 1993 vernichtete eine fast 30 Meter hohe Flutwelle die japanische Hafenstadt Aonae und brachte 200 Menschen den Tod. Solche Wasserwalzen stoßen mit der Energie mehrerer Atombomben auf die Strände.

Einmal in Fahrt gebracht, überqueren die Wellen dann ganze Ozeane. Draußen auf dem Meer sind sie kaum höher als ein Meter. Dafür aber sehr lang: Oft liegen Hunderte von Kilometern zwischen den Wellenbergen. Diese Minihügel rauschen mit über 700 km/h durch den Ozean – keine normale Welle kann bei diesem Jet-Tempo mithalten! Erst wenn die Wassermassen auf eine Küste zusausen, zeigt sich ihre wahre Größe: Der ansteigende Meeresboden bremst sie ab – und weil die Wellen ihre ungeheure Energie „loswerden" müssen, wachsen sie in die Höhe, manche Tsunamis sogar höher als ein zehnstöckiges Haus!

Übers Meer mit Jet-Geschwindigkeit

Das „Hauptreisegebiet" der Tsunamis ist der Pazifik, denn dort rumort es besonders häufig unter dem Meeresboden. Bis zu einem Dutzend Mal im Jahr jagen solche Flutwellen über den „Stillen Ozean" – und suchen oft gleich mehrere Küsten heim: Am 1. April 1946 ließ ein Seebeben den Meeresboden in der Nähe von Alaska erzittern. Die Wogen erwischten erst eine Insel bei Alaska, über vier Stunden danach Hawaii und weitere Pazifikinseln, später auch noch die Westküste Südamerikas. Allein auf Hawaii töteten die Tsunamis 159 Menschen. Die Kraft der Wellen riss eine Brücke von den Pfeilern, zerstörte Hunderte Gebäude und schob eine Sporthalle 50 Meter weit!

Zwei Jahre nach diesem Unglück gründeten Wissenschaftler auf Hawaii eine Tsunami-Station: Messgeräte erfassen seitdem jedes Seebeben, Bojen im Pazifik melden ungewöhnliche Schwankungen des Meeresspiegels. Heute beteiligen sich 26 Staaten an diesem Tsunami-Frühwarnsystem. Bei Gefahr alarmieren sie die Bevölkerung über Radio und Fernsehen.

Auf Papua-Neuguinea wäre jede Warnung zu spät gekommen. Denn bei dieser Katastrophe bebte der Meeresboden nur wenige Kilometer von der Küste entfernt: Schäumend hob sich daraufhin das Meer und senkte sich wieder. Dann war es still. Doch schon sechs Minuten später reckten sich die Monsterwellen aus dem Wasser. Forscher haben für solche Fälle nur einen Rat: Sobald die Erde in der Nähe einer Küste erzittert – wegrennen, so schnell die Beine können!

Jörn Auf dem Kampe

3 Bearbeite den Text so:
- Schreibe in wenigen Sätzen auf, worum es in diesem Artikel geht. Vergleicht anschließend eure Arbeitsergebnisse.
- Unterschlängele beim zweiten Durchlesen alle dir unbekannten Wörter (Folientechnik). Versuche sie aus dem Textzusammenhang oder durch Nachfragen und Nachschlagen zu klären.
- Lies den Text jetzt noch einmal langsam und aufmerksam durch. Unterstreiche Textstellen, die dir besonders wichtig sind (Folie).
- Der Text ist in sieben Absätze gegliedert. Gib den einzelnen Absätzen Zwischenüberschriften, z. B.: „Flutkatastrophe auf Papua-Neuguinea", „Wie Tsunamis entstehen" …
- Prüfe, ob du die folgenden Fragen beantworten kannst. Achtung: Auf eine Frage findest du in diesem Artikel keine Antwort!
  a) Aus welcher Sprache kommt das Wort „Tsunami"?
  b) Wie häufig entstehen Tsunamis?
  c) Wie heißen die drei Weltmeere?
  d) Wieso werden Tsunamis erst an der Küste gefährlich hoch?
  e) Welche Aufgaben hat die Tsunami-Station auf Hawaii?

4 Der Artikel ist ein Informationstext über Tsunamis. An vielen Stellen ist er sachlich verfasst. Manche Textabschnitte informieren über das Naturereignis aber auch anschaulich und spannend.
- Welche Absätze berichten eher sachlich?
- Welche Abschnitte erzählen eher anschaulich und spannend?

Begründe deine Meinung.

5 Abbildungen in Verbindung mit einem Text veranschaulichen den Textinhalt und machen ihn besser verständlich. Sieh dir die Grafik und den Text daraufhin an und überprüfe, warum die Grafik besonders wichtig ist.

So entsteht ein Tsunami

Die meisten der gefährlichen Riesenwellen nehmen ihren Lauf, wenn ein Erdbeben den Meeresboden hochdrückt ①. Der Unterwasser-Hügel verdrängt das Wasser in seiner Umgebung – und das muss nun irgendwo hin. Also läuft es in Form gigantischer Wellen ab. Die sind zwar nicht hoch, aber schnell und unglaublich lang – der Abstand zwischen zwei Wellenkämmen ② kann Hunderte Kilometer betragen. Auf hoher See sind die Wellen ungefährlich: Sogar Schiffe können problemlos auf ihnen dahingleiten.

Erst wenn sich die Wasserwalze einer Küste nähert, wird's brenzlig ③: Die Tsunamis werden abgebremst, die Wellenkämme rücken näher zusammen, das Wasser wird zusammengestaucht – und türmt sich schließlich zu einer Wand auf, die Dutzende Meter hoch werden kann ④ !

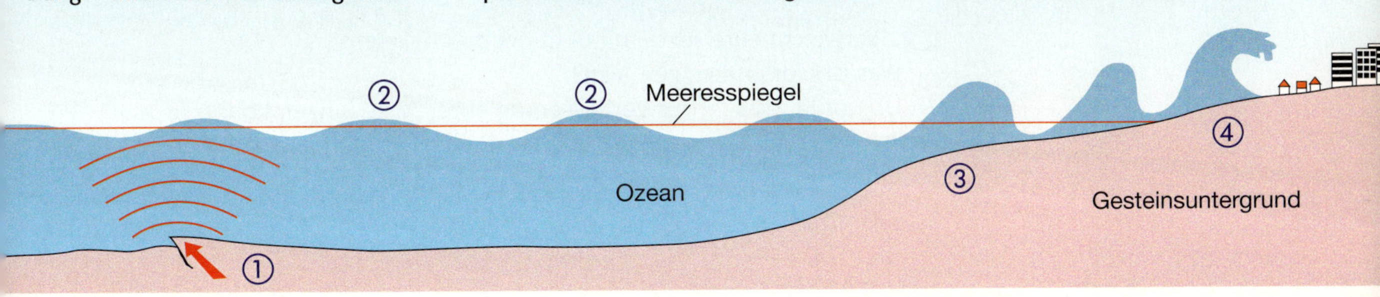

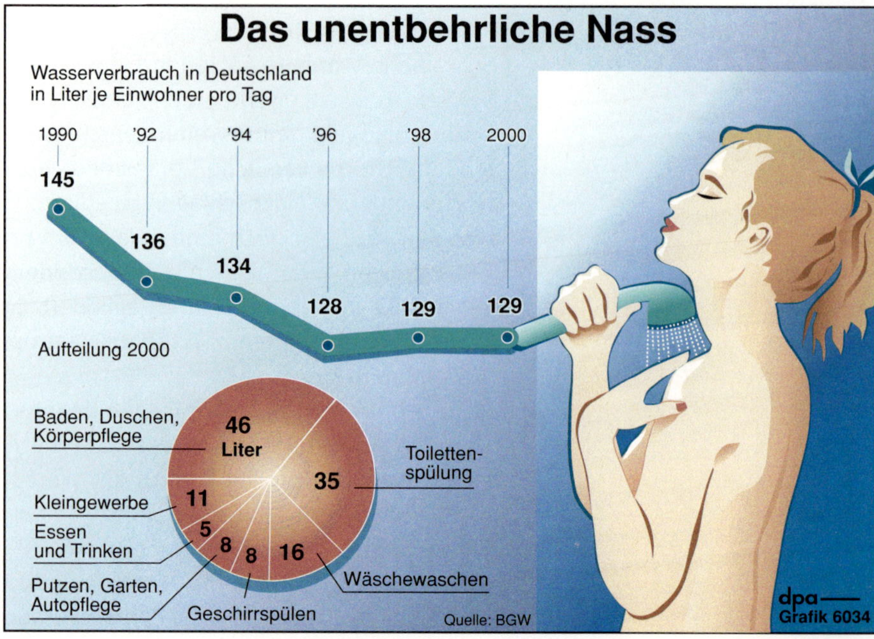

1 Sprecht zunächst über die Grafik: Was findet ihr an den Informationen zum Wasserverbrauch besonders bemerkenswert?

2 Informiert in einem kurzen Sachtext über den Wasserverbrauch in privaten Haushalten. Verwendet dafür die Angaben aus der Grafik.

Den folgenden Text hat ein Journalist zu der Grafik „Das unentbehrliche Nass" geschrieben:

Am meisten für Sauberkeit und Hygiene

Nur ein geringer Teil unseres Trinkwassers wird auch tatsächlich als Trinkwasser genutzt: Knapp vier Prozent des täglichen Verbrauchs (das sind fünf Liter) rinnen durch die Kehle – sei es pur, sei es in Essens- oder Getränkezubereitungen. Die übrigen 96 Prozent dienen anderen Zwecken, insbesondere der Sauberkeit und der Hygiene*. So sind 46 Liter (fast 36 Prozent) für die Körperreinigung bestimmt, werden also vornehmlich zum Baden oder Duschen genutzt. Und 35 Liter (27 Prozent) rauschen nach dem kleinen oder großen Geschäft durch die Toilette.

3 Vergleicht eure Texte mit dem des Journalisten:
- Was ist hier anders gemacht?
- Überprüft, was ihr zur Verbesserung eurer Texte nutzen könnt:

Wollt ihr etwas ergänzen, kürzen oder deutlicher und anschaulicher ausdrücken?

4 Zwischen 1980 und 2000 ist der tägliche Wasserverbrauch pro Person um 16 Liter (von 145 auf 129 Liter) zurückgegangen. Das sind immerhin 11 Prozent weniger. Denkt darüber nach, welche Gründe es dafür geben kann: neue wassersparende Armaturen, gestiegene Abwassergebühren …

5 Überlegt, weshalb eine Grafik wie auf Seite 64 erstellt worden ist: Soll sie lediglich informieren oder hat sie noch einen weiteren Zweck?
Schaut euch dazu auch den Text zur Grafik noch einmal an.

Grafiken können Unterschiedliches leisten:
Sie informieren …

6 Lest den folgenden Text und sprecht darüber, was man tun kann, um weniger Wasser zu verbrauchen. Berücksichtigt dabei auch, wofür unser Trinkwasser außer zum Trinken sonst noch genutzt wird.

Unser Trinkwasservorrat

Von dem gesamten Wasservorrat der Erde sind nur 2,8 Prozent Süßwasser. Und auch davon steht uns nicht alles als Trinkwasser zur Verfügung, z. B. nicht das Wasser der Eiskappen am Nord- und Südpol. Nur 0,6 Prozent der gesamten Wassermenge kommen in Seen, Flüssen und als Grundwasser vor. Die Hälfte des Grundwassers liegt für uns zu tief. Unser Trinkwasservorrat ist also sehr begrenzt.
Ein Beispiel: Eine Badewanne fasst 150 Liter Wasser. Nehmen wir dies als Gesamtwassermenge der Erde, dann ist davon nur 1/2 Eimer (4,2 l) Süßwasser. 3,2 Liter dieser Menge sind im Eis gebunden, ein Liter ist Grundwasser und 0,02 Liter können wir nutzen – ein Fingerhut voll. Durch viele Aktivitäten wie z. B. Bergbau und Tieftagebau, Waldbehandlung, Bebauung, Bodenversiegelung*, Überdüngung*, Flussregulierung … stören wir den für uns wichtigen Grundwasserhaushalt und nehmen uns damit unser wichtigstes Lebensgut.

So könnt ihr weiterarbeiten

- Besorgt euch weiteres aktuelles Bild- und Textmaterial zum Trinkwasservorrat und zu unserem Wasserverbrauch (z. B. bei den Wasserversorgern oder im Internet).

- Schreibt einen Beitrag für eure Schülerzeitung, in dem ihr auf Wasserverschwendung hinweist und zum sorgsamen Umgang mit Wasser auffordert. Überlegt, wie ihr euer Bild- und Grafikmaterial nutzen könnt, um andere zu überzeugen. Wichtig sind auch auffallende Überschriften.

1 Lies den folgenden Text genau und formuliere anschließend in einem Satz sein Hauptanliegen.

Trinken

Gesundheitsexperten haben bei einer Untersuchung der Trinkgewohnheiten von Kindern und Jugendlichen zwischen 6 und 19 Jahren festgestellt, dass diese durchschnittlich 20 Prozent weniger trinken, als sie müssten. Eine Folge davon ist: Sie können sich schlechter konzentrieren und ihre Leistungsfähigkeit, z. B. im Unterricht, lässt schneller nach. Schlimmer aber ist, dass die Nieren, die die Giftstoffe des Körpers mit dem Urin ausscheiden, nicht richtig arbeiten können und der Körper von innen vergiftet.

Warum trinken Kinder und Jugendliche so wenig? Beim konzentrierten Spielen oder Arbeiten am Computer unterdrücken sie ihr Durstgefühl. Im Vergleich zu Erwachsenen brauchen sie aber viel mehr Wasser. 30 Prozent aller Schülerinnen und Schüler gehen morgens aus dem Haus, ohne gefrühstückt und oft auch ohne etwas getrunken zu haben. Wenn sie dann auch in den Pausen nichts trinken, ergibt sich schnell eine Unterversorgung mit Wasser. Der Körper gibt aber während der gesamten Zeit Flüssigkeit ab: Zwischen dem Abend und dem Schulende des folgenden Tages verliert der Körper bis zu 2 Prozent Flüssigkeit – und das bedeutet eine Verminderung der körperlichen und geistigen Leistungsfähigkeit um 8 Prozent.

Wie kann man das verhindern? Zu jeder Mahlzeit – auch zum Schulfrühstück – gehört ein geeignetes Getränk, z. B. Trinkwasser, Mineralwasser, Früchte- oder Kräutertee. Jugendliche sollten mindestens 1,5 Liter Flüssigkeit pro Tag trinken. Bei besonderer Anstrengung oder Hitze kann der Flüssigkeitsbedarf auch das Drei- bis Vierfache erreichen. Bei längeren Klassenarbeiten müssten deshalb Trinkpausen möglich sein.

2 Welche der folgenden Aussagen passen zum Text?
Schreibe die richtigen Sätze ins Heft.

a Kinder und Jugendliche trinken nicht genug.
b Daraus ergeben sich Konzentrationsschwächen.
c Durch zu viel Trinken können die Nieren den Körper nicht entgiften.
d Beim Spielen und Arbeiten trinken Kinder und Jugendliche zu wenig.
e Erwachsene brauchen aber noch mehr Wasser.
f Viele Schülerinnen und Schüler gehen ohne ausreichende Trinkmengen zur Schule.
g Der Körper gibt ständig Flüssigkeit ab und ohne Nachschub vermindert sich die geistige Leistungsfähigkeit.
h Zu den Mahlzeiten sollte man immer etwas trinken.
i Wenn es heiß ist, brauchen Jugendliche über 10 Liter Wasser.

Ihr könnt zum Thema „Sollte das Trinken im Unterricht erlaubt sein?“ auch eine **Podiumsdiskussion** durchführen.

Eine Diskussion gelingt, wenn ihr
- euch mit Namen anspricht und beim Diskutieren anschaut,
- keine Beleidigungen aussprecht,
- jeden aussprechen lasst,
- eure Beiträge begründet,
- nachfragt, wenn ihr etwas nicht versteht.

Der Diskussionsleiter
- achtet auf die Reihenfolge der Redebeiträge,
- erteilt das Wort,
- achtet auf die Einhaltung des Themas,
- beendet die Diskussion und fasst sie zusammen.

So könnt ihr euch auf die Diskussion vorbereiten und sie auswerten:

- Bildet zwei Gruppen: eine, die für das Trinken im Unterricht argumentiert, eine andere, die dagegen ist.
- Bereitet euch in beiden Gruppen auf die Diskussion vor, indem ihr Argumente und Beispiele für euren Standpunkt zusammentragt.
- Bestimmt jeweils zwei bis drei Vertreter, die vor der Klasse miteinander diskutieren sollen.
- Legt auch fest, wer die Diskussion leiten und für einen geordneten Ablauf sorgen soll. Er sitzt am besten in der Mitte der Diskussionsrunde.
- Die übrigen Klassenmitglieder sitzen in den Zuschauerreihen. Sie beobachten das Gespräch und machen sich Notizen zum Ablauf der Diskussion und zum Verhalten der Diskussionsteilnehmer.
- Zum Schluss wird die Diskussion ausgewertet:
  - Welche Argumente waren überzeugend?
  - Was ist besonders gut gelaufen? Was sollte man ändern?
  - Wie wurden die Argumente vorgetragen?
  - …
- Überlegt gemeinsam, welche Konsequenzen ihr für zukünftige Diskussionen oder Gespräche daraus ziehen wollt.

Tipp: Ihr könnt auch als Reporter über die Diskussion berichten, z. B. in der Schüler- oder Klassenzeitung. Interessant für den Bericht ist: Wann und wo die Diskussion stattfand, wer daran teilnahm, welche Argumente ausgetauscht wurden und besonders überzeugend waren, wie das Meinungsbild in der Klasse war und in welcher Atmosphäre (sachlich, gereizt …) die Diskussion verlief.

Dieser Text steht unten in der Anzeige:

Wasser ist unsere Lebensgrundlage. Ein guter Grund, die Produktion unserer Hosen chlor- und giftfrei und damit so wasser- und umweltfreundlich wie möglich zu gestalten: Double saddle stitched, chlorfrei gebleicht und mit Farben, die auch nach x-mal waschen noch strahlen, ist eine Joker also ein echter Umweltschützer. Anprobieren und Gutes tun …

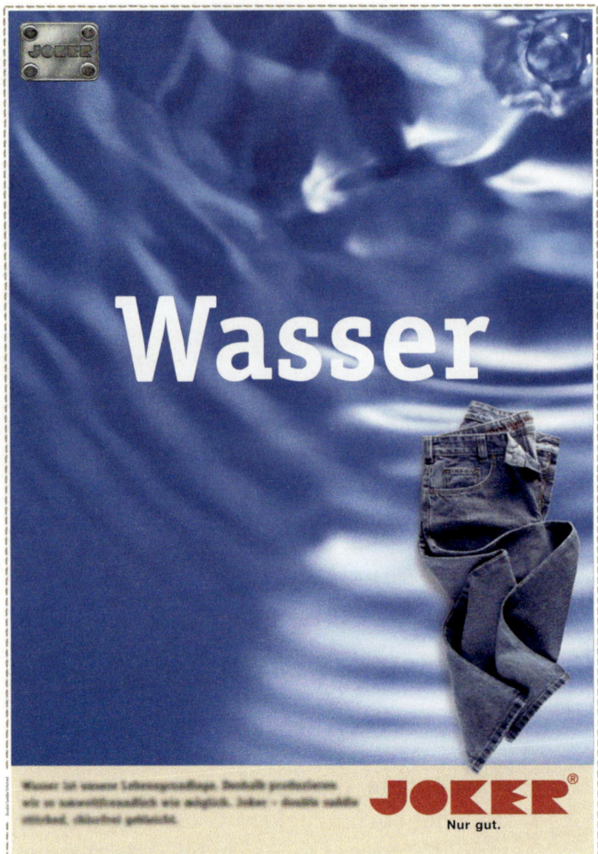

Werbestrategie AIDA

Attention (Aufmerksamkeit)
Interest (Interesse)
Desire (Wunsch)
Action (Handlung)

Werbefachleute, die für ein Produkt eine Werbeaktion planen, wissen sehr genau, wie sie Menschen beeinflussen können. Wenn es so läuft, wie die Werbeprofis es geplant haben, werden dabei vier verschiedene Stufen durchlaufen:

- Zuerst wird **Aufmerksamkeit** erregt, damit die Leute hinsehen.
- Dann wird ihr **Interesse** geweckt, damit sie sich intensiver mit dem Produkt beschäftigen.
- Jetzt muss der **Wunsch** entstehen, das Produkt zu besitzen.
- Am Ende steht das Wichtigste: Die Leute werden **aktiv** und verhalten sich so, wie beabsichtigt: Sie kaufen das Produkt.

1 Untersucht die Jeans-Anzeige nach diesem Muster:
- Aufmerksamkeit: Welches Wort und welche Abbildung fällt besonders ins Auge? Und worum geht es eigentlich?
- Interesse: Lest euch den klein gedruckten Text durch, der unten in der Anzeige steht. Was wird über das Produkt ausgesagt?
- Kaufwunsch: Was könnte jemanden dazu bewegen, die Jeans zu kaufen?

2 Sammelt Anzeigen, in denen Wasser eine Rolle spielt, und untersucht sie nach demselben Muster. Achtet auf zentrale Werbeausagen, Abbildungen, Farben, Wortwahl, Informationen …

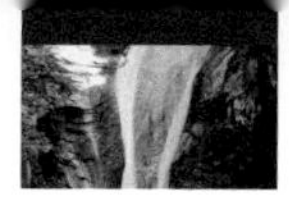

H_2OFFNUNG

Wir können den Durst an jedem Wasserhahn löschen. Über eine Milliarde Menschen können das nicht. Mädchen und Frauen brauchen täglich Stunden bis zum nächsten Tümpel oder Brunnen. Und können nur hoffen, dass das Wasser dort nicht verseucht ist. UNICEF baut Brunnen, damit Kinder sauberes Trinkwasser haben. Und nicht an Durchfall sterben. Helfen Sie UNICEF dabei. Spendenkonto 300 000, Bank für Sozialwirtschaft (BLZ 370 205 00). Oder über Spendenhotline 0137/300 000.

unicef

Kinderhilfswerk der Vereinten Nationen

www.unicef.de

3 Untersucht auch diese Anzeige. Wendet dabei die AIDA-Formel an. Worin seht ihr die Unterschiede zu der Anzeige von S. 68?

4 Entwirf eine eigene Werbeanzeige.
- Lege fest, wofür du werben willst.
- Sammle Ideen und entscheide dich für die überzeugendste.
  Denke daran, dass Wasser in deiner Werbeanzeige eine Rolle spielen soll!
- Lege fest, wie du die Werbeanzeige gestalten willst und mache einen Grobentwurf.

5 Stellt eure Entwürfe in der Klasse vor und erläutert sie mithilfe der AIDA-Formel.

Mittel, die du für eine Werbeanzeige einsetzen kannst:

- griffige Slogans und Überschriften
- Fotos, Zeichnungen
- verschiedene Schriftgrößen und Farben
- kurze, schnell lesbare Texte
- Bild und Text können sich ergänzen oder einen Gegensatz bilden, um Aufmerksamkeit zu wecken
- Ansprache an die Betrachter: sie zu etwas auffordern, ihnen Mut machen, ihr Gewissen ansprechen …

Oft treffen in Umweltfragen verschiedene Meinungen und Interessen aufeinander. In einem Naherholungsraum des Ruhrgebiets, wo viele Menschen Erholung und Entspannung suchen, aber sich auch sportlich betätigen wollen, kam es deshalb zu einem Konflikt.

Mahnender Appell der KVR-Förster

Heidesee geht „baden"

Tierarten von der „roten Liste" sind bedroht

(nas) „Lange geht das nicht mehr gut, allein mit Appellen an die Vernunft der Leute kommen wir nicht weiter." KVR[1]-Förster Elmar Kleibrink fürchtet um das biologische Gleichgewicht im Heidesee. Zehntausende von spärlich Bekleideten haben in den letzten Tagen das Riesenbiotop in der Heide zu einem Riesenbadesee umfunktioniert. Die Folge: Enten und Haubentaucher haben mit ihrem Nachwuchs das Weite gesucht; die Fischbrut verliert ihren Lebensraum, die Uferzone. Schon heute prognostiziert* Kleibrink eine biologische Katastrophe für den Heidesee: „In ein paar Jahren werden die Algen wuchern, weil der See durch die Badenden überdüngt wird." Oder zu Deutsch: Da es weit und breit am Heidesee keine Toiletten gibt, wird im Gewässer „entsorgt".

Tagtäglich dasselbe Bild, zum Beispiel gestern: Eine Frau schickt ihren Schäferhund auf Entenjagd in den See. Einige Jugendliche benehmen sich ebenso „tierisch" und haben es auf „Familie Schwan" abgesehen. „Ich muss mal eben das Bier wegbringen", schreit einer von ihnen. Mitten auf dem See bekämpfen sich zwei „verfeindete" Ruderboot-Besatzungen, unweit der Insel, auf der Vögel brüten. Und auf Schritt und Tritt tritt man auf Feuerstellen.

Selbst im streng abgezäunten Südteil des Sees, der ganz besonders für brütende Vögel geschaffen wurde, haben es sich einige auf dem Badelaken bequem gemacht, „weil es uns dahinten zu voll ist."

Arg gebeutelt von der „Schwimmer-Schwemme" sind die vom Aussterben bedrohten Fischarten, die vom Bottroper Angelsportverein Petri Heil nach streng ökologischen* Gesichtspunkten im See angesiedelt wurden. Nachdem sich Maler- und Teichmuscheln (jede von ihnen filtert täglich 500 Liter Wasser) ausgebreitet hatten, wurden Bitterling, Grünling, Rotfeder, Rotauge, Seeforelle, Seesaibling, Zander, Schleie und Karpfen ausgesetzt. Hecht und Barsch wurden von Enten angeschleppt.

Doch die Fischbrut, die Schutz und Nahrung in Flachwasserzonen sucht, muss vor den Menschen jetzt in tiefere Regionen abtauchen und wird dort Opfer von Raubfischen. Und anstelle von Haubentaucher und anderem scheuen Wassergeflügel werden Ratten und Möwen am Heidesee heimisch – sie machen es sich bei den Tonnen von Abfällen gemütlich. „Mit drei Leuten mussten wir am Montag den ganzen Tag rund um den See den Dreck wegräumen", so Kleibrink.

Zu beaufsichtigen sei der See kaum. Der KVR-Förster schließt daher nicht aus, dass im kommenden Jahr der Zugang zum Wasser an vielen Stellen dicht sein wird: „Wir werden mächtig Pflanzen setzen." Und er erinnert an das Konzept des Heidesees: Naturschutz und stille Erholung.

1 Kommunalverbund Ruhrgebiet

Klein Viktoria kriegt im Freibad immer Pickel

Badegäste am Heidesee genießen (noch) die Ruhe

(nas) „Baden verboten!“ warnen rund um den Heidesee kleine grüne Schilder. Loni Kraus aber sieht gar nicht ein, auf das Schwimmen zu verzichten: „Der See ist ja schließlich mit unseren Steuergeldern finanziert worden.“ Sagt’s und steigt in die Fluten.

Seit acht Jahren genießt sie mit ihrem Mann die Ruhe an den Gestaden des am Reißbrett entstandenen Gewässers. Für die 59-jährige Grafenwälderin besitzt der Heidesee sogar therapeutische Bedeutung. „Für mein operiertes Knie ist das Schwimmen hier ideal.“ Freibäder sind für sie kein Thema, weil sie unter einer Atmungsallergie leidet:

„Ich vertrage das Chlor nicht, kriege sofort Asthma*.“

Rabauken nehmen zu

Mittlerweile drückt auch der „Hausherr“, der Kommunalverband Ruhrgebiet, ein Auge zu und gönnt den Revierbürgern den Badeurlaub vor der Haustür. Wenn alles im Rahmen bleibt. „Aber die Rabauken nehmen ständig zu“, bedauert die gebürtige Berlinerin, „ich bin schon übel von Jugendlichen beschimpft worden, wenn ich sie gebeten habe, das Radio mal leiser zu machen.“

Und dann der Müll – seit der Flutung des ehemaligen Baggerloches ein Dauerproblem. Wie Loni Kraus halten auch das **Ehepaar Stoellger** aus Mülheim und der Bottroper Reinhold Czieminga ihre Liegewiese peinlich sauber. „Ich habe Mitarbeiter des KVR gebeten, an den Zaun hier an unserem Platz einen Müllsack hinzuhängen. Da schmeißen wir dann die Abfälle rein“, betont **Reinhold Czieminga**, „aber was nutzt das, wenn andere ihren Dreck überall liegen lassen.“

Noch sei das Wasser einigermaßen sauber und klar, aber wie lange noch? Das fragen sich auch die drei Studenten **Sonja, André** und **Markus.** Schon als Jugendliche bevorzugten sie den See, „weil du im Freibad vor lauter Menschen nicht mehr richtig schwimmen kannst.“ Inzwischen fühlen sich die drei wegen des Massenandrangs auch am Heidesee nicht mehr wohl.

Eine Premiere feierten gestern **Inge** und **Sandra** aus Oberhausen-Sterkrade. „Bisher sind wir immer nur mit dem Fahrrad um den See spazieren gefahren“, gestand die schwarzhaarige Inge, „sonst waren wir immer im Sterkrader Freibad Alsbachtal – aber da ist das Wasser arschkalt.“

Das Wasser ist angenehm warm

Die angenehmen Temperaturen schätzen auch die Kinder. „So richtig schön zum Spielen“, freute sich die siebenjährige **Katrin** aus Dorsten, die mit ihrer Mutter in den Ferien fast jeden Tag nach Kirchhellen radelt. Allerdings fehlen oft die Spielkameraden. Im Freibad gibt es da mehr, weiß auch **Viktoria** (6) aus Gladbeck. „Unsere Kleine verträgt das Chlor aber nicht“, begründet ihre Mutter, **Ursula Zurek**, die lange Tour zur Heide, „zuletzt hat sie immer Pickel bekommen.“

Für einen 33-jährigen arbeitslosen Bauleiter aus Bottrop bedeutet der Heidesee eine preiswerte Alternative*. Fast täglich strampelt er in den Ferien mit seinen beiden Kindern im Fahrradanhänger Richtung Heidesee. Aber er schätzt auch die Natur: „Mir ist das Vogelgezwitscher lieber als das Geplärre der Menschen im Freibad.“

1 Am Heidesee passiert so einiges.
- Lest beide Zeitungsartikel und nennt den Konflikt, um den es geht.
- Klärt auch Dinge, die ihr nicht versteht.

2 Stell dir vor: Du bist Naturschützer und möchtest den Heidesee für Badende sperren.
Oder: Du wohnst in der Nähe des Heidesees und möchtest dort baden und deine Freizeit verbringen.

Entscheide dich für eine Möglichkeit und suche in den Artikeln nach Begründungen und Beispielen für deinen Standpunkt. Notiere sie stichwortartig:

Naturschützer:	Freizeitler:
– biologisches Gleichgewicht gefährdet	– Ruhe genießen
– Fischbrut verliert Lebensraum	– kein Chlor im Wasser
– …	– …

3 Du möchtest deine Meinung möglichst vielen Menschen mitteilen. Dazu eignet sich besonders ein Leserbrief, den du an die Zeitung schreibst.

zu: Heidesee geht „baden“

Können wir es uns erlauben, eines unserer wenigen Biotope* so zu misshandeln? Wo können wir Schüler denn schon mal seltene Tiere oder Pflanzen in der Natur erleben? Die Badefreunde denken nur an sich und ihr Vergnügen. Das können sie auch woanders haben. Die Naturfreunde und vor allem die Pflanzen und Tiere müssen auch zu ihrem Recht kommen.

Kathrin Brauer
Poststraße 17
45257 Essen

Dabei musst du Folgendes beachten:
- Beziehe dich auf den/die Zeitungsartikel.
- Gib deinen Standpunkt zu dem Problem deutlich wieder. Wenn du zusätzliche Informationen hast, kannst du sie anführen.
- Du darfst dich in deinem Brief auch auf eine in den Artikeln gemachte Äußerung beziehen, sie unterstützen oder kritisieren.
- Du musst knapp und genau formulieren und darfst keine verletzenden oder unfairen Formulierungen gebrauchen.
- Abwechslung im Ausdruck und etwas Humor können nicht schaden.
- Damit dein Brief eine Chance hat veröffentlicht zu werden, sollte er nicht mehr als 150 Wörter enthalten.
- Am Schluss des Leserbriefes müssen Name und Anschrift stehen.

4 Jetzt formuliere deine Meinung und begründe sie. Du darfst einzelne Teile des Leserbriefes übernehmen, andere um- oder ganz neu formulieren.

Traumberufe – Berufsträume

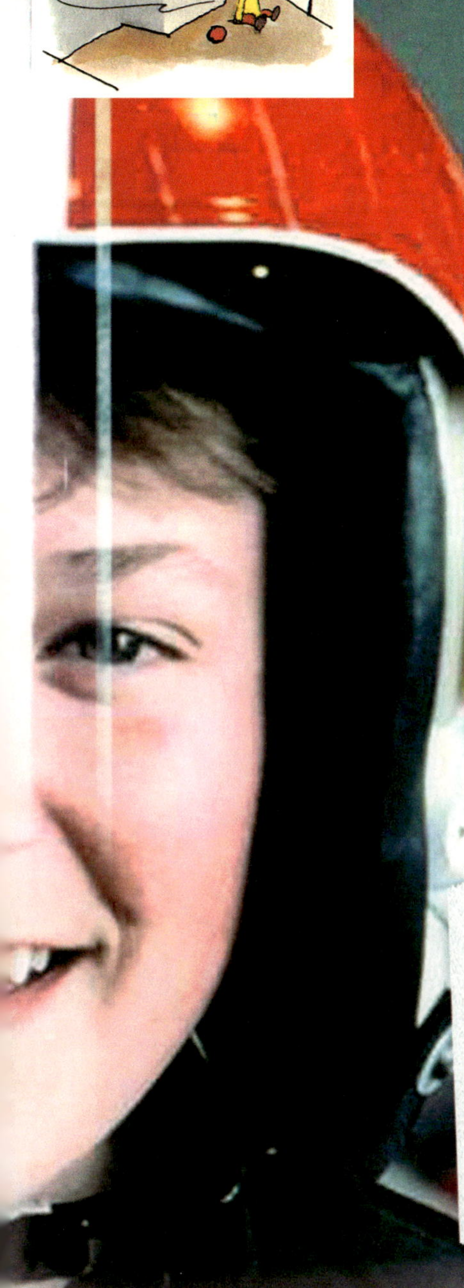

Wenn ich groß bin, werde ich ... Sicher hast du schon von dem einen oder anderen Beruf geträumt – und das ist auch gut so. Wichtig ist aber auch herauszufinden, welche Interessen und Fähigkeiten in dir stecken, damit du weißt, welchen Träumen du nachgehen solltest. Schau dich um, informiere dich und spüre Berufe auf, die dir Spaß machen könnten. Dieses Kapitel möchte dazu beitragen und dich unterstützen.

1 Schülerinnen und Schüler einer 8. Klasse haben diese Berufswünsche und Traumberufe genannt.

- Worin unterscheiden sich ihre Berufsvorstellungen?
- Welche Wünsche stecken in ihren Berufsträumen?

2 Setzt euch in Gruppen zusammen und sammelt auf großen Papierbögen Ausdrücke, die eure Berufswünsche möglichst genau beschreiben. Sprecht dabei über eure Wünsche, Vorstellungen und Ideen.

geachtet werden

beliebt sein

Karriere machen

Außergewöhnliches tun

anderen helfen

gestalten

unabhängig sein

zufrieden sein

3 Zeichne das Profil deines Kopfes auf ein DIN-A2-Zeichenblatt. Fülle den Kopf mit Wörtern aus, die deutlich machen, was dir besonders wichtig für deinen Beruf ist. Die Wörtersammlung aus der Gruppenarbeit hilft dir dabei.

Tipp: Mit unterschiedlichen Farben, Schriftgrößen und Schriftstärken kannst du wichtige Dinge besonders hervorheben. Auch Wortwiederholungen setzen Schwerpunkte.

4 Hängt eure Bilder in der Klasse auf und versucht herauszubekommen, wer sich hinter den Berufsträumen versteckt.

5 Sprecht über Berufsvorstellungen,
- die besonders originell sind,
- die häufig auftreten oder
- die selten genannt werden.

Was mögen Gründe für diese Unterschiede sein?

Mein Traumberuf ist **Eishockey-Profi.** Das ist genau mein Element. Ich versuche in jedem Training alles zu geben, um gut zu sein. Hartes Training und Wille, das ist die Voraussetzung, um ein Star zu werden! Man verdient als Profi auch nicht schlecht. Und in der NHL, da scheffelt man Millionen.
Als Vorbild habe ich meinen Onkel. Er ist sehr gut und spielt in der besten Mannschaft der russischen Liga.
Mich begeistert Eishockey, weil es Spaß macht, zu spielen und Tore zu schießen. Einen anderen Beruf würde ich auch in Kauf nehmen, aber ich weiß noch nicht, welchen.
Ich hoffe, mein größter Wunsch geht in Erfüllung!

Eugen

Mein Traum ist zur **Polizei** zu gehen. Am liebsten würde ich mit der Hundestaffel arbeiten. Wenn das nicht klappt, sollte mein Beruf auf jeden Fall etwas mit Tieren zu tun haben. Zum Beispiel als Pflegerin im Tierheim. Dann wäre ich den ganzen Tag draußen und könnte mich um die Tiere kümmern. Besonders Hunde liebe ich über alles. Ich würde auch gern in der Hundeschule arbeiten und den Hunden alles beibringen. Zum Beispiel, dass sie auf ihre Frauchen und Herrchen hören und die Kommandos ausführen. Ich weiß, dass das viel Arbeit ist und die Tiere nicht immer alles auf Anhieb können. Aber ich habe viel Geduld.
Ich werde den richtigen Beruf schon finden und dann hoffentlich jeden Tag mit Spaß arbeiten. Das ist mir besonders wichtig.

Jlka

Ich möchte am **Computer** arbeiten, im Büro. Das ist nicht schwer und man wird auch gut bezahlt. Computerkenntnisse habe ich auch schon durch Kurse an der Schule.
Auf keinen Fall will ich Lehrer werden. Ich habe keine Geduld, den Schülern alles doppelt und dreifach zu erklären.
Wer weiß, was die Zukunft bringt. Es gibt immer wieder neue Berufe. Das sehe ich bei meinem Freund, der bald mit der Schule fertig ist.

Domenik

1 Schreibe selbst einen Text über deinen Traumberuf. Dabei brauchst du dich natürlich nicht auf einen Beruf festzulegen, sondern kannst verschiedene Möglichkeiten ansprechen.

Die Prinzen – so fing es an

Prächtig thront die Orgel auf ihrer Empore in der Leipziger Thomaskirche. „Hier haben wir seit Anfang der 70er-Jahre immer gesungen“, erzählt Tobias, „geübt wurde jeden Tag nach der Schule, von halb vier bis halb sieben.“ Vier der Prinzen waren Sängerknaben im weltberühmten Thomanerchor. Einer von ihnen, Jens, kam vom Dresdner Kreuzchor dazu. „Nach dem Stimmbruch mussten wir den Matrosenanzug, die so genannten ‚Kieler Blusen‘, mit schwarzen Anzügen und Krawatte vertauschen“, erinnert sich Henri: „Das Schlipsbinden war ein Graus.“

Heute kommen die Prinzen im lässigen Outfit daher. 1991 gegründet, wurde das Quintett auf Anhieb erfolgreichste deutsche Band – mit Songs wie „Gabi und Klaus“ oder „Millionär“.

Millionär *Die Prinzen*

Ich wär’ so gerne Millionär
Dann wär’ mein Konto niemals leer
Ich wär’ so gerne Millionär
Millionenschwer
Ich wär’ so gerne Millionär …

Ich hab’ kein Geld, hab’ keine Ahnung,
doch ich hab ’n großes Maul
Bin weder Doktor noch Professor,
aber ich bin stinkend faul
Ich hab’ keine reiche Freundin
und keinen reichen Freund
Von viel Kohle hab’ ich bisher
leider nur geträumt

Was soll ich tun, was soll ich machen,
ich bin vor Kummer schon halb krank
Hab mir schon ’n paar Mal überlegt:
Vielleicht knackst du eine Bank
Doch das ist leider sehr gefährlich –
bestimmt werd’ ich gefasst
Und außerdem bin ich doch ehrlich
und will nicht in den Knast
[…]

Ich wär’ so gerne Millionär
Dann …
…

Ich wär’ so gerne …
…

Ich wär’ so gerne Architekt
Dann wär mein Konto
nicht defekt …

Auf den letzten Seiten war viel von Träumen, Wünschen und Vorstellungen die Rede. Dabei seid ihr häufig auf Verbformen wie wäre, hätte, könnte, würde … gestoßen. Arbeitet dazu in der Werkstatt Sprache weiter (S. 234).

7 Diesen nicht ganz ernst gemeinten Song der „Prinzen“ kennst du vielleicht. Versuche einmal einige weitere Strophen zu schreiben:
- Du kannst witzige Ideen, an Geld zu kommen, ergänzen. Manches davon ist vielleicht doch kein so guter Einfall …
- Du kannst deine Vorstellungen vom Leben eines Millionärs aufschreiben.
- Du kannst aber auch über deinen Traumberuf einen Liedtext schreiben.

Es gibt heute über 400 Berufe, die du erlernen kannst. Jährlich kommen neue hinzu, manche verändern sich in ihren Aufgaben und einige gibt es gar nicht mehr. Natürlich kennst du nicht alle und kannst auch nicht alle in deiner näheren Umgebung erlernen. Die Berufsberater und das Berufsinformationszentrum (BIZ) des Arbeitsamtes können dich rechtzeitig informieren und beraten.

Wichtig ist aber, bereits vorher herauszufinden, welche Tätigkeiten dir gefallen würden. Dazu musst du deinen eigenen Interessen auf die Spur kommen und deine Fähigkeiten erkennen.

So erfährst du eine Menge über dich

- Sei neugierig auf die verschiedenen Aufgaben in der Arbeitswelt. Vielleicht stößt du dabei auf Tätigkeiten und Berufe, die dich interessieren:
  - Überlege, welche Berufe dir im Alltag begegnen. Denke z. B. an ein großes Warenhaus, an eine Werkstatt, an ein Krankenhaus … Vielleicht kannst du auch beobachten, was dort getan wird.
  - Frage nach, was Eltern, Geschwister und Bekannte an ihrem Arbeitsplatz tun.

- Beobachte dein Verhalten in Schule und Freizeit:
  - Welche Schulfächer machen dir am meisten Spaß?
  - Welche Fächer würdest du lieber abgeben?
  - Womit beschäftigst du dich in deiner Freizeit am liebsten?
  - Wofür hättest du gerne mehr Zeit?

- Befrage Eltern und Freunde über deine besonderen Fähigkeiten, Vorlieben und Abneigungen. Vielleicht kennen sie dich von einer Seite, die dir gar nicht bewusst ist.

- Auf dem Zettel findest du viele Tätigkeiten, die in verschiedenen Berufen vorkommen. Gemeinsam könnt ihr diese Liste noch erweitern. Bestimmt ist etwas dabei, was dich interessieren könnte ...

- Fasse in einem Text zusammen:
  - deine besonderen Fähigkeiten, Vorlieben und Abneigungen,
  - deine Erwartungen und Anforderungen an einen Beruf.

montieren reparieren
reinigen verpacken
behandeln pflegen
erziehen unterrichten
anbauen prüfen
Maschinen steuern
untersuchen
programmieren
Material bearbeiten
Geräte bedienen
transportieren
schreiben verwalten
herstellen einkaufen
verkaufen bedienen
beraten reinigen
installieren
Computer bedienen ...

Ich bin in einem Modellbauclub. Da arbeite ich oft mit Holz. Das macht sehr viel Spaß und die Modelle werden recht gut. Oft werde ich dafür gelobt. Deshalb finde ich es gut, etwas aus Holz herzustellen und Holz zu bearbeiten.
Peter

Es gibt viele Möglichkeiten

- **Informationsmaterialien**
  Interessante, gut geschriebene und verständliche Informationen enthält z. B. die Zeitschrift „Was werden?“, die regelmäßig von der Bundesanstalt für Arbeit herausgegeben wird. Einen Artikel aus dieser Zeitschrift und eine Möglichkeit, Informationen zu Berufen auf Karteikarten festzuhalten, findet ihr auf S. 84/85. – Auch im Internet könnt ihr euch informieren, z. B. unter www.was-werden.de.

- **Berufserkundung, Schnupperpraktikum**
  Um einen ersten Einblick in die Arbeitswelt zu gewinnen, werden an vielen Schulen Berufserkundungstage durchgeführt. Zusätzlich zum Betriebpraktikum kann man in den Ferien auch ein freiwilliges Schnupperpraktikum machen.

- **Betriebspraktikum**
  Meist wird das Betriebspraktikum im 9. Jahrgang durchgeführt, manchmal aber auch schon in Klasse 8 – oder es wird im 8. Jahrgang vorbereitet. Wie ihr euch bewerben müsst, erfahrt ihr auf S. 86–88.

Eine Berufserkundung vorbereiten

Für die Schülerinnen und Schüler der 8a finden bald Beruferkundungstage statt. In der Pause unterhalten sich Silvia, Benjamin und Christian darüber:

Silvia: Benni, wohin gehst du eigentlich während der Berufserkundungstage?

Benjamin: Ich sehe mir den Beruf des Radio- und Fernsehtechnikers an, mein Traumjob. Vielleicht bekomme ich ein paar Basteltipps. Und du?

Silvia: Ich gehe zu Hendker. Der Beruf des Mechatronikers interessiert mich. Der Betrieb ist echt gut. Ich habe ihn angesehen und mich vorgestellt.

Christian: Als Mädchen in so einem Beruf? Ganz schön mutig.

Benjamin: Willst du das auch mal werden?

Silvia: Das ist doch jetzt noch gar nicht entscheidend! Ich will erst einmal sehen, wie der Berufsalltag aussieht und ob mir solche Arbeit überhaupt Spaß macht. Ich werde das einfach mal ausprobieren, ohne mich gleich festzulegen.

Christian: Klar, im Betrieb bekommt man mehr mit, als wenn man nur darüber etwas hört und liest. Ich gehe in die Tischlerei meines Vaters. Ich arbeite gerne mit Holz und vielleicht darf ich sogar etwas selber machen. Obwohl ich an die großen Maschinen bestimmt nicht darf.

Benjamin: Ich denke, dass ich noch nicht viel machen darf. Aber ich werde die Leute beobachten und Fragen stellen.

Silvia: Genau! Ich nehme auch meine Kamera mit, dann habe ich später für meinen Bericht etwas zum Einkleben.

Benjamin: Darfst du das denn?

Silvia: Den Chef hab ich schon gefragt. „Na klar!“, hat er gesagt. Wenn ich mich bedanke, schenke ich ihm eine Karte mit einem Foto.

Christian: Typisch Mädchen!

Silvia: Tu doch nicht so! Es ist echt prima, dass wir in den Betrieben sein dürfen, und vielleicht möchte ich später dort eine Ausbildung anfangen.

Christian: Wie seid ihr überhaupt auf die Berufe gekommen? Bei mir ist es ja klar, aber bei euch?

Benjamin: Ich hab mich erkundigt, was für Betriebe es hier in der Umgebung gibt und was mich davon interessieren könnte.

Silvia: Und ich hab in der Zeitung einen interessanten Bericht über neue Berufe gelesen. Da habe ich Lust bekommen.

1 Nach welchen Überlegungen wählen Benjamin, Christian und Silvia ihre Betriebe aus? Welche Erfahrungen wollen sie dort sammeln?

2 Warum ist es so wichtig, wie Silvia einfach etwas auszuprobieren?

3 Die drei Schüler tauschen wichtige Tipps aus. Unterstreicht auf Folie,
- was Silvia vor der Berufserkundung gemacht hat.
- was Benjamin, Christian und Silvia sich für die Berufserkundung vorgenommen haben.
- was Silvia nach der Berufserkundung geplant hat.

4 Ergänzt die Tipps mit eigenen Ideen.

5 Sammelt diese Tipps auf Plakaten. Bei der Planung eurer Berufserkundung habt ihr so eine Checkliste für die Vorbereitung.

Vor der Berufserkundung:
- Eltern, Freunde und Bekannte nach interessanten Berufen befragen
- sich aus Zeitungen und Infoblättern informieren
- … Fotos …
- …

Während der Berufserkundung:
- die Arbeit genau beobachten
- … befragen …
- … Fotos …
- …

Nach der Berufserkundung:
- einen kleinen Bericht anfertigen (Plakat/Mappe)
- … bedanken …
- …

Einen Betrieb finden

- Schlage im Branchenfernsprechbuch „Gelbe Seiten“ nach, welche Firmen für eine Berufserkundung, ein Schnupperpraktikum oder ein Betriebspraktikum interessant sein könnten.
- Frage Eltern, Freunde und Bekannte nach geeigneten Betrieben.
- Achte auf Werbeanzeigen in der Tageszeitung. Sie machen auf Unternehmen und ihre Besonderheiten aufmerksam. Vielleicht bekommst du sogar eine Anregung für einen anderen interessanten Bereich.

Telefonieren

Am besten rufst du in den Betrieben an, die du dir herausgesucht hast. So kannst du am schnellsten klären, ob ein Praktikum oder Erkundungstag überhaupt möglich und für dich interessant ist. Vor dem Gespräch solltest du einen Notizzettel vorbereiten, damit du nichts Wichtiges vergisst. Knicke dazu einen Zettel in der Mitte. In die linke Spalte schreibst du deine Fragen, dann kannst du wichtige Informationen während des Telefongesprächs in die rechte Spalte schreiben.

1 Es hilft euch, solche Telefongespräche in der Klasse zu proben:
- Ihr braucht einen Gesprächspartner, der etwas vom Berufsleben versteht: Lehrer/in, Hausmeister/in, Eltern ...
- Jeder überlegt sich, mit welchem Betrieb er telefonieren will, und bereitet einen passenden Stichwortzettel vor.
- Sammelt Formulierungen, die ihr im Gespräch verwenden könnt.
- Plant Schwierigkeiten ein, mit denen ihr zurechtkommen müsst: falsch verbunden; gewünschter Gesprächspartner hat Urlaub, hat augenblicklich keine Zeit, hat schlechte Laune; es gibt gar keine Praktikumplätze ...
- Die anderen beobachten den Verlauf des Gesprächs, machen sich Notizen und geben hinterher Tipps, was man besser machen kann.

- Name der Firma, Telefonnummer notieren
- eigenen Namen nennen
- mit Personalabteilung verbinden lassen
- sich kurz vorstellen
- Praktikum vom ... bis ... möglich?
- persönlich vorstellen?
- schriftliche Bewerbung nötig?

- Guten Tag. Mein Name ist ...
- Ich möchte mich um einen Praktikumsplatz bewerben. Könnten Sie mich bitte mit der Personalabteilung verbinden?

- Guten Tag, Herr/Frau ...
- Mein Name ist ...
- Ich möchte mich zum ... um einen Praktikumsplatz als ... bei Ihnen bewerben.

Bei einer positiven Antwort:
- Ich gehe in die 8. Klasse der ... Schule.
- Ich interessiere mich ...
- Kann ich mich einmal persönlich bei ihnen vorstellen?
- Brauchen Sie von mir eine schriftliche Bewerbung?
- ...

Bei einer negativen Antwort:
- Vielen Dank für die Auskunft.
- Auf Wiederhören, Herr/Frau ...

Ein Arbeitstag im Industriepark

Während des Berufserkundungstages am 25. Juni begleitete ich Herrn Bode, eine Fachkraft für Schutz und Sicherheit.

Fahrzeugkontrolle: Kofferraumdurchsuchung, z. B. auf Alkohol

Verkehrsdienst: Geschwindigkeitskontrolle auf dem Werksgelände

Ermittlungsarbeit: Spurensicherung nach einem Unfall

Büroarbeit: Protokoll schreiben

Mein Arbeitstag in Begleitung von Herrn Bode:

7.00	Arbeitsbeginn, Begrüßung
7.10	Kontrolle der eintreffenden Fahrzeuge
9.00	Frühstückspause
9.15	Kontrolle der Ausfahrt des Industrieparks
11.00	Meldungen schreiben
11.30	Mittagspause
12.15	Verkehrsdienst
13.30	Einsatz im Ermittlungsdienst
15.30	Protokoll schreiben
16.30	Feierabend

Was ich über den Beruf erfahren und gelesen habe:

Seit Herbst 2002 ist eine Ausbildung als Fachkraft für Schutz und Sicherheit möglich. Man übernimmt **Aufgaben**
- bei der Planung und Überwachung von Sicherheits- und Schutzeinrichtungen (z. B. Brandschutz)
- bei Geld-, Wert- und Sicherheitstransporten
- bei großen Sportveranstaltungen und Konzerten (Einlasskontrolle, Absicherung, Auskunft geben)
- beim Personenschutz (Bodyguard)

Arbeitgeber sind
- Sicherheitsdienste und Werkschutz
- Geld- und Werttransportbetriebe

Ausbildungsdauer: 3 Jahre

Insgesamt hat mir der Erkundungstag im Industriepark gut gefallen. Gut finde ich, dass man als Fachkraft für Schutz und Sicherheit viel mit Menschen zu tun hat. Auch Verantwortung muss man übernehmen. Dabei fühlt man sich wirklich gebraucht.
Nachteilig ist, dass man oft auch Schicht- und Wochenenddienst hat. Aber dafür hat man dann freie Zeit, wenn andere arbeiten müssen.

Ingo

Ingos Infoplakat fanden seine Mitschülerinnen und Mitschüler sehr interessant, weil kaum jemand etwas über diese Tätigkeit wusste. Deshalb schlugen sie vor, den Beruf auch in der Schülerzeitung vorzustellen. Mit den Informationen von Ingos Infoplakat kannst du den **Bericht für die Schülerzeitung** schreiben:

1 Unterstreiche auf Folie (jeweils in einer anderen Farbe) Ingos Angaben
- zum Beruf,
- zu seinem Arbeitstag,
- zu seinen Eindrücken.

Was?
Wann?
Wie lange?
Wo?
Womit?
Wie?
Wer? ...

2 Formuliere zu wichtigen Informationen W-Fragen und schreibe die Antworten in deinen Worten auf:

Welchen Beruf hat Ingo sich angesehen?
Ingo beobachtete die Arbeit einer Fachkraft für ...

3 Lege fest, worüber du berichten willst. Notiere einzelne Informationen auf einem Stichwortzettel.

4 Schreibe jetzt deinen Bericht für die Schülerzeitung und wähle dazu ein Bild von dem Infoplakat aus.

So kannst du beginnen:

Am 25. Juni hat unsere Klasse, die 8a, einen Berufserkundungstag durchgeführt. Alle Schülerinnen und Schüler beobachteten unterschiedliche Berufe. Manche durften sogar selbst mit anpacken.

Ich habe einen neuen Beruf kennen gelernt. Seit Herbst ...
Beim Rundgang durch ...
Anschließend ...
Zum Schluss ...
Insgesamt ...

Ein Bericht für die Schülerzeitung darf auch Empfindungen, Gefühle und die persönliche Meinung enthalten.

5 Schreibt für die Jugendseite der Tageszeitung einen kurzen Bericht über den Berufserkundungstag. Aus Platzgründen darf er nur 60 Wörter enthalten. Außerdem ist er sachlicher gehalten als der Beitrag für die Schülerzeitung.

1 Bevor du den folgenden Berufsreport liest, überlege dir, was dich an dem Beruf und der Ausbildung interessieren könnte. Schreibe drei wichtige Fragen auf.

2 Markiere beim Lesen Textstellen, die auf deine Fragen antworten, (Folientechnik) oder schreibe diese Informationen heraus.

Metallbauer/in – Fachrichtung Metallgestaltung

Kreativität* mit dem Hammer

„Dieses Tor gibt's nur einmal, das finden Sie in keinem Katalog", sagt Gunnar Gransche, angehender Metallbauer mit der Fachrichtung Metallgestaltung, stolz. Hoftore und Zäune, Balkon- und Treppengeländer bauen und restaurieren* – damit beschäftigt sich der Metallbetrieb, in dem Gunnar seinen Beruf erlernt.

In Gunnars Beruf wird viel Kreativität erwartet. Etwa dann, wenn ein Treppengeländer nicht nur der Sicherheit beim Treppensteigen dienen, sondern auch ein Schmuckstück sein soll. Dann muss Gunnar zeigen, dass er Metall gestalten kann – so, wie Töpfer Ton oder Schnitzer Holz gestalten.

Zunächst einmal gilt es, beim Kunden das Aufmaß zu nehmen. Das heißt nicht nur zu messen. Vor Ort muss ebenfalls geprüft werden, wie die Wand beschaffen ist, an der das Geländer befestigt werden soll. Damit das neue Geländer nicht wie ein Fremdkörper wirkt, müssen auch Baustil und Einrichtung berücksichtigt werden. Und natürlich die Vorstellungen des jeweiligen Kunden. „Mit Kunden umzugehen kann auch heißen, einem Laien freundlich klarzumachen, dass sein Wunsch nach einem niedrigen Treppengeländer unerfüllt bleiben muss, weil die Bauordnung nun mal eine Mindesthöhe vorschreibt", schildert Meister Volker Scheib.

Aus Maßen, Kundenwünschen, gesetzlichen Vorgaben und mithilfe eigener Ideen fertigt Gunnar eine Skizze an, die bereits genaue Maßangaben enthält. „Mein Meister sagt mir immer, dass ich schon beim Zeichnen in Gedanken schmieden soll. Das bedeutet: Ich soll schon beim Entwurf daran denken, ob man ein solches Teil überhaupt herstellen kann und welche Arbeitsschritte nötig sind." Gunnar ist meist in der Schmiedewerkstatt anzutreffen – wenn er am Schmiedeofen Stahlstangen erhitzt, um sie mit dem maschinellen Presslufthammer oder mit dem Schmiedehammer zu formen. „Einerseits mache ich eine Arbeit, die körperlich anstrengend ist. Andererseits kann ich mit jedem Schlag meine eigenen Ideen umsetzen. Dazu muss ich mit dem Hammer so feinfühlig umgehen können wie ein Maler mit seinem Pinsel."

Maike sammelt Informationen interessanter Berufe auf DIN-A-5-Karteikarten, um eine Vorauswahl für eine Betriebserkundung oder ein Praktikum und vielleicht sogar für ihren Beruf zu haben. Auch der Beruf einer Metallbauerin – Fachrichtung Metallgestaltung interessiert sie.
Auf der Vorderseite der Karte notiert sie den Beruf. Außerdem sammelt sie hier Adressen von Ausbildungsfirmen. Die Rückseite enthält wichtige Informationen zur Ausbildung und zu den Tätigkeiten und Anforderungen des Berufes.

Beruf: Metallbauerin – Fachrichtung: Metallgestaltung

Ausbildungsbetriebe:

1. E. Becker
   Hauptstr. 5
   34410 Weinberg

2. …

Ausbildungsdauer: 3 Jahre
Tätigkeiten: bauen, restaurieren, messen, prüfen …
Besondere Anforderungen:
Ideen haben, Zusammenhänge erkennen,
Arbeitsschritte planen,
manchmal körperlich anstrengend,
Verantwortung tragen
Infos:
Internet: www.machs-richtig.de,
www.arbeitsamt.de

Du kannst auch ein DIN-A-4-Blatt zur Hälfte falten. Die Außenseiten benutzt du dann wie eine Karteikarte. Den Innenraum klebst du zusammen, dann erhält das Blatt mehr Stabilität.

3 Unterstreiche die Informationen im Text, die Maike auf ihre Karteikarte übernommen hat, und prüfe nach, ob sie wichtige Angaben übersehen hat.

4 Welche Informationen würdest du außerdem auf deiner Karteikarte festhalten?

5 Informiere dich bei Eltern, Bekannten oder Freunden nach ihren Berufen. Wähle den Beruf aus, der dich am meisten interessiert, und lege eine Karteikarte an.

Das könnt ihr gemeinsam machen

Legt für die Klasse einen Karteikasten an, für den alle Schülerinnen und Schüler einige Karten anfertigen, auf denen sie Berufe kurz vorstellen. Die Karten sollen sauber und gut lesbar beschriftet sein. Eine Schülerin oder ein Schüler erhält den Auftrag, den Kasten (z. B. einen Schuhkarton) zu führen und auf das Ordnungssystem zu achten, z. B. alphabetische Reihenfolge der Berufe.

Bewerbungsschreiben

Manche Firmen wünschen eine schriftliche Bewerbung für einen Praktikumsplatz. Das Bewerbungsschreiben für ein Praktikum sieht ähnlich aus wie das für einen Ausbildungsplatz. Diese Briefe sind nach einem festgelegten Muster aufgebaut. Alexander hat sich einen Musterbrief besorgt und danach seine Bewerbung geschrieben:

Versicherungen, Banken und andere Institutionen geben oft kostenlos Informationsblätter zur Bewerbung heraus. Sie enthalten immer Musterbriefe zur Bewerbung.

Die Punkte zwischen den Zeilen geben an, wie viele Zeilen man freilassen sollte, damit der Brief übersichtlich gegliedert ist und die ganze Seite ausfüllt.

•
•
•
•

(1) Alexander Müller
Brunnenstr. 12
34410 Weinberg
Tel. 0999 8888

(2) 12. April 2004

•
•
•
•

(3) Tischlerei Lange
Herrn Michael Lange
Hans-Bosch-Str. 3
•
34410 Weinberg

•
•
•
•

(4) Bewerbung um eine Praktikumsstelle

•
•

(5) Sehr geehrter Herr Lange,

•

von meiner Klassenlehrerin weiß ich, dass Sie Praktikumsplätze zur Verfügung stellen. Hiermit möchte ich mich um eine Praktikumsstelle in Ihrer Tischlerei bewerben.

•

(6) Das Praktikum wird von unserer Schule im kommenden Schuljahr in der Zeit vom 08.09. bis 27.09. durchgeführt.

(7) Ich besuche die Erich-Kästner-Schule in Weinberg und gehe in die 8. Klasse. Mir macht das Basteln mit Holz viel Spaß und deshalb möchte ich über die Arbeitswelt des Tischlers mehr erfahren.

•

Können Sie mir meinen Wunsch erfüllen?

•

(8) Mit freundlichem Gruß

(9) Alexander Müller

Checkliste: Bewerbungsschreiben

Gib an:
1. Vor- und Nachname, Anschrift und Telefonnummer,
2. Datum,
3. vollständige Anschrift der Firma,
4. Grund des Schreibens in Kurzform.

Formuliere:
5. eine persönliche Anrede oder „Sehr geehrte Damen und Herren“, einen Einleitungssatz und dein Anliegen,
6. wann das Praktikum geplant ist,
7. welche Schule und Klasse du besuchst und warum du dich für ein Praktikum interessierst.

Schließe ab mit:
8. einer Grußformel,
9. deiner Unterschrift.

1 Lest Alexanders Bewerbungsschreiben durch und überlegt:
- Welche Bedeutung haben die einzelnen Angaben aus der Checkliste für den Empfänger?
- Welcher Punkt des Bewerbungsschreibens macht Alexanders Interesse an dem Betrieb besonders deutlich?

2 Für eure Telefongespräche habt ihr Notizzettel mit wichtigen Informationen für die Bewerbung um einen Schnuppertag oder ein Praktikum angelegt (Name der Firma, Zeitpunkt des Praktikums …).
Auf dieser Grundlage kannst du eine schriftliche Bewerbung verfassen.
Die Checkliste gibt dir Hinweise für den Aufbau des Briefes.

Beachte außerdem die folgenden Hinweise:
- Schreibe auf weißem, unliniertem DIN-A-4-Papier.
- Das Blatt darf weder Flecken noch Knickstellen haben.
- Das Blatt darf nicht gelocht sein.
- Lasse links, rechts, oben und unten einen 2,5 cm breiten Rand.
- Beschreibe das Papier nur einseitig.
- Schreibe immer linksbündig, auch deine Unterschrift.
- Mache nach Sinnabschnitten einen Absatz (eine Zeile frei lassen).
- Du kannst mit dem Computer oder mit der Hand schreiben.
- Verteile die einzelnen Angaben und den Brieftext so, dass die ganze Seite gestaltet ist.

Denke daran: Das Bewerbungsschreiben ist deine erste „Arbeitsprobe“.
Mit ihm kannst du den bestmöglichen Eindruck machen. Gelingt das, werden deine Unterlagen gelesen und deine Chancen steigen.

Dein Brief sollte deshalb auch keine Tipp- oder Rechtschreibfehler enthalten!

Tabellarischer Lebenslauf

Zu einer Bewerbung gehört auch ein Lebenslauf. Meist reicht eine tabellarische Auflistung wichtiger Lebensdaten aus. Der (tabellarische) Lebenslauf soll vor allem deine bisherige Schulausbildung zeigen:

Lebenslauf

Alexander Müller
Brunnenstr.12
34410 Weinberg
Tel.: 0999 8888

Geburtsort und -jahr:	17. 06.1990 in Weinberg
Schulbesuch:	01.08.1996-15.06.2000 Brüder-Grimm-Grundschule Weinberg ab 01.08.2000 Erich-Kästner-Schule Weinberg jetzt 8. Klasse
Fremdsprache:	Englisch
Hobby:	Schiffsmodelle bauen

Weinberg, 12. April 2004

Alexander Müller

1 Schreibe deinen eigenen Lebenslauf wie Alexander in tabellarischer Form:
- Verwende ein unliniertes Blatt.
- Lasse einen Rand.
- Schreibe in beiden Spalten jeweils linksbündig.
- Teile die Seite so ein, dass der Text die ganze Seite ausfüllt.
- Vergiss nicht deine Unterschrift!

Eine Zeitung wird „gemacht“

Fernsehen, Internet, Rundfunk und eine Vielzahl von Zeitungen und Zeitschriften – jeder von euch hat sicher schon Erfahrungen mit diesen Medien gemacht. In diesem Kapitel geht es um das klassische Informationsmedium: die Zeitung. Ihr erfahrt, wie Informationen präsentiert werden und welche Absichten damit verbunden sind. Ihr lernt den Aufbau einer Titelseite kennen und erfahrt, wo die Nachrichten überhaupt herkommen. Außerdem geht es um die Bedeutung von Schlagzeilen und Fotos bei der Übermittlung von Nachrichten.
Im zweiten Teil seid ihr selbst Redakteure. Ihr bekommt viele Tipps und Anregungen, wie ihr eine Klassenzeitung erstellen könnt.

Zum Thema „Zeitung“ könnt ihr viele interessante Dinge tun. Einiges geht ohne großen Aufwand, anderes muss vorbereitet und mit einem gewissen zeitlichen Vorlauf geplant werden. Am besten lest ihr euch die Ideen auf diesen beiden Seiten erst einmal durch und entscheidet euch, was ihr tun wollt und vorbereiten müsst. Vielleicht habt ihr auch noch ganz andere Ideen für eurer Zeitungsprojekt ...

- **Zeitungsverlage anschreiben und um Freiexemplare bitten**
  Zeitungsverlage sind in der Regel gern bereit, Schulklassen für einen gewissen Zeitraum (ein oder zwei Wochen) Freiexemplare zur Verfügung zu stellen.
  Welche Zeitung/en wollt ihr ansprechen? Wer übernimmt das?

- **Zeitungskolumnen kennen lernen**
  Schneidet Zeitungskolumnen (Politik, Wirtschaft, Sport ...) aus, klebt sie auf Tapete oder einem großen Bogen Papier auf und heftet Artikel, die euch interessieren und dazu passen, darunter.

- **Tageszeitungen untersuchen**
  Bringt (gelesene) Tageszeitungen von zu Hause mit und schaut sie euch genauer an:
  - Was steht überhaupt in einer Tageszeitung?
  - Wie ist sie aufgebaut?
  - Gibt es auffällige Gemeinsamkeiten und Unterschiede zwischen verschiedenen Tageszeitungen?

- **Eine Titelseite selbst gestalten**
  Schneidet Texte und Bilder aus einer Tageszeitung aus, die ihr wichtig findet, und ordnet sie auf eurer Titelseite neu an.
  Vergleicht anschließend eure Titelseiten und sprecht über die Wirkung von Textauswahl, Schlagzeilen und Bildern.

- **Nachrichten/Schlagzeilen vergleichen**
  Sammelt aus verschiedenen Tageszeitungen Nachrichten, Berichte und Schlagzeilen zum selben Thema und vergleicht sie miteinander.

- **Gute Nachrichten, schlechte Nachrichten**
  Markiert auf der Titelseite und/oder im Innenteil der Zeitung „gute“ Nachrichten, die von positiven Ereignissen berichten, und „schlechte“ Nachrichten, die von Kriegen, Unfällen, Katastrophen und sonstigen negativen Ereignissen berichten.
  Zählt ihre Anzahl aus und sprecht darüber, wieso das Verhältnis so sein könnte.

- **Ein Thema verfolgen**
  Verfolgt ein aktuelles Thema in einer oder verschiedenen Tageszeitungen über mehrere Tage.
  – Schneidet die Schlagzeilen aus und klebt sie Tag für Tag untereinander. Vergleicht die Darstellung des Themas.
  – Ihr könnt natürlich auch die ganzen Berichte aufkleben und vergleichen: die Schlagzeile, den Inhalt, den Umfang und die Platzierung in der Zeitung (auf der Titelseite, im Innenteil vorn, weiter hinten, unter „Vermischtes“ …).

- **Eine Redakteurin/einen Redakteur in die Schule einladen**
  – Wie stellt ihr den Kontakt her? Wer kann euch dabei unterstützen?
  – Wie formuliert ihr die Einladung?
  – Welche Fragen wollt ihr stellen?
  – Wer macht Fotos, protokolliert, schreibt einen Bericht?
  – In welcher Form wollt ihr euch für den Besuch bedanken?

- **Einen Zeitungsverlag besuchen**
  Die Fotoreihe in diesem Kapitel zeigt, was alles getan werden muss, bis eine Zeitung fertig gestellt ist. Wenn ihr mehr darüber wissen wollt, solltet ihr einen Zeitungsverlag in eurer Gegend besuchen. Dafür müsst ihr einiges planen:
  – Wer macht Verlag und Ansprechpartner ausfindig?
  – Wie bittet ihr schriftlich um einen Besuch? Wer schreibt den Brief?
  – Was interessiert euch im Verlag? Welche Fragen wollt ihr stellen? Vielleicht kommen euch Fragen beim Betrachten der Fotoreihe.
  – Wer begleitet euch? Wie erreicht ihr die Zeitung?
  – Dürft ihr während des Besuches fotografieren? Wer übernimmt das?
  – Wer macht sich Notizen und schreibt anschließend ein Protokoll oder einen Bericht über den Besuch?

- **Zeitungen aus anderen Ländern kennen lernen**
  Bestimmt sind in eurer Klasse Mitschülerinnen und Mitschüler, die aus anderen Ländern kommen. Oft lesen ihre Familien weiterhin Zeitungen aus ihrer Heimat. Eure ausländischen Mitschüler können
  – Nachrichten aus diesen Zeitungen in ihrer Muttersprache vorlesen und für die anderen übersetzen;
  – einige interessante Nachrichten aus dem Land, in dem die Zeitung erscheint, vorstellen.
  Alle gemeinsam könnt ihr deutsche und ausländische Zeitungen vom selben Tag vergleichen:
  – Was sind die wichtigsten Nachrichten auf der Titelseite?
  – Wie wird über die gleichen Ereignisse berichtet?

Dachzeile – Aufregung um einen Aal:

Schlagzeile – **„Aalfred“ darf bleiben**

Unterzeile – Tierschützer gegen Tierhaltung in Badewanne

Quellenangabe – **Bochum** (Eigener Bericht).

Vorspann – **Ein Aal namens „Aalfred“ lebt seit über 30 Jahren in der Badewanne einer Bochumer Familie. Nun sind Tierschützer aktiv geworden und fordern Freiheit für den Flussaal.**

Nachrichtenkörper – Vor 33 Jahren hatte Paul Richter den Aal aus dem Rhein-Herne-Kanal gefischt und ihn als Festschmaus mit nach Hause gebracht. Aus Mitleid wurde das Tier nicht geschlachtet.

So entschloss man sich, dem Aal ein Zuhause zu geben – in Form der häuslichen Badewanne. Seitdem wurde das Tier artgerecht gefüttert und es wurde auf die richtige Wassertemperatur geachtet.

Nach dem Bekanntwerden dieser Geschichte forderten Tierschützer die Freilassung des Tieres wegen angeblicher Tierquälerei. Mittlerweile hat das Ordnungsamt Bochum Familie Richter die Erlaubnis erteilt, den Aal weiterhin zu behalten – unter einer Bedingung: Der Aal erhält ein Rohr, in das er sich zurückziehen kann.

Eine **Nachricht** oder ein **Bericht** zu einem Ereignis soll die Leserinnen und Leser informieren und dabei auf die W-Fragen antworten: Was ist geschehen? Wann und wo hat es sich zugetragen? Wer war daran beteiligt? Wie und warum ist es geschehen?
Außerdem wird von einer Nachricht erwartet, dass sie wahr ist, dass ihre Quelle genannt wird (eigener Bericht oder die Nachrichtenagentur, z. B. dpa, rtr, sid), dass sie sachlich abgefasst ist und keine Meinung des Verfassers enthält.
In der äußeren Form und im Aufbau ähneln sich die meisten Zeitungsberichte. Typische Merkmale sind Schlagzeile, (manchmal) Dachzeile, Unterzeile, Vorspann (engl. ***lead***), der kurz das Wichtigste nennt, und Nachrichtenkörper (engl. ***body***).

1 Überprüft, ob der Bericht über den Aal „Aalfred“ die W-Fragen beantwortet. Markiert die entsprechenden Textstellen mit Folienstift auf Folie und schreibt anschließend Fragen und Antworten auf.

2 Einigt euch auf ein Ereignis, das allen in eurer Klasse bekannt ist: einen Konflikt in der Klasse, eine Klassenparty, ein Schulfest, einen Sportunfall ...

Verfasst nun selbst Nachrichten über dieses Ereignis und vergleicht sie miteinander.

Nachricht/Bericht
- W-Fragen
- Quellenangabe
- wahr
- sachlich
- keine Meinung

Aalfred von der Wanne

Seit 33 Jahren lebt der Aal bei Familie Richter

Langsam schlängelt sich „Aalfred", der Flussaal, in den Eimer. Das Ritual kennt er schon: Für kurze Zeit muss er sein Domizil, die Badewanne der Familie Richter, verlassen. Nämlich immer dann, wenn seine „Mitbewohner" sie selbst benutzen wollen. Das geht nun schon seit 33 Jahren so.

„Ich mag Aale", sagt Paul Richter und lacht, „am liebsten geräuchert!". Nur sein „Aalfred", der gehört einfach nicht auf den Teller. Die Freundschaft zwischen ihm und dem Aal begann im Jahr 1969. Damals zog Paul Richter den Aal aus dem Rhein-Herne-Kanal – für den Festschmaus am Abend, so dachte er. Die Rechnung hatte er aber ohne seine Kinder gemacht, die die Schlachtung des Tieres verhinderten.

Aalfreds neue Behausung: ein Rohr, in das er sich zurückziehen kann.

Der „adelige Aal" aus Bochum

Der Aal fand Platz in der Badewanne, bekam einen „adeligen" Namen – „Aalfred von der Wanne" – und regelmäßig rote Mückenlarven und Maden. „Andere Sachen rührt er nicht an", erklärt Hannelore Richter, die die tägliche Fütterung übernommen hat. Und so kam es, dass Aalfred der Aal seit 33 Jahren aus dem Haushalt der Familie Richter nicht mehr wegzudenken ist. „Man hat sich an ihn gewöhnt", meint Paul Richter mit einem fast liebevollen Blick in die Wanne. „Er macht keinen Krach und bellt nicht."

Freunde bis in die Ewigkeit

Die Richters sind eine tierliebe Familie: Jede Menge Haustiere wurden schon angeschafft, aber noch keins geschlachtet. Und schon gar nicht ausgesetzt. „Das geht doch gar nicht", entrüstet sich Hannelore Richter, „der hat sich doch an uns gewöhnt."
Ob der Aal in freier Wildbahn tatsächlich überhaupt noch überleben

Aalfred und seine Familie

könnte, bezweifelt auch Wolfgang Gettman, Direktor des Düsseldorfer Aquazoos. „Er wird einige natürliche Fähigkeiten verloren haben", meint Gettmann.
Und so kann es sein, dass der Aal „Aalfred" neben Hund und Papagei noch lange die Hausgemeinschaft Richter mit seiner Anwesenheit erfreut – immerhin ist der älteste Aal, über den Buch geführt worden ist, 88 Jahre alt geworden.

Reportage
- lebendiger Bericht
- Reporter beim Geschehen
- Beteiligte kommen zu Wort

1 Lest die Reportage über „Aalfred von der Wanne" laut vor. Was fällt euch im Vergleich zu dem ersten Bericht über Aalfred auf?

2 Versucht die Unterschiede zwischen Bericht und Reportage zu benennen.

■ Der Kommentar

Von Tierquälerei keine Spur

Nun ist es also entschieden, das Schicksal des „armen" Aals „Aalfred": Er darf dort bleiben, wo er seit 33 Jahren lebt, wohl umsorgt von einer Familie, der Tierliebe über alles geht.

Was hat diese Familie nicht alles getan, um ihre Tierliebe zu demonstrieren: Sie hat dem Aal das Schicksal erspart, das den meisten Aalen droht, nämlich als leckeres Mahl auf dem Teller zu landen. Sie hat dem Tier ein sicheres Zuhause gegeben: eine wohl temperierte Badewanne. Sie hat ihn artgerecht ernährt: mit Mückenlarven und Maden. Und nun hat er auch noch ein Rohr als Rückzugsort bekommen.

In diesem Fall sind die Tierschützer mit ihrer Forderung, den Aal in die Freiheit zu entlassen, weit über das Ziel hinausgeschossen. Sie sollten sich lieber um das Wohl der Tiere kümmern, die wirklich bemitleidenswert sind: Vögel in viel zu engen Käfigen, angekettete Hunde, verwahrloste Katzen - nicht zu vergessen die Tiere, die unter fürchterlichen Umständen zur Schlachtbank geführt werden.

Niklas Ludwig

1 Überlegt miteinander, welcher entscheidende Unterschied zwischen dem Bericht und der Reportage über Aalfred (S. 92/93) und dem Kommentar auf dieser Seite besteht.

2 Welche Meinung vertritt der Verfasser des Kommentars? Welche Gründe führt er an? Markiere Meinung und Begründung im Text (Folientechnik) oder schreibe sie heraus.

> Der **Kommentar** gibt die Meinung eines Redakteurs oder der Redaktion zu einer Nachricht wieder. Die meisten Zeitungen trennen deutlich zwischen Nachricht und Kommentar (durch die Überschrift und die grafische Gestaltung).

3 Diskutiert darüber, welchen Grund die Trennung zwischen Nachricht und Kommentar haben könnte.

4 Versetzt euch in einen überzeugten Tierschützer und schreibt einen Kommentar, der eine gegensätzliche Meinung vertritt. So könnt ihr beginnen.

Absolute Fehlentscheidung
Nun haben sie es tatsächlich erreicht, dass dieses arme Tier weiter leiden muss. Wenn man sich vorstellt ...
kahle Wände ... keine natürliche Umgebung ... Einsamkeit

Kommentar
persönliche Stellungnahme eines Redakteurs zu einem Ereignis

Endloses Fischleiden

Zum Bericht über Aal „Aalfred“:

Mit welchen naiven, unwissenden Tierfreunden haben wir es eigentlich zu tun? Ist diesen Leuten wirklich nicht klar, was diesem beklagenswerten Tier angetan wird? Für jede Legehenne fordern sie eine artgerechte Haltung, und das auch zurecht. Für den Aal soll dies aber nicht gelten.
In Höhlen im dunklen Bodengrund oder in unterspülten Ufern fühlt sich ein Aal am wohlsten, ein Leben in einer Badewanne muss für ihn die reine Hölle sein, denn er hat keinerlei Rückzugsmöglichkeit. Auch ein Plastikrohr ändert daran nicht viel.
Noch schlimmer müssen für ihn die Gerüche sein, denen er ausgesetzt ist: der Geruch nach Shampoo, nach Seife und chemischen Reinigungsmitteln. Und alles andere als artgerecht ist es, dass dieses Tier ohne Hautkontakt mit seinen Artgenossen sein trauriges Leben fristen muss.
Man darf auch nicht den Stress unterschätzen, dem dieses Tier ausgesetzt ist, wenn mal wieder „Badetag“ angesagt ist: Raus aus der Badewanne, an deren Wassertemperatur sich der Fisch gewöhnt hat, rein in einen engen Eimer mit kälterem oder wärmerem Wasser.
Es wird höchste Zeit, dass die Behörden einschreiten und dieser Tierquälerei ein Ende machen.

Wolfgang Hänsel
Hobbyfischer und Vorsitzender des Angelsportvereins „Petri Heil“

1 Überprüft, welche Gründe der Leserbriefschreiber für das Leiden Aalfreds anführt. Welche Forderung stellt er auf?

2 Die vier Pfeile deuten auf typische Merkmale eines Leserbriefes. Benennt sie.

3 Die Zeitungsredaktion entscheidet, ob sie einen Leserbrief abdruckt oder nicht. Zumeist befindet sich ein Hinweis wie der folgende auf der Leserbriefseite:

„Leserbriefe sind in keinem Fall Meinungsäußerungen der Redaktion. Wir behalten uns die Kürzung der Texte vor. Es können nur Zuschriften abgedruckt werden, die sich auf benannte Artikel in unserer Zeitung beziehen. Briefe ohne Angabe des vollen Namens und der vollständigen Adresse können wir leider nicht bearbeiten.“

Diskutiert darüber, worauf die Zeitungsredaktion besonderen Wert legt und weshalb dies so sein könnte.

Leserbrief
persönliche Meinung eines Lesers zu einem Bericht

Janina und Liesa aus einer 8. Klasse in Münster haben das folgende Interview mit einem Redakteur der Münsterschen Zeitung geführt:

Wie kommen die Nachrichten in die Zeitung?

Hallo, Herr Böckling. Wir befassen uns im Deutschunterricht gerade mit dem Thema „Zeitung", und da wollten wir mal einen richtigen Fachmann interviewen. Wir möchten zum Beispiel gern wissen, woher Sie die Nachrichten bekommen.

Dann will ich gleich zur Sache kommen. Zuerst einmal bekommen wir die Nachrichten von einer Presseagentur, z. B. von dpa (das heißt „Deutsche Presseagentur"), rtr (Reuter, England) oder vom sid (Sportinformationsdienst). Ihr seht hier auf meinem Bildschirm das Fenster „Agenturtext". Darunter sind die Agenturen zu finden, die uns die Nachrichten per Internet übermitteln. Also öffne ich das Fenster „Agentur", klicke ein Stichwort oder ein Ressort an, z. B. Sport oder Wirtschaft, und schon habe ich die aktuelle Übersicht über die neuesten Nachrichten. – Wenn ihr Zeitungsartikel lest, werdet ihr feststellen, dass immer ein Kürzel vor dem Text oder am Ende des Textes auftaucht, z. B. dpa. Dann weiß der Leser, woher die Redaktion die Information hat.

Und woher bekommen die Agenturen diese Nachrichten?

Die haben freie und feste Mitarbeiter in der ganzen Welt beschäftigt. Man nennt sie Korrespondenten. Sie berichten direkt vor Ort oder fahren in Windeseile dorthin, von wo es etwas Interessantes zu berichten gibt. Wie zum Beispiel am 11. September 2001 beim Attentat auf das World Trade Center. Da gibt es verschiedene Aufgaben und damit verschiedene Berichte: Der eine berichtet, wer für das Attentat verantwortlich ist, der andere berichtet über die Opfer, wieder ein anderer über die Rettungskräfte. Diese Berichte kommen dann zur Nachrichtenagentur, die sie an die Redaktionen der Medien weiterleitet.

Und die Nachrichten aus Münster und Umgebung, woher sind die?

Das läuft natürlich anders. Die Leute rufen bei uns an, Vereine, Behörden, Firmen oder Betriebe, auch Privatleute, die uns mitteilen, dass irgendwelche Entscheidungen oder Ereignisse anstehen, und uns bitten, davon zu berichten. Manche schicken uns auch Unterlagen zu, damit wir uns informieren können. – Außerdem muss ein Journalist selbst recherchieren*; er muss ein Gespür bekommen, wo er durch Nachfragen weitere Informationen herbekommen kann.

Wer bestimmt eigentlich, was der „Aufmacher" des Tages wird?
In der Regel der Chefredakteur. Ich z. B. bin für den Lokalteil eines Stadtteils verantwortlich und bestimme selbst, was der Aufmacher wird, was untergeordnet wird, ob ein Bild hinzukommt. Natürlich kann es vorkommen, dass plötzlich etwas total Wichtiges passiert, dann wird dies als Aufmacher gewählt. Das letzte Wort hat auch hier der Chefredakteur, der ist schließlich für das gesamte Produkt verantwortlich.

Wie wichtig sind die Fotos für die tägliche Berichterstattung?
Die sind sehr wichtig, sie sind gestalterische Elemente. Ein Text mit Bild wird nachweislich häufiger gelesen als nur ein Text. Das Bild oder Foto soll schon das erzählen, was im Artikel genauer vorhanden ist. Das nennen wir „Eyecatcher". Bilder und Grafiken gestalten eine Zeitungsseite einfach luftiger.

Wir sind in der Schule mit dem Projekt „Zeitung" beschäftigt. Dabei erstellen wir mit einem Computerprogramm selbst eine Zeitung. Uns sind zwei Spalten vorgegeben , die wir mit Bildern und Text gestalten. Wir haben das Problem, dass das oft so voll gequetscht aussieht.
Dann könnt ihr euch schon ein bisschen vorstellen, wie Zeitungsseiten entstehen. – Wonach ihr noch nicht gefragt habt: wie sich eine Zeitung finanziert. Zu zwei Drittel wird die Zeitung über Anzeigen, also Werbung finanziert, nur zu ein Drittel durch den Verkauf.

Herr Böckling, vielen Dank für das Gespräch.

Interviews führen

Für ein Interview solltet ihr diese Tipps beachten:

Vorbereitung

- Termin telefonisch absprechen
- Treffpunkt und Uhrzeit notieren
- Kassettenrekorder, Leerkassette, Mikrofon besorgen
- Ausprobieren, ob Rekorder und Mikrofon funktionieren
- Fragen gut überlegen und aufschreiben
- Fotoapparat mitnehmen

Durchführung

- Einstieg überlegen, der die Nervosität abbaut
- Keine Fragen stellen, die die Antwort schon enthalten (Sie sind doch sicher auch der Meinung, dass ...)
- Nachfragen, wenn man etwas nicht verstanden hat

Nachbereitung

- Fragen und Antworten mit PC aufschreiben, dabei leicht bearbeiten und kürzen (Ähs, Wiederholungen, Satzbau ...)
- Text dem Interviewten zumailen/zuschicken mit der Bitte um sein Einverständnis
- Der Klasse vorstellen (Rekorderaufnahme oder vorlesen)
- Fragen der Klasse beantworten, Fragen an die Klasse stellen

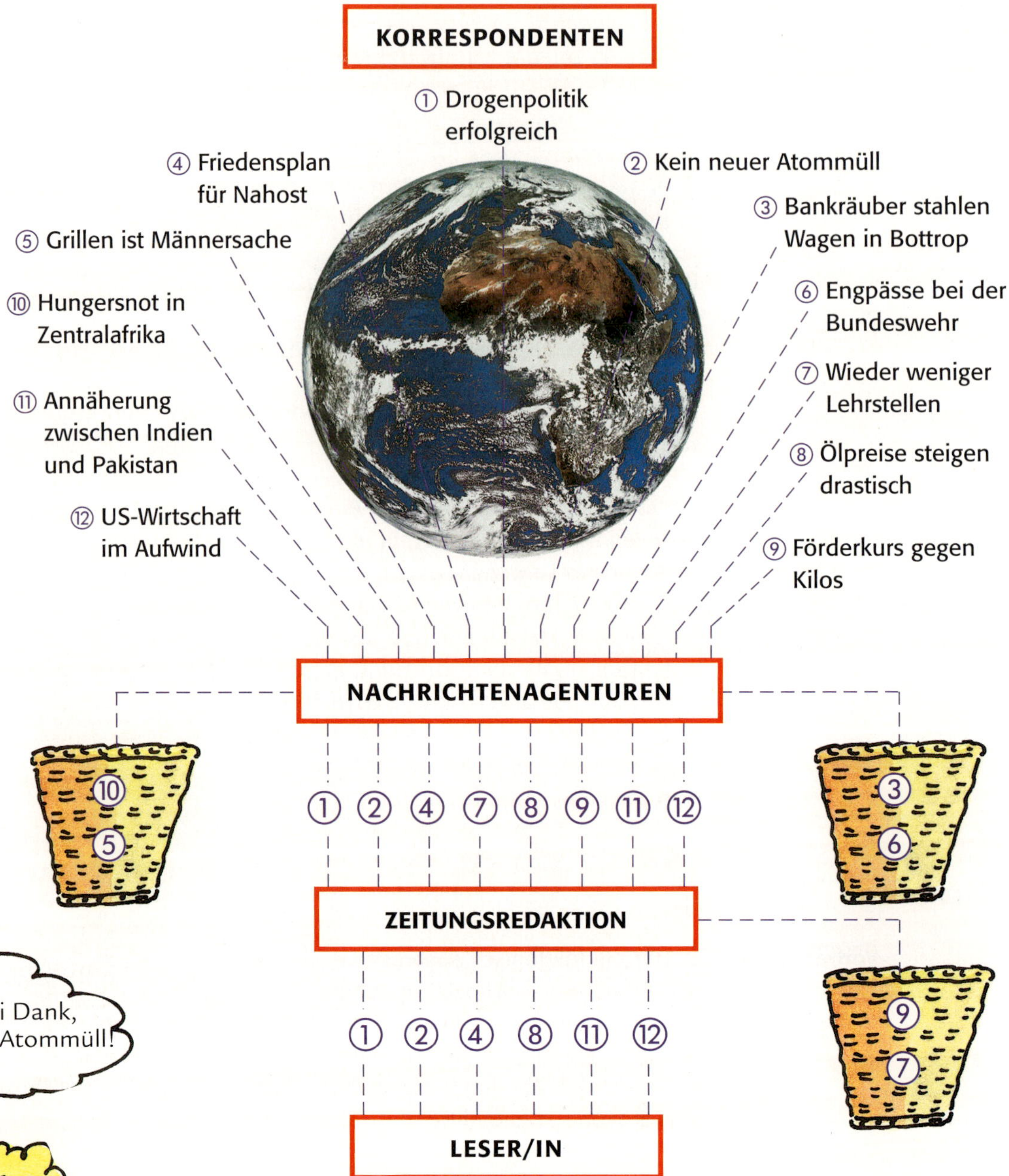

1 Vergleiche das Interview von S. 96/97 („Wie kommen die Nachrichten in die Zeitung?“) mit dem folgenden Schaubild:

- Welche Informationen aus dem Interview finden sich in dem Schaubild wieder?
- Welche zusätzlichen Informationen enthält das Interview?
- Welche Vorteile hat ein Schaubild wie dieses gegenüber einem Text?

2 „Ich lese meine Zeitung und bin über alles bestens informiert.“ Was haltet ihr von der Aussage dieses zufriedenen Zeitungslesers?

Heute Der Sport vom Wochenende

Münstersche Zeitung

Montag, 5. Mai 2003
133. Jahrgang / 19. Woche / Nr. 103

WESTFALEN-ANZEIGER

westline Der Online-Dienst
Fußball, Flirt und Fun
www.westline.de

Mo-Fr € 0,90
Sa/So € 1,15
10

LOKALES

Heiratsantrag auf 22 Metern

Münster • Den Heiratsantrag konnte die Angebetete auf einem 22 Meter messenden Plakat am TV-Bildschirm bewundern. Beim Spiel der Preußen hatte Daniel Abraham das Banner am Zaun entrollt. Zuhause saß Evelyn Böttger, die Braut in spe, vor dem Fernseher und wurde vom Antrag ihres Preußenfans wahrlich überrascht. Per Handy signalisierte sie dann auch ihre Zustimmung – das langersehnte „Ja". › 1. Lokalseite

„180 Grad" begeisterte mit toller Premieren-Show

Münster • Die Premiere gelang. Für die Artisten von „180 Grad – Circus on Stage" gab's am Freitag „standing ovations". Bis zum 18. Mai gastiert die Truppe noch im neu konzipierten Zelt vor dem Schloss – präsentiert von der Münsterschen Zeitung.

Das Konzept mit Bühne statt Manege gefiel in Münster. Mit Schwung und mit modernen Effekten ins rechte Bild gerückt traten die jungen Künstler an, boten von temporeicher Motorradartistik über Comedy bis zu Handstand- und Tanzakrobatik in der gut zweistündigen Show ein abwechslungsreiches Programm. Und nicht zuletzt sorgten Hausmeister & Hausmeisterchen für viel Spaß. • MIN › 1. Lokalseite

Mr. Show Bizz verzauberte die Premierengäste mit Comedy und Pantomime. MZ-Foto: Beike

Radlader sollte entwendet werden

26-Jähriger wurde bei der Tat gestört

Münster • Nach einem Einbruch am Samstag gegen 23 Uhr in die Lagerhalle einer Firma am Hafengrenzweg wurde ein 26-Jähriger in Tatortnähe festgenommen. Er war bereits in der Nacht zum 1. Mai dort eingebrochen und hatte einen Betonmischer gestohlen. Den ließ er aber bei Handorf stehen, nachdem sich der Mann offenbar festgefahren hatte.

Diesmal entwendete er einen Radlader, den er noch mit Computerteilen belud. Beim Herausfahren aus der Halle bemerkten ihn zwei Personen, worauf er das Fahrzeug stehen ließ und die Flucht ergriff. Dabei nahm er unterwegs noch ein Fahrrad mit. Die Polizei schnappte ihn aber. Der Mann gab den Diebstahl zu. Da er unter Einfluss alkoholischer Getränke und anderer Rauschmittel stand, wurde eine Blutprobe entnommen. Hernach brachte man ihn in den Polizeigewahrsam.

GEWINNZAHLEN
- ohne Gewähr -

Lotto:	5 - 14 - 23 - 32 - 41 - 48	Spiel 77:	5 - 8 - 5 - 5 - 7 - 9 - 1
Zusatzzahl: 27	Superzahl: 3	Super6:	1 - 7 - 3 - 1 - 6 - 8

DAS WETTER

Die Sonne scheint, es bleibt zunächst trocken. Gegen Abend gehen vereinzelt Schauer nieder, örtlich entladen sich Gewitter. Temperaturen bis 27 Grad. Frischer Wind aus südlichen Richtungen.

Münstersche Zeitung im Internet: www.westline.de

Leserservice: Zustellung ☎ 01801-555055, Anzeigen ☎ 0251-592-6680, Redaktion ☎ 0251-592-4151

4 191041 600901 10019 K 10416 10

Mit dem neuen Ferrari

startete Michael Schumacher gleich durch: Gestern gewann der Fünffach-Weltmeister in Barcelona vor dem Spanier Fernando Alonso und seinem Teamkameraden Rubens Barrichello. Die Silberpfeile von Mercedes mit dem in der Gesamtwertung führenden Kimi Räikkönen hingegen gingen nach zwei Ausfällen leer aus. › Sport: „Roter Hai" Foto: dpa

Jan Koller kullert über den Rasen des Dortmunder Westfalenstadions. Der lange Tscheche kam mit Borussia Dortmund über ein 2:2 gegen Wolfsburg nicht hinaus. Foto: dpa

Neun noch nicht gerettet

Bochum • Abstiegsangst pur in der Fußball-Bundesliga. Drei Spieltage vor Schluss ist die Hälfte der Klubs noch abstiegsgefährdet. Der VfL Bochum verpasste die vorzeitige Rettung durch ein 1:1 gegen Borussia Mönchengladbach. Dem 1. FC Nürnberg brachte auch der neue Trainer Wolfgang Wolf nicht den erhofften Erfolg.

Im Kampf um die direkte Champions League-Qualifikation verlor Borussia Dortmund mit dem 2:2 gegen den VfL Wolfsburg an Boden gegenüber dem VfB Stuttgart, der in Hannover 2:1 siegte. Glück für den BVB, dass auch die Verfolger Hertha BSC Berlin (2:4 in Bremen) und Hamburger SV (0:0 in Cottbus) patzten. • Bs

Bundesliga
Rostock - Schalke 3:1
Leverkusen - Bielefeld 3:1

• Rückschlag für den FC Schalke 04: Durch die gestrige 1:3-Niederlage bei Hansa Rostock droht die Mannschaft von Trainer Marc Wilmots die Qualifikation für den UEFA-Cup zu verpassen.

Druck auf Berufseinsteiger

Bildungsministerin kritisiert Haltung von Jugendlichen und droht mit Kürzung der Sozialhilfe

BERLIN • **Unflexiblen Berufseinsteigern droht eine Kürzung der Sozialhilfe.** Bundesbildungsministerin Edelgard Bulmahn (SPD) kritisierte am Wochenende, einige Jugendliche versteiften sich chancenlos auf einen Berufswunsch, ohne unter den 350 Ausbildungsberufen eine Alternative zu ergreifen.

„Wir können schon jetzt die Sozialhilfe kürzen und überlegen, das zu verschärfen", sagte die Ministerin. Die Grünen forderten empfindliche Strafen für Jugendliche, die nicht mobil sind. Auch die Ausbildungsabgabe von Unternehmen, die keine Lehrlinge einstellen, ist laut Bulmahn noch nicht vom Tisch. Geprüft würden aber auch andere gesetzliche Maßnahmen.

Ausbildungsabgabe

„Wir wollen insgesamt 40 Prozent der Unternehmen zur Ausbildung mobilisieren", sagte die Ministerin. Wenn es am Jahresende noch Zehntausende ohne Lehrstelle geben sollte, drohten Maßnahmen wie die Ausbildungsabgabe. NRW-Wirtschaftsminister Harald Schartau (SPD) lehnte eine solche Strafabgabe ab.

Laut Bulmahn griffen viele Jugendliche zur Sozialhilfe, wenn ihr Berufswunsch nicht in Erfüllung gehe. Doch wer sich auf diese Zahlungen verlasse, „bekommt Druck", kündigte Bulmahn an.

Die Grünen-Finanzexpertin Christine Scheel sagte: „Wer einen angebotenen Ausbildungsplatz ablehnt, dem sollte rigoros jede staatliche Unterstützung gestrichen werden." Die gesetzlichen Möglichkeiten hierzu müssten verschärft werden.

Auch FDP-Vize Rainer Brüderle forderte Flexibilität: „Lieber eine Metzgerlehre auf der Schwäbischen Alb als ungelernt und chancenlos in Flensburg."

Prognose

Laut einer Prognose stehen in diesem Jahr den etwa 700 000 Jugendlichen, die nach einer Lehrstelle suchen, nur 500 000 Ausbildungsplätze zur Verfügung. • ddp

› Seite 2: Kommentar

Irak wird in drei Zonen aufgeteilt

Kontrolle durch Polen

Washington • Die Zukunftspläne der USA und ihrer Kriegs-Verbündeten für den Irak werden immer konkreter. Sie wollen das Land nach offiziell bestätigten Berichten zur Kontrolle und Stabilisierung des Landes in drei Militärzonen aufteilen. Die Sektoren sollen von einer multinationalen Truppe jeweils unter Führung der USA, Großbritanniens und Polens kontrolliert werden. Ein UN-Mandat sei nicht vorgesehen. Ein Dutzend Staaten hätten bereits ihre Bereitschaft zur Entsendung von Soldaten erklärt. Die Kriegsgegner Deutschland, Frankreich und Russland sollen nicht beteiligt werden. • dpa

› Kommentar und Berichte

Zum ersten hochrangigen deutsch-amerikanischen Treffen nach Ende des Irak-Kriegs ist Verteidigungsminister Peter Struck gestern nach Washington gereist. Dort trifft er u.a. seinen US-Amtskollegen Donald Rumsfeld. Themen dürften der Wiederaufbau des Irak sowie die geplante europäische Verteidigungsunion sein.

Forderungen an Israel

Jerusalem • Im Vorfeld des Besuchs von US-Außenminister Colin Powell hat US-Diplomat William Burns Israel gestern zu Schritten aufgefordert, die der Friedensbereitschaft der Palästinenser förderlich sein könnten. Burns ließ die israelische Regierung wissen, es liege in ihrem ureigensten Interesse, über Maßnahmen nachzudenken, die das Bemühen der palästinensischen Regierung unterstützen könnten, die Gewalttätigkeit der Palästinensergruppen einzudämmen. • rtr › Seite 2: Syrien

Zugeständnisse an Kritiker

SPD ringt um eigene Mehrheit / Union einigt sich auf Konzept

Berlin • Im Streit um die besten Reformkonzepte ringt die SPD-Spitze um ihre Regierungsmehrheit. Unterdessen haben sich CDU und CSU gestern Abend nach langem Tauziehen auf eine einheitliche Linie bei den Sozial- und Arbeitsmarktreformen verständigt. Das Konzept geht teilweise deutlich über den Reformansatz von Bundekanzler Gerhard Schröder (SPD) hinaus.

Die Regierung versuchte, mit Milderungen bei den Sozialreformplänen den Kritikern die Zustimmung zu erleichtern. So will Arbeitsminister Wolfgang Clement (SPD) den Übergang vom Arbeitslosengeld in die Sozialhilfe mit Aufschlägen abfedern. Einer neuen Vermögensteuer erteilte der Wirtschaftsminister aber eine klare Absage.

Die bayerische SPD stellte sich vor der zweiten Regionalkonferenz mit dem Kanzler heute in Nürnberg zwar grundsätzlich hinter das Reformkonzept, sieht aber etwa beim Krankengeld noch Klärungsbedarf. Bei den Grünen formiert sich am linken Parteiflügel Widerstand gegen die Pläne der Regierung. • dpa

› Berichte Seite 2

Wolfgang Clement. Foto: dpa

Propaganda zum Tanzen

Produzenten machen irakischen Informationsminister zum Popstar

„Sie denken, die amerikanischen Panzer kommen in einer endlosen Kolonne auf uns zu. Falsch, es gibt nur ein paar von ihnen und sie drehen immer wieder um und fahren hin und her, um den Eindruck einer langen Schlange zu bilden."

Wer anders hätte eine solch fantasievolle Theorie wohl entwickeln können, als der ehemalige irakische Informationsminister Mohammed Sajjid el-Sahhaf, der die Weltöffentlichkeit während des Irak-Kriegs mit seinen rhetorischen Kleinoden ins Staunen und trotz des traurigen Anlasses manchmal auch zum Schmunzeln brachte.

Dieses Potenzial hat jetzt die Musikindustrie erkannt. In diesen Tagen soll ein tanzbares Best-Of seiner nicht immer ganz mit der Realität übereinstimmenden persönlichen Wahrnehmungen als CD erscheinen. Verbalen Stoff bietet das einstige Diktatoren-Sprachrohr im Überfluss: „Ich kann sagen, und dafür übernehme ich die volle Verantwortung, dass sie (die US-Soldaten) vor den Mauern Bagdads damit begonnen haben, Selbstmord zu begehen. Wir werden sie dazu ermutigen, noch schneller noch mehr Selbstmorde zu begehen." „Die Cruise Missiles verängstigen niemanden mehr. Wir fangen sie wie Fische aus einem Fluss." Über die Verständlichkeit der Live-Mitschnitte müssen sich die Produzenten keine Gedanken machen. Zumindest, wenn sie dem Informations-Münchhausen in diesem Punkt Glauben schenken: „Ich spreche besser Englisch als dieser Schuft Bush!" Die umfassendste Sammlung aller Minister-Sprüche ist, in dessen Lieblings-Fremdsprache Englisch, im Internet unter **www.welovetheiraqiinformationminister.com** abrufbar.

Dort wird auch über den Verbleib des Propaganda-Stars spekuliert. Wahrscheinlich ist er gerade auf dem Weg nach Las Vegas, um dort Star einer eigenen Show zu werden. • Bernd Schäfer

Ein Foto vom Papst ergatterte gestern dieser Geistliche in Madrid. Johannes Paul II. wurde in der spanischen Hauptstadt von mehr als 750 000 Gläubigen empfangen. Foto: dpa

Die neuen Glocken der Dresdner Frauenkirche wurden gestern vom evangelischen Landesbischof von Sachsen, Volker Kreß, auf dem Dresdner Schlossplatz geweiht. Foto: dpa

1 In der äußeren Form, dem Lay-out, ähneln sich viele Tageszeitungen. Beschreibt mündlich oder schriftlich, wie die Titelseite einer Tageszeitung aufgebaut ist. Dazu solltet ihr die Fachbegriffe verwenden, die in der Randspalte stehen.

2 Überlegt, welchen Sinn der Druck in Textspalten haben könnte.

3 Vergleicht die Titelseiten verschiedener Tageszeitungen vom gleichen Tag: Aufmacher, Fotos, weitere Berichte, Kurzmeldungen usw.

Wir Menschen wollen gerne unterhalten werden. Damit unser Interesse für eine Sache geweckt wird, müssen deshalb so manche Mittel und Tricks angewendet werden. Das wissen die „Medienmacher“ ganz genau und deshalb setzen sie geschickt Schlagzeilen und Fotos ein, die sie „Eyecatcher“ nennen.

Schlagzeilen sollen „einschlagen wie der Blitz“, kurz und griffig sein, nur das Wichtigste enthalten.

1 Überlegt, wie man die folgenden Sätze zu einer Schlagzeile verkürzen kann: Welche Informationen könnte man wegstreichen? Wie könnte das Verb „verschwinden“?

Bei einem Verkehrsunfall in der Moltkestraße verursachte ein Tanklastwagen ein totales Verkehrschaos.

Der neue Harry-Potter-Film begeisterte Kinder, Jugendliche und Erwachsene in allen Vorstellungen.

Die Amerikaner haben einen Friedensplan entwickelt, damit der Dauerkonflikt zwischen Palästinensern und Israelis beendet wird.

Schlagzeilen sollen witzig und ansprechend sein. Die Medienmacher verwenden daher sprachliche „Tricks“:
- **bildhafte Ausdrücke** (Metaphern): Bayern München ***macht Dampf***
- **Einprägsame, gleiche Anfangsbuchstaben** (Alliterationen): *M*alerei, *M*usik und *M*itmachaktionen
- **Gegensätze:** ***Starkes*** Spiel nach ***schwachem*** Start
- **Umgangssprache:** ***Sind die Amis denn bescheuert?***
- **Fragen,** die die Antwort schon enthalten (rhetorische Fragen): ***Müssen Jugendliche unbedingt ein Handy besitzen?*** (Natürlich nicht!)
- **Anspielungen:** ***Süßer die Kassen nie klingeln*** (gemeint ist das Weihnachtsgeschäft; angespielt wird auf ein bekanntes Weihnachtslied)

2 Findet einige dieser Tricks in den folgenden Schlagzeilen wieder:

Passanten, Passagen, Paläste

NEUER RAMBO-ORKAN

Sieger und Verlierer legen Berufung ein

Bauern, Bettler und Banditen

Die rot-grünen Nerven liegen blank

... der sich den Wolf tanzt

Die hohen Herren Politiker steigen hinab in die Bütt

Ende des Jahres 4,5 Millionen Arbeitslose?

Null Bock auf Schule

3 Sammelt aus Zeitungen Schlagzeilen, die mit solchen „sprachlichen Tricks“ gemacht worden sind.

„Ein Bild sagt mehr als tausend Worte!“ – so lautet ein bekanntes Sprichwort. Deshalb werden viele Berichte in der Zeitung mit Fotos versehen, damit wir uns einen Sachverhalt besser vorstellen können. Auch hierbei gebrauchen die Medienmacher häufig kleine Tricks, die wir durchschauen sollten.

Ansichten aus Rajasthan

Zehntausende Kamele und bis zu 200 000 Menschen treffen sich jedes Jahr in Pushkar im indischen Bundesstaat Rajasthan zum größten Kamelmarkt der Welt. Fünf Tage wird am Rande der Wüste Tar gehandelt und gefeiert, werden Esel- und Kamelrennen abgehalten, weshalb der Markt von Pushkar längst auch zu einer Attraktion für Touristen geworden ist, die fasziniert sind vom malerischen Treiben. Deshalb wird eine junge Frau, die ihre Last anmutig auf dem Kopf trägt, zum viel belichteten Model. Und ein Korb mit einer Ladung Kamel-Dung geht als Bild um die Welt.
Foto: AP

1 Betrachtet das Foto genau und äußert euch darüber, welchen Eindruck es vermittelt.

2 Fotografen überlegen sich genau, welches **Motiv** und welche **Perspektive** (Position der Kamera) sie wählen, um den Betrachtern einen bestimmten Eindruck zu vermitteln. Wie seht ihr dies hier bestätigt?

3 Medienwissenschaftler ordnen Fotos verschiedene **Funktionen** zu:
- Das Foto ergänzt den Bericht, es illustriert und informiert.
- Das Foto will unterhalten, Spaß bereiten.
- Das Foto will nur Aufmerksamkeit erregen, es hat mit dem eigentlichen Geschehen wenig zu tun.
- Das Foto versucht, die Meinung der Betrachter zu beeinflussen.

Welche dieser Funktionen treffen auf das Foto oben zu?

4 Überprüft die verschiedenen Funktionen, die Fotos haben können, an anderen Bildberichten aus der Tageszeitung.

Beiträge planen, Aufgaben verteilen

Wenn ihr dieses Kapitel bis hierher bearbeitet und einige der Anregungen von S. 90/91 aufgegriffen habt, habt ihr schon eine Menge über das Massenmedium „Zeitung“ gelernt:

- über die verschiedenen journalistischen Textsorten: Nachricht, Bericht, Reportage, Kommentar, Interview …,
- über den Aufbau und die Aufmachung einer Tageszeitung: Titelseite, Schlagzeilen, Spaltensatz, Abbildungen, Kolumnen …,
- über die Informationsquellen: Nachrichtenagenturen, eigene Berichte …
- und über die technische Herstellung dieses gedruckten Informationsmediums.

Vieles von eurem Wissen könnt ihr anwenden und vertiefen, wenn ihr eine eigene Klassenzeitung erarbeitet. Wenn ihr das tut, arbeitet ihr wie die Redakteure einer Tageszeitung: Ihr müsst euch überlegen,

- worüber ihr schreiben wollt,
- wer dies jeweils tun soll,
- wie die einzelnen Artikel aussehen sollen,
- wie ihr sie auswählt und anordnet und
- wie ihr die Klassenzeitung herstellen könnt.

Auf den folgenden Seiten bekommt ihr dazu viele nützliche Hinweise, Tipps und Hilfen.

Worüber ihr schreiben könnt

Interessantes aus dem Schulleben:
- Klassenfahrten, Schüleraustausch
- Sportfeste, Schulfeste, Klassenpartys
- Schulkonflikte, Streitschlichter
- Arbeitsgemeinschaften
- Pausenspiele, Pausenordnung, Verkaufskiosk
- Hausaufgaben
- Jobben in der Freizeit
- Interviews: mit Lehrern, dem Hausmeister, dem Schulbusfahrer ...

Aktuelles aus den Medien:
- TV-Shows, witzige Sendungen, Video-Clips ...
- informative, lehrreiche Sendungen
- empfehlenswerte Computerspiele, Lernsoftware
- Buchtipps für junge Leserinnen und Leser
- ...

Wie ihr euch informieren könnt

- bei Lehrern, Mitschülern, Eltern, Fachleuten ...
- in Büchern, Zeitschriften und Zeitungen, in Fernsehen und Radio ...
- im Internet, auf CD-ROMs ...
- in Betrieben, Büchereien, Einrichtungen, Behörden ...
- ...

Wer macht was?

- Wer berichtet über was?
- Wer schreibt wozu einen Kommentar oder Leserbrief?
- Wer befragt wen über was?
- Wer sucht in Zeitungen, Zeitschriften und Büchern nach interessanten Beiträgen, nach Illustrationen, Fotos, Grafiken ...?
- Wer kann gut fotografieren oder zeichnen?
- Wer kann Texte gut überarbeiten?
- Wer kann Überschriften kurz und treffend formulieren?
- ...

Woran müsst ihr noch denken?

- Bis wann müssen die Beiträge vorliegen?
- Wann und wo findet die Redaktionskonferenz statt?
- Für wen ist die Klassenzeitung bestimmt: für euch selbst, für andere Schüler oder Klassen, für Eltern und Lehrer?
- Welchen Titel soll die Klassenzeitung haben?
- Wie viele Seiten soll sie umfassen?
- Wie sollen die einzelnen Seiten gestaltet werden?
- Wie ist das Seiten-Lay-out: Kopf, Spalten, Zeilen, Schriftgrößen und Überschriften, verschiedene Schriftarten ...?
- Wie werden die Seiten aufgebaut: mit Schere und Klebstoff oder mit einem Lay-out-Programm?
- Wie hoch soll die Auflage sein?
- Welche technischen Geräte braucht ihr für die Herstellung: Computer, Fotokopierer, Drucker, Fotoapparat ...
- Wie wollt ihr für eure Zeitung werben? Ankündigung, Verkaufsstand ...
- Vielleicht sind Geschäfte oder Firmen bereits gegen einen bestimmten Betrag eine kleine Anzeige in eurer Klassenzeitung zu schalten. Fragt mal nach ...
- ...

Beiträge schreiben und redigieren

1 Die Schülerredaktion fand den folgenden Erlebnisbericht schon ganz gut. Nur stand nicht mehr so viel Platz zur Verfügung.
Kürze diesen Bericht zunächst um die Hälfte, indem du auf einer Kopie oder mit Folienstift und Folie überflüssige Textstellen streichst.

Wie jedes Jahr hat unsere Schule ein Spielsportfest für die Klassen 7–10 ausgerichtet. Wie jedes Jahr durften wir „unsere" Sportart wählen, damit auch nur derjenige mitspielt, der Spaß daran hat. Und wir von der Volleyballgruppe hatten unseren Spaß. Wir trafen uns morgens um 7 Uhr 50 an der Sporthalle der Ludwig-Erhard-Schule, weil unsere eigene Halle ja von den Basketballern besetzt war. Wir zogen uns erst einmal in den fremden Umkleideräumen um. In der Halle trafen wir uns dann mit unseren Sportlehrern, die uns den Turnierplan vorstellten, den sie für uns wirklich sehr sorgfältig zu Hause erstellt hatten.

Zuerst mussten wir uns vor dem Turnierplan auf den Boden setzen. Danach teilten uns die beiden Sportlehrer in fünf etwa gleich starke Mannschaften auf. Die Sportlehrer kannten ja unsere Stärken und Schwächen, deshalb gab es wenig Proteste. Bis auf Manuel, der ja immer seinen Senf dazugeben muss.

Nun konnte das Turnier beginnen. Jetzt wurde auf zwei Spielfeldern gleichzeitig 20 Minuten gespielt und um jeden Ball heiß gekämpft. Dann nach Abpfiff mussten die beiden Spielführer das Ergebnis der Turnierleitung mitteilen. Dabei gab es allerdings Ärger. Fabian, der Spielführer von Mannschaft 2, regte sich mal wieder tierisch über eine Schiri-Entscheidung auf und brüllte rum: „Die Stürwald ist doch halb blind, der letzte Ball war eindeutig im Aus!"

Dies war aber der einzige Konflikt während des Turniers. Die Spieler und Spielerinnen gingen sehr fair miteinander um. Keiner wurde dumm angemacht, wenn er mal einen Fehler beging. Die Spieler klatschten sich sogar nach Spielende unter dem Volleyballnetz ab, wie das auch die Profis tun.

Sieger des Turniers, das bis 12 Uhr dauerte, wurde die Mannschaft 3 mit vier klaren Siegen. Spielführer war Alexej aus der 9b. Alexej nahm den Siegerpokal aus den Händen von Frau Stürwald entgegen. Jeder Spieler der Mannschaft 3 durfte sich danach aus einem Karton eine Süßigkeit herausnehmen.

Platz 2 belegte Mannschaft 4, Platz 3 die Mannschaft 5, der 4. Platz war doppelt belegt, da Mannschaft 2 und 1 die gleiche Punktzahl erreicht hatten. Auch die Loser-Mannschaften bekamen ihren Trostpreis, nämlich Süßigkeiten in kleinerer Form.

Das absolute Highlight kam am Schluss des Turniers: Das Spiel der „Top-twelve" des Turniers. In diesem Spiel wurde professionell gebaggert und geschmettert. Sodass die Zuschauer begeistert mitgingen. Sogar die Laola-Welle wurde begeistert gemacht. Mit denkbar knappem Spielergebnis (25:23) siegte die Mannschaft um unseren Topstar Alexej.

Nass geschwitzt, aber zufrieden gingen die Spieler nach Hause, nachdem die Halle wieder aufgeräumt worden war und Unrat wie Trinkflaschen und Papier entsorgt worden waren. Und alle waren sich einig: So ein Turnier muss jedes Jahr stattfinden!

2 Manche Formulierungen fand die Redaktion überflüssig oder auch nicht geglückt und hat sie deshalb angestrichen. Überarbeite diese Textstellen und schreibe den gekürzten Bericht auf.

3 Finde auch eine Überschrift, die Lust macht, den Bericht zu lesen.

4 In der Schülerzeitung soll ein Bericht über das Streitschlichter-Programm erscheinen.

- Lies den ersten Bericht und markiere auf Folie wichtige Informationen.
- Lies dann den zweiten Bericht und markiere die Informationen, die er zusätzlich enthält.
- Fasse die beiden Berichte zu einem Artikel zusammen, der alle wichtigen Informationen enthält.
- Gib dem Bericht eine Überschrift, die zum Lesen anregt.

1

Immer wieder kommt es an unserer Schule zu Streitigkeiten: in der Klasse, auf dem Schulhof, im Sport. Dann knallt es sehr schnell, Fäuste fliegen und manchmal gibt es sogar Verletzte.

Dagegen will unsere Schule weiterhin etwas tun. Deshalb wurden in den letzten Wochen zusätzliche Streitschlichter ausgebildet. Viele Schülerinnen und Schüler wollten sich gerne zum Streitschlichter ausbilden lassen. Da sich zu viele bewarben, musste die Betreuerin, Frau Hirt, eine Auswahl treffen. Es wurden zu neuen Streitschlichtern ernannt: Claudia, Samira und Yvonne, Lisa, Lara, dazu Eugen und Sven.

Nun kam die Ausbildung. In einer Doppelstunde pro Woche erfuhren die Schülerinnen und Schüler, wie man sich in Streitsituationen verhalten sollte. Natürlich müssen die zukünftigen Streitschlichter ihr „Handwerk" erst lernen. Der Projekttag sollte ihnen dabei helfen, Erfahrung zu sammeln. Sie lernen auch von der bereits ausgebildeten Gruppe von Streitschlichtern.

Die Streitschlichter haben ein gutes Image bei Schülern und Lehrern, weil sie ihre Freizeit opfern, um Jüngeren zu helfen. Lehrer und Schüler sind gespannt, ob sich die Streitigkeiten auf diese Weise regeln lassen.

2

An unserer Schule sollen weitere Streitschlichter ausgebildet werden. Und zwar aus den Klassen 7, 8 und 9. Besonders für die Schüler und Schülerinnen der Klassen 5–7 sind die Streitschlichter sehr wichtig. Sie sind älter, sie sind neutral im Streitfall und die Schüler haben mehr Vertrauen zu ihnen als zu Gleichaltrigen oder gar zu Lehrern. Die meisten Schüler wenden sich nämlich bei einem Streit nicht so gerne an die Lehrer.

Damit die jüngeren Schüler sich im Streitfall sofort an die neuen Schlichter wenden können, werden in der Pausenhalle ihre Fotos ausgehängt. Im Streitschlichterraum (neben dem Hausmeisterzimmer) werden die Konflikte besprochen. In jeder Pause ist dort ein Streitschlichter anzutreffen.

Ein Streitschlichtergespräch läuft etwa so ab:

1. Jeder Konfliktpartner trägt seinen Standpunkt vor.
2. Die Streitschlichter gehen auf jede Seite ein, fragen nach, stellen Unklarheiten und Missverständnisse klar.
3. Jeder der Streitenden schreibt einen möglichen Lösungsweg auf einen Zettel, der von den Streitschlichtern vorgelesen wird.
4. Die beiden Streitenden schließen einen Vertrag zur Versöhnung oder zur Zurückhaltung.

In einem Rechtschreibgespräch im Text über Streitschlichter die Kommas begründen

→ Das Komma bei Aufzählungen Seite 212
→ Das Komma zwischen Haupt- und Nebensatz Seite 213

Redaktionskonferenz

Nun ist es Zeit, dass ihr euch im Redaktionsteam zusammensetzt und Entscheidungen trefft.

Die Beiträge für eure Klassenzeitung liegen euch vor, spannende Schlagzeilen für die Berichte habt ihr sicherlich gefunden, Bildmaterial habt ihr zusammengestellt.

Ihr müsst entscheiden
- welchen Kopf (Titel) ihr für eure Klassenzeitung wählt,
- welche Beiträge ihr in eure Zeitung setzen wollt,
- auf welcher Seite sie platziert werden,
- welche Abbildungen einem Artikel zugeordnet werden,
- in welcher Rubrik der Artikel erscheinen soll (Schulnews, Interviews, Klassenaktivitäten ...).

Vielleicht ist es sinnvoll, eine Chefredakteurin oder einen Chefredakteur zu bestimmen; sie oder er hat das letzte Wort, wenn ihr euch nicht einigen könnt.

1 Stimmt darüber ab, welche Rubrik*, welche Artikel und welche Abbildungen auf der Titelseite und im Innenteil der Klassenzeitung erscheinen sollen.

2 Die Computerfachleute unter euch erhalten den Auftrag, die Artikel zu „setzen", d. h. sie mit dem Computer abzuschreiben. Sie formatieren die Texte so, wie ihr es in eurem Lay-out festgelegt habt: Schriftart, Schriftgröße, Zeilenabstand, Spaltensatz usw.

3 Entscheidet euch, mit welchen Hilfsmitteln ihr die Seiten aufbauen wollt: auf dem Papier mit ausgedruckten Texten; mit dem PC in einem Textverarbeitungsprogramm (z. B. „Word") oder mit einem Redaktionssystem (z. B. „Publisher"). Praktische Hinweise dazu bekommt ihr auf den nächsten beiden Seiten.

Lay-out festlegen

Für das Lay-out (die Aufmachung, das „Gesicht“) eurer Klassenzeitung sind einige Absprachen zu treffen:

- Wie wird auf der Titelseite der Zeitungskopf gestaltet?
- Wie viele Textspalten soll es geben? Wie breit?
- Sollen eine oder mehrere Schriften verwendet werden?
- Schriftgrößen der Texte und Überschriften?
- Zeilenabstand? Wie viele Zeilen pro Seite?
- Hervorhebungen: **fett,** *kursiv,* g e s p e r r t?

In diesem „Rahmen“ werden die einzelnen Seiten aufgebaut. Das erfordert einige handwerkliche Arbeiten, die je nach Zeitaufwand und technischem Können einfacher oder anspruchsvoller sein können.
In jedem Fall solltet ihr die Texte am Computer schreiben und entsprechend den Lay-out-Vorgaben formatieren.

Seiten aufbauen

- **mit Schere und Klebstoff:**
  - Ihr faltet ein DIN-A-3-Blatt in der Mitte; dann habt ihr vier DIN-A-4-Seiten zur Verfügung. Falls ihr mehr Platz braucht, nehmt ihr mehrere Blätter, die ineinander gelegt werden.
  - Druckt Artikel und Schlagzeilen aus und schneidet sie aus.
  - Bilder, Fotos und Grafiken, die ihr den Beiträgen zuordnet, könnt ihr auf einem Kopierer passend verkleinern/vergrößern und ebenfalls ausschneiden.
  - Schiebt Texte und Abbildungen so lange auf dem Papier hin und her, bis euch die Anordnung gefällt. Vielleicht müsst ihr die Texte noch einmal kürzen oder auf einen Teil der Abbildungen verzichten.
  - So baut ihr Seite für Seite auf.

- **am Computer:**
  - Mit einem **Textverarbeitungsprogramm** wie „Word“ lässt sich ein Seiten-Lay-out gut erstellen. Dazu müsst ihr das Dokument entsprechend einrichten: Spalten, Schriftgröße, Zeilenabstand ...
  - Die Dateien mit den abgespeicherten Artikeln werden geöffnet, kopiert und in die entsprechende Spalte eingefügt.
  - Abbildungen, die ihr eingescannt, aus dem Internet gezogen oder digital fotografiert und auf eurem PC gespeichert habt, könnt ihr nun in das Dokument einfügen. Das gleiche gilt für Clipart-Elemente.
  - Abbildungen, die ihr nur auf Papier habt, müsst ihr später in der passenden Größe in die ausgedruckten Seiten einkleben.
  - Wenn ihr Computer-Experten in der Klasse habt, könnt ihr eure Klassenzeitung auch mit einem speziellen **Lay-out-Programm** wie „Publisher“ erstellen. Wie das im Einzelnen funktioniert, hängt von dem Programm ab, das ihr verwenden wollt.

Auf der nächsten Seite sehr ihr, wie die Klasse 8b ihre Klassenzeitung gestaltet hat.

KLASSENZEITUNG der 8b

News aus unserer Klasse und für unsere Klasse

ENDLICH!

Inlinerfahren im Sportunterricht
Klasse 8b als Trainer

Super, klasse, cool, wir haben es geschafft: Wir fahren Inliner im Sportunterricht! Lange Zeit haben wir mit den Sportlehrern diskutiert, auch mit unserem Rektor. Jetzt hat die Schule einen ganzen Klassensatz angeschafft mit Inlinern und Protektoren*.

Und die Topfahrer aus unserer 8b haben sich freiwillig zur Verfügung gestellt und geben in einer AG ihre Tipps an die jüngeren Schüler weiter, die noch nicht so gut fahren können.

Zuerst hatte unsere Sportlehrerin Frau Stürwald Bedenken, dass wir die Inliner und Protektoren nicht ordentlich wegräumen würden. Doch das war schnell geklärt. Bei so viel Spaß im Sportunterricht war es für die meisten Schüler gar keine Frage, die Sachen ordentlich wegzuräumen. Natürlich hat sich unser neuer Sport schon rumgesprochen; die Schülerinnen und Schüler unserer Nachbarschule sind schon ganz heiß!

Claudia Drews, 8b

Gelungenes Spielsportfest

Wie jedes Jahr veranstaltete unsere Schule ein Spielsportfest für die Klassen 8–10. Wir durften wieder wählen, welche Sportart wir am liebsten betreiben .

So spielten nur die Schülerinnen und Schüler zusammen, die auch wirklich Spaß haben an dem Spiel, das sie gewählt haben. Der große Teil der 8b hat dieses Mal Basketball gewählt.

Angetreten waren sechs Mannschaften, Mädchen und Jungen gemischt, wobei jeder gegen jeden antreten musste.

Es war ein Super-Turnier mit einer tollen Stimmung; Turniersieger wurde die Mannschaft A, die im Endspiel knapp mit 16 zu 14 Körben die Mannschaft C schlug.

Aus unserer Klasse standen in der Siegermannschaft Anna, Ludmilla, Matthias und Steffen.

Besonders gut fanden wir, dass die Klassen untereinander vermischt wurden. So kam man sich näher und so mancher Streit war vergessen.

Steffen Rabert, 8b

Inliner kauft man bei

Rollersport

Skates in allen Größen und Ausführungen vorrätig

Kleidung, Zubehör und mehr …

4 Verteilt die Klassenzeitung in der Klasse (ausdrucken oder kopieren) und diskutiert darüber, was gut gelungen ist und was noch verbessert werden könnte.

MAGAZIN

Krimis und Detektivgeschichten

Es gibt wohl kaum einen Menschen, der nicht schon Krimis gelesen, gesehen oder gehört hat. Auch ihr kennt sicherlich verschiedene Krimiserien und Kriminalgeschichten.
Es macht Spaß, sich gemeinsam mit einem Detektiv oder einer Kommissarin auf die Spur des Täters zu begeben. Dazu bekommt ihr in diesem Magazin Gelegenheit. Außerdem könnt ihr euch über Geschichte und typische Merkmale von Krimis informieren, bekommt Lesetipps und werdet angeregt, Kriminalfilme einmal genauer zu untersuchen und eigene Kriminalgeschichten zu schreiben. Und ihr erfahrt Wissenswertes aus dem Alltag der wirklichen Ermittler.
Aber vielleicht beginnt ihr erst einmal damit, euch gegenseitig eure Lieblingskrimis und -detektive vorzustellen. Warum gefallen sie euch so gut?

Dem Täter auf der Spur – Krimirätsel lösen

Inspektor Sniff

Franz Bach wurde in einem Wald unweit seines Hauses ermordet. Eine Schleifspur führt vom Waldweg in die Büsche und endet an den Füßen des Toten, die in Richtung Weg liegen. Inspektor Sniff, der den Fall untersucht, hat bald den Beweis, dass nur dessen Frau oder ihr 19-jähriger Sohn als Täter in Frage kommen.

Nachdem beide von Sniff ins Verhör genommen worden sind, gesteht ein jeder: „Ich war's", sagt der Sohn, „ich lauerte meinem Vater im Dickicht auf und tötete ihn mit einem Knüppelschlag auf den Kopf, als er den Weg entlang kam. Danach schleppte ich ihn in einen Schlupfwinkel in den Büschen, um ihn zu verstecken ..." – „Ich hab' ihn umgebracht", sagt die Frau, „ich habe mich versteckt und ihm von hinten auf den Schädel geschlagen. Dann habe ich ihn an den Füßen bis in die Büsche gezerrt. Er war schwer, und es machte mir große Mühe. – Sie können mich verhaften."

Sniff ist verblüfft. Aber nach kurzer Überlegung ist ihm der Fall klar ...

Welche Aussage ist falsch?
Woran hat Inspektor Sniff das erkannt?

Dem Täter auf der Spur – Krimirätsel lösen

Sechs Richtige, zwei Tote

Kaum 48 Stunden nach Ziehung der Lottozahlen hatte sich die Mitgliederzahl der Tippgemeinschaft „Goldene Vier“ drastisch verkleinert:

„Gestern früh fand man Olga Mertens in der Badewanne“, berichtete Kriminalassistent Meerbusch. „Tödlicher Elektroschock. Jemand hatte ihr einen eingeschalteten Föhn als Badezusatz verpasst.“

„Das finde ich gar nicht witzig!“, wies Kommissarin Rulandt ihren Kollegen zurecht. Meerbusch zuckte mit den Schultern.

„Ich eigentlich auch nicht. Aber jetzt kommt's: Auf dem Lavendelschaum dümpelte eine Spielkarte. Die Kreuz-Vier!“

Er blätterte in seiner Akte. „Leider ist das noch nicht alles. Am Nachmittag des gleichen Tages aß nämlich Inge Opitz ein Stück Apfeltorte mit Sahne. Nach Aussage einer Nachbarin begann Frau Opitz plötzlich zu röcheln, lief blau an und kippte tot vom Stuhl. Unter der Torte steckte wieder eine Karte, diesmal die Karo-Vier.“

„Hm“, machte die Kommissarin. „Was wissen wir über die Opfer?“

„Nicht sehr viel“, erwiderte Meerbusch. „Beide waren Singles, Mitte Vierzig. Genau wie die beiden anderen Tippschwestern, Monika Lange und Beate Fried. Und letztes Wochenende gelang dem Quartett ein Volltreffer. Ich habe mich bei der Lottozentrale erkundigt. Sechs Richtige. Das macht knapp vier Millionen Euro!“

„Sieht so aus, als wollte da jemand nicht mit den anderen teilen!“

Meerbusch nickte. „Den Verdacht hatte ich sofort, nachdem ich erfuhr, welches Gift bei dem Anschlag auf Inge Opitz verwendet worden war: Para-Dioxibenzol. Findet sich in Entwicklerflüssigkeit. Die Spur führte also zu Monika Lange, einer Modefotografin. Schreckensbleich öffnete sie uns die Wohnungstür. Sie habe die Todesnachrichten bereits erhalten und gerade habe jemand versucht, sie vor die U-Bahn zu schubsen. Mit zittrigen Fingern kramte sie aus ihrer Handtasche die millionenträchtige Lottoquittung, den Fahrschein und – die Herz-Vier.“

„Makaber*!“, meinte die Kommissarin. „Und was ist mit der Vierten im Bunde, dieser ...“ „Beate Fried“, half Meerbusch. „Nach dem Besuch bei der Lange fuhr ich gleich zu ihr hin. Frau Fried verdient ihr Geld mit Astrologie*, Kartenlegen und Wahrsagen. Reiner Humbug, wenn Sie mich fragen! Aber ich wurde bald eines Besseren belehrt: Die Fried gab nämlich an, vor knapp zwei Stunden von einer unbekannten Person überfallen und betäubt worden zu sein. Ihre Wohnung sah durchwühlt aus, im Zimmer hing Chloroformgeruch. Auf dem Küchentisch lag ein zugeklebter Umschlag. ‚Mein Gott, die Pik-Vier!', kreischte Beate Fried. Ich riss das Kuvert auf. Es stimmte, es war die Pik-Vier!“

„Und wieso haben sie die Mörderin nicht gleich verhaftet?“, wunderte sich die Kommissarin.

Wen meinte die Kommissarin? Und wodurch hat sie sich verdächtig gemacht?

Dem Täter auf der Spur – Krimirätsel lösen

Der Inselschreck

Wolfgang Ecke

Seit Tagen fahren die Bewohner und Besucher der winzigen Insel Beltrum Nacht für Nacht in ihren Betten hoch.

Es ist weder das gischtig auflaufende Wasser bei Einsetzen der Flut, noch sind es die Donnerschläge eines Gewitters, die sie zusammenschrecken lassen. Nein, es handelt sich um furchtbare Heulgeräusche, die ihnen die Nachtruhe rauben.

Siebenundvierzig Einwohner und einundzwanzig Sommergäste hat Beltrum zum Zeitpunkt dieser Geschichte. Doch ganz gleich ob Insulaner oder Feriengast, alle haben den gleichen Gesprächsstoff: das sirenenähnliche Heulen. Die einen behaupten, es sei eine Naturerscheinung, die anderen meinen, es sei der Wind, der sich an einem hohlen Gegenstand auf der Insel bricht. Doch da in den letzten Nächten Windstille herrschte, scheidet diese Theorie aus.

Nur ganz wenige sind der Meinung, dass das Heulen einem Scherzvogel zu verdanken sei, der dieses durch Mark und Bein gehende Geräusch mittels irgendwelcher Silvesterraketen zustande bringt.

Einmal jaulte es in der ehemaligen Werft, dann wieder hinter der Kirche. Das dritte Mal kommt das Geräusch vom Fuß des Leuchtturms.

Ein junger Kaufmann aus Lüneburg, Hiller ist sein Name, ein Buchdrucker aus Hamburg mit Namen Seidel, der ehemalige Kapitän Christensen, Herr Harmsen, der Lehrer von Beltrum, sowie der Bürgermeister der Liliputgemeinde, Herr Jensen, der auch den Vorsitz übernimmt, tun sich zu einer Art Untersuchungsausschuss zusammen. Sie sind sicher, dass der Inselschreck zwei Beine und einen Kopf hat. Und sie beschließen, alle Maßnahmen geheim zu halten.

Der so genannte „Untersuchungsausschuss" lost täglich zwei Personen aus, die sich an einer der drei Stellen zwischen Mitternacht und 3 Uhr auf die Lauer legen, um dem Inselschreck auf die Schliche zu kommen.

In der ersten Nacht sind es Jensen und Seidel, die in der ehemaligen Bootswerft Posten beziehen. Umsonst! 1 Uhr 15 heult es am Leuchtturm.

In der zweiten Nacht verstecken sich Harmsen und Christensen am Leuchtturm. Um 2 Uhr 30 heult es hinter der Kirche.

In der dritten Nacht beziehen Hiller und Jensen in der Nähe der Kirche Quartier. Um 3 Uhr 10 heult es wiederum am Leuchtturm.

In der vierten Nacht wachen Harmsen und Seidel ebenfalls am Leuchtturm. Das Heulen jedoch findet Punkt 2 Uhr in der alten Werft statt.

In der fünften Nacht heult es hinter der Kirche, und zwar 3 Uhr 15. Dienst haben Christensen und Hiller.

Dem Täter auf der Spur – Krimirätsel lösen

In der sechsten Nacht postieren sich Seidel und Harmsen an der Kirche. Es heult 20 Minuten nach Mitternacht am Leuchtturm.

In der siebten Nacht – Einwohner und Badegäste haben sich fast an das Geräusch gewöhnt – stehen Hiller und Christensen Wache hinter der Werft. 3 Uhr 5 heult es wiederum hinter der Kirche.

In der achten Nacht werden Jensen und Seidel ausgelost. Man beratschlagt auch über den Ort und einigt sich auf den Leuchtturm. Genau um Mitternacht heult es hinter der Kirche …

Noch vor der Auslosung zur neunten Nacht fällt es Johannes Jensen wie Schuppen von den Augen. Es gibt gar keinen Zweifel: Der „Inselschreck“ befindet sich in den eigenen Reihen. Im eigens zu seiner Entlarvung eingerichteten Untersuchungsausschuss!

Wütend zieht der Bürgermeister seinen blauen Anzug an. Er wird es ihm zeigen … Seine geballte Faust zeigt seine gesammelte Entrüstung!

Wer war der Inselschreck?

Dem Täter auf der Spur – Krimirätsel lösen

Der Tote

„Wir müssen sofort den Sheriff benachrichtigen!“, sagte Mrs. Beershower zu ihrem Mann, als sie den Toten in dem alten Holzgebäude hängen sahen. „Er hat sich also aufgehängt“, stellte Mr. Beershower fest. – Den halben Tag über waren die beiden durch die Salzwüste gefahren, als sie von fern plötzlich diesen Schuppen gesehen hatten – wahrscheinlich der letzte Rest einer Kulissenstadt, die ein Filmteam vor Jahren hier aufgebaut hatte. Und nun hatten sie ihn gefunden. Der Tote hing hoch über ihnen an einem Balken. „Mindestens ein Meter fünfzig“, konstatierte Mr. Beershower. „Einssiebzig“, korrigierte ihn Mrs. Beershower, „und kein Tisch, kein Stuhl, kein gar nichts darunter!“ – Dann hatten sie auch den Lastwagen gefunden – hinter dem Holzgebäude, abgestellt unter dem Vordach. „Keine Menschenseele zu sehen“, sagte Mr. Beershower. „Die Reifenspur hat der Wind verwischt“, sagte Mrs. Beershower. – „Aufgehängt!“, polterte Mr. Beershower. „Das hätte er deswegen doch nicht tun müssen!“ – „Wir müssen den Sheriff benachrichtigen“, sagte Mrs. Beershower. „Aber – mein lieber Eric, es wird dir nicht leicht fallen, aus dieser Affäre herauszukommen!“

Mörder

Als Mr. MacKinnon in das Zimmer trat, schreckte er entsetzt zurück. Auf dem Teppich hatte sich eine große Lache ausgebreitet. Scherben lagen auf dem Fußboden seines Wohnzimmers. Mr. MacKinnon blickte sich suchend um, doch die Tote war nicht zu sehen. Ein leiser Lufthauch strich durch das offene Küchenfenster. „Cleo ist also tot“, sagte er resignierend, „das steht wohl fest. Und infrage kommt für dieses Vergehen nur Blacky.“ Und dann machte er seiner Wut Luft: „Mörder!“, schrie er. „Du Mörder!“ Und ließ sich erschüttert aufs Sofa fallen.

Ypsilon

Ypsilon trat in den Fahrstuhl des Hochhauses, drückte auf Knopf 24 und fuhr hinauf in den 24. Stock. Dort stieg er aus, ging weitere zehn Stockwerke zu Fuß, probierte einen der Schlüssel, die an einer Schnur um seinen Hals hingen, an einer Wohnungstür aus, wobei er feststellte, dass der erste von ihnen sogleich passte, und trat in die Wohnung ein, indem er die Tür sorgfältig hinter sich verschloss.

Rätselhafte Geschichten – was könnte sich dahinter verbergen?

Dem Täter auf der Spur – Krimirätsel lösen

Gerdas Rache

Rainer Crummenerl

Maximilian Hell nimmt die Füße vom Schreibtisch und versteckt die „Fußball-Woche". Keine fünf Minuten bleiben ihm noch, dann werden sie wohl kommen. Der Kommissar stößt einen Seufzer aus. Warum nur hatte er sich im Herbst vergangenen Jahres von Philipp überreden lassen, das Abschlussfest 2001 der Gartensparte „Grünland" zu besuchen? Philipps Oma ist dort seit langem Mitglied.

Der Kommissar weiß es noch wie heute. Philipp hatte ihn mit stolzgeschwellter Brust herumgeführt und allen als „mein Freund, der Kommissar" vorgestellt. Doch kaum jemand interessierte sich für ihn. Nur einige wenige nahmen wirklich Notiz von Philipps Freund. Darunter waren zwei Leute vom Vorstand. Und die haben sich für heute angesagt.

Hell packt noch vier Aktenordner auf den Schreibtisch. Die Gartenmenschen sollen sehen, dass ihn die Arbeit zu erschlagen droht. Stimmt ja auch, wenn er nur an den Bankraub vom Ostplatz denkt, den ersten des neuen Jahres übrigens. Oder an ...

Es klopft und schon stecken die beiden Herren ihre Köpfe ins Zimmer.

Der Kommissar blättert schnell noch in einem Sitzungsprotokoll von gestern, dann begrüßt er freundlich seine Gäste. Der Aktenberg scheint zu wirken, denn Herr Poser, der Vorstandsvorsitzende, sagt beeindruckt: „Wir machen es auch kurz." Herr Zimmerling, sein Stellvertreter, nickt dazu.

„Also", beginnt Herr Poser, „es geht um unseren Gartenfreund Kloss. Sie kennen ihn. Er hat bei unserem Abschlussfest letztes Jahr einen Preis bekommen."

„Den verrosteten Spaten", erinnert sich Hell, „für die ungepflegteste Anlage."

„Ja, Kloss ist unser Sorgenkind. Er hat den Garten Anfang vergangenen Jahres gekauft. Wir waren sehr froh, endlich einen Nachfolger für den 1999 verstorbenen Gartenfreund Eckner gefunden zu haben. Aber Kloss kümmerte sich um nichts. Nur seine Lebensgefährtin, die Gerda, die zupfte hier und da mal ein bisschen Unkraut."

„Und nun ist sie verschwunden", sagt Herr Zimmerling.

„Wie meinen Sie das, verschwunden?" Der Kommissar wird zusehends munter.

„Es gibt Gerüchte", sagt Herr Poser, „aber bleiben wir bei den Fakten. Kloss hat gern getrunken, vor allem in seiner Laube. Manchmal sogar im Winter. Meistens gab es dann Krach. Was musste die Gerda alles einstecken! So viele blaue Flecken habe ich mein Lebtag noch nicht gesehen."

Herr Zimmerling nickt heftig. „Und nun ist sie verschwunden", wiederholt er und legt sein langes Gesicht in tiefe Falten.

Dem Täter auf der Spur – Krimirätsel lösen

„Vor drei Tagen“, sagt Herr Poser, „habe ich Kloss im Garten getroffen. Er hat rumgebuddelt wie noch nie. Und das im Februar! ‚Der Garten schläft doch noch‘, habe ich gesagt. Da hat er geraunzt*: ‚Meiner ist aufgewacht‘ und hat weitergebuddelt. Seit vorgestern ist an dieser Stelle ein Zierfischteich. Natürlich noch ohne Wasser.“

Poser macht eine Pause. Er hofft wohl, dass sich der Kommissar äußert. Aber da sagt Zimmerling mit Grabesstimme: „Da ist die Gerda drunter.“

Poser nickt. „Seit drei Tagen ist sie verschwunden. Wir haben es mitbekommen, weil sie nicht zur Arbeit erschienen ist. Gerda arbeitet als Putzfrau in meiner Firma.“

Hell stellt noch ein paar präzise Fragen, dann denkt er: Möglich wärs schon. Aber da gibt es ja noch vieles zu klären. Der Kommissar bedankt sich bei seinen Gästen und begleitet sie zur Tür. Danach beginnt er sogleich mit der Arbeit am Fall Gerda Schöps. Fünf Stunden später weiß er, dass die Frau tatsächlich spurlos verschwunden ist. Ihre Papiere sind im Bett von Otto Kloss entdeckt worden.

Der nächste Tag vergeht mit endlosen Telefonaten und Besprechungen. Kurz vor Feierabend hat Hell sein Ziel erreicht: Der Zierfischteich des Gartenfreundes Otto Kloss darf aufgerissen und umgegraben werden. Kloss hatte sich beim Verhör so sehr in Widersprüche verstrickt, dass selbst der eher bedächtige Hauptkommissar Grämlich an ein Verbrechen glaubt.

Der Morgen des darauf folgenden Tages ist nasskalt. Nebelschwaden hängen über dem Flusstal. Ein gutes Dutzend Beamte haben die Anlage des Gartenfreundes Kloss weiträumig abgesperrt. Gegen 9.00 Uhr geht es los. Bereitschaftspolizisten entfernen die Folie des Zierfischteiches. Dann beginnen sie vorsichtig zu graben.

Hell steht auf der Terrasse der Gartenlaube und verfolgt nervös das Geschehen. Er könnte jetzt dringend eine Extraportion Gummibärchen vertragen. Hätte er Linda nur nicht versprochen, eine Pause einzulegen! Neben Hell stehen Staatsanwalt Winter und Hauptkommissar Grämlich. Der Staatsanwalt schaut äußerst besorgt drein. „Wenn das schief geht, Kollege Hell“, sagt er düster, „dann sieht es finster aus für Sie.“ Natürlich muss auch Hubert Grämlich noch seinen Senf dazugeben: „Dann haben Sie sich Ihr eigenes Grab geschaufelt.“

Hell presst die Lippen zusammen. Er weiß, dass die beiden Recht haben. Aber jetzt ist es ohnehin zu spät. Aus den Augenwinkeln beobachtet er Otto Kloss, der auf dem Aushub seines Zierfischteiches steht. Zwei Uniformierte bewachen ihn. Doch der Mann verzieht keine Miene.

Die Bereitschaftspolizisten graben jetzt schon mindestens zehn Minuten auf dem Grund des Zierfischteiches. „Es ist sinnlos“, sagt einer der Polizisten. Schweißperlen stehen auf seiner Stirn. „Hier finden wir doch sowieso nichts.“

Dem Täter auf der Spur – Krimirätsel lösen

Der Staatsanwalt bedenkt den Hauptkommissar mit einem strafenden Blick. Grämlich hüstelt verlegen. Dann weist er an: „In fünf Minuten brechen wir ab."

„Oho", ruft in diesem Moment ein anderer der Polizisten. Kräftig stößt er seinen Spaten in die Erde. Ein dumpfes Geräusch lässt alle zusammenfahren. „Ein Brett! Hier ist ein Brett." Nichts kann Hell mehr auf der Terrasse halten. Er schnappt sich eine Spitzhacke und springt in die Grube. Gemeinsam mit dem Polizisten hebelt er das Brett heraus. Es ist alt und morsch. Darunter liegt ein Plastikbündel.

Kloss zeigt zum ersten Mal eine Regung. Er ist blass geworden und seine Mundwinkel zucken. „Was sagen Sie nun?", ruft Hell ihm zu. Dann hievt er den Fund aus der Grube. Das Bündel ist bei weitem nicht so schwer, dass es sich um Gerda Schöps handeln könnte. Aber was sollte der Mann hier sonst verbuddelt haben?

„Knete", staunt Hell, nachdem er den Fund auseinander gewickelt und sechs noch mal dick mit Plastik umhüllte Säckchen ausgeschüttet hat, „so viel Knete". Er hält ein paar Bündel hoch. „Dollars, Euro, Schweizer Franken, Pfund. Mann, Kloss, wo haben Sie das bloß her?"

„Wieso denn ich?", sagt der Mann und kommt neugierig näher. „Das muss jemand anderes hier verbuddelt haben. Der alte Eckner, schätze ich mal." Kloss grinst breit. „Wenn ich das gefunden hätte, glauben Sie im Ernst, dass es dann hier noch liegen würde? Außerdem", er zeigt auf das morsche Brett, „sieht das so aus, als wäre es erst vor kurzem eingegraben worden?"

„Da ist was dran", sagt der Staatsanwalt und nickt zustimmend und Grämlich trompetet: „Da müssen Sie Herrn Kloss erst mal das Gegenteil beweisen, Kollege Hell."

„Ich dachte, das hätte ich gerade", sagt der Kommissar. „Wetten übrigens, dass Gerda Schöps hier wieder auftaucht, sobald wir den feinen Herrn Kloss in Staatspension verfrachtet haben?"

Wieso ist Kommissar Hell überzeugt, dass nicht der alte Eckner, sondern Kloss das vermutlich geraubte Geld im Garten verbuddelt hat?

Krimis lesen – Krimis sehen – Krimis schreiben

Krimis, wie sie kurz genannt werden, sind bei Erwachsenen und Jugendlichen sehr beliebt. Besonders Kino und Fernsehen haben dazu beigetragen. Jeden Tag werden zahlreiche Krimiserien oder Kriminalfilme im Fernsehen gesendet, vom Morgenprogramm bis spät in die Nacht. Aber auch Kriminalromane werden in rauen Mengen von begeisterten Leserinnen und Lesern verschlungen.

Krimis erzählen die Geschichte eines Verbrechens. Die Aufklärung der Tat und die Überführung des Täters werden in der Regel von einem Detektiv durchgeführt: Das kann ein einzelner Kriminalbeamter, ein Ermittlungsteam, ein Privatdetektiv oder ein Geheimagent sein; manchmal sind es auch Personen, die beruflich gar nichts mit Kriminalfällen zu tun haben (z.B. Miss Marple oder Pater Brown), und gelegentlich sind sogar Tiere an den Ermittlungen beteiligt („Kommissar Rex"). Als Täter kommen in der Regel mehrere Personen infrage. Zeugenaussagen, Indizien, Alibis der Tatverdächtigen und sonstige Spuren des Verbrechens müssen genauestens überprüft werden, damit der oder die Täter überführt werden können.
Der Reiz und die Spannung liegt darin, dass Leser oder Zuschauer an der Lösung des Falles beteiligt werden: Sie können mitraten und mitkombinieren – und manchmal wissen sie sogar etwas mehr als die ermittelnden Kriminalisten. Meist wird die Auflösung des Falles hinausgezögert, sodass die Spannung bis zum Schluss erhalten bleibt.

Kriminalgeschichten und **Detektivromane** gab es schon vor zweihundert Jahren. Zu den berühmtesten Krimiautorinnen und -autoren gehören Conan Doyle (mit seinem Detektiv Sherlock Holmes), Agatha Christie (Miss Marple), Raymond Chandler (Philip Marlowe), Ian Fleming (James Bond), George Simenon (Kommissar Maigret), Edgar Wallace, Patricia Highsmith, Henning Mankell (Kommissar Wallander), Donna Leon (Commissario Brunetti) und Andrea Camilleri (Commissario Montalbano). Zu den größten Kriminalfilmregisseuren zählt Alfred Hitchcock.

Natürlich gibt es auch viele Krimis, die speziell für jugendliche Leser geschrieben wurden. Hier einige Lesetipps:
- Andreas Steinhöfel: Beschützer der Diebe
- Robert Cormier: Das Verhör
- Frank Stieper: Sleepy Simon
- Thomas Feibel: Spyland Island

Ratekrimis:
- Rainer Crummenerl: Kommissar Hell und der Millionenraub
- Wolfgang Ecke: Club der Detektive
- Jürg Obrist: Alles klar?, Klarer Fall?, Klare Sache?

Tatortkommissarin Charlotte Lindholm (Maria Furtwängler)

Meisterdetektiv Sherlock Holmes

Krimis lesen – Krimis sehen – Krimis schreiben

Kameraeinstellungen:

Totale

Halbnah

Nah

Close up/Kopf

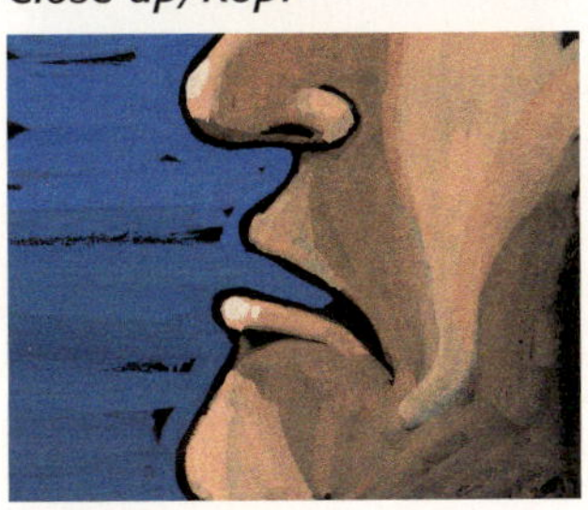
Makro/Detail

Krimis haben eine spannende Handlung, in der es immer um die gleiche Sache geht: ein Verbrechen und seine Aufklärung. Auch die beteiligten Figuren folgen meist dem gleichen Grundmuster: Opfer, Tatverdächtige, Suchende/Ermittler, Täter. Dabei spielt es keine Rolle, ob man einen Krimi liest oder einen Kriminalfilm sieht.
Etwas anderes sind die Mittel, mit denen Spannung erzeugt wird. Hier unterscheiden sich Buch und Film deutlich. Das liegt an den unterschiedlichen Möglichkeiten, die diese Medien bieten. Ein Buch ist auf das geschriebene Wort angewiesen; ein Film kann alle Möglichkeiten nutzen, die Sprache, Bild und Ton bieten.

- Untersucht einmal einen **Kriminalfilm** oder eine Folge einer Krimiserie darauf, wie **Spannung** erzeugt wird. Wenn ihr den ganzen Film kennt, könnt ihr einzelne Szenen herausgreifen. Achtet auf

  – **Handlung und Dialoge:** Was wird verraten, verschwiegen oder nur angedeutet?

  – **Szenenwechsel:** Bricht die Handlung mittendrin ab? Gibt es mehrere Handlungen, die abwechselnd gezeigt werden?

  – **Kameraeinstellungen, Bildausschnitte:** Was ist im Bild zu sehen, was wird nicht gezeigt? In welcher Größe wird es gezeigt?

  – **Kameraperspektiven:** Augenhöhe? Von oben (Vogelperspektive)? Von unten (Froschperspektive)?

  – **Musik:** An welchen Stellen kommt sie vor? Wie wirkt sie: beruhigend, nervös machend …?

- Macht euch während des Films zu euren Beobachtungen Notizen:

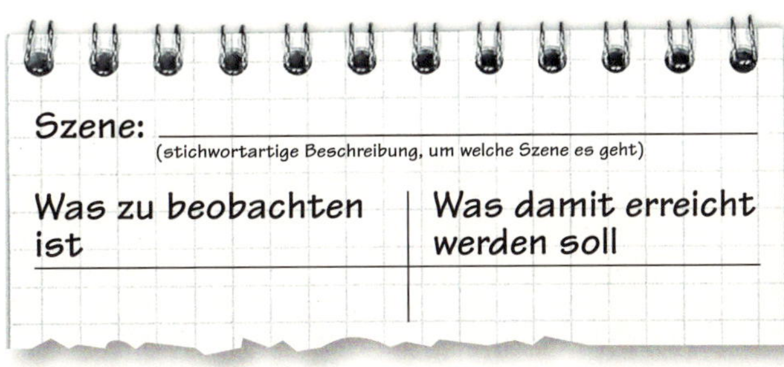

- Vergleicht anschließend, was euch aufgefallen ist:
  – Wann war die Spannung besonders hoch?
  – Mit welchen Mitteln hat der Fernsehkrimi das erreicht?

Krimis lesen – Krimis sehen – Krimis schreiben

Junge Mädchen als Detektive

Essen. Sehr mutig zeigten sich die beiden Essener Mädchen, Elke M. (16) und Tina S. (17), als sie Detektive spielten. Sicher ist ihnen indessen aber auch klar geworden, dass sie sich auf ein gewagtes Spiel eingelassen hatten, bei dem sie Kopf und Kragen hätten riskieren können.
Die beiden Mädchen waren am Mittwochabend in eine Diskothek in Essen gegangen und hatten dort die Bekanntschaft zweier Männer gemacht, die sie zu einem „kleinen Abenteuer" aufforderten.
Da die beiden Männer (20 und 21 Jahre) nicht unsympathisch waren, gingen die Mädchen mit ihnen. Das „Abenteuer" bestand dann aber darin, in eine Apotheke einzudringen und dort verschiedene Medikamente zu stehlen. Die Mädchen hatten dabei nichts anderes zu tun, als sich als Aufpasserinnen zu betätigen.
Als dann die beiden Männer mit ihrem Diebesgut aus dem Nebeneingang zur Apotheke herauskamen, zog plötzlich eines der Mädchen eine Schreckschusspistole und erklärte den beiden verdutzten Männern, dass sie verhaftet seien. Die Burschen waren so überrascht, dass sie sich ohne Gegenwehr zur nächsten Polizeidienststelle führen ließen, wo sie von den Beamten in Empfang genommen wurden. Die Polizei stellte das Diebesgut sicher. Es handelte sich um eine Reihe verschiedener Aufputschmittel, die verschreibungspflichtig sind.

Was ihr mit diesem Text machen könnt:

- In eine spannende Erzählung umformen: in der Ich-Form eines der Mädchen oder aus der Perspektive eines Erzählers. Worauf ihr dabei achten müsst, erfahrt ihr in der Werkstatt Schreiben (S. 170/171).

- Einen Gemeinschafts-Kriminalroman schreiben. Wie ihr dazu den Erzählplan erstellen könnt, erfahrt ihr ebenfalls in der Werkstatt Schreiben (S. 167–169).

- In ein kleines Kriminalhörspiel umformen, das folgende Einzelszenen haben könnte:
  1. Vorbereitungen zum Besuch der Disko im Zimmer von Elke M.
  2. Ankunft in der Disko, Bestellungen
  3. Gespräch mit den beiden Männern
  4. Fahrt mit dem Auto in die Innenstadt
  5. Vor der Apotheke
  6. „Gefangennahme" der beiden Männer
  7. Auf dem Polizeirevier

  Überlegt, wie ihr die Einzelszenen mit Inhalt füllt (Was passiert genau?), welche Sprecherrollen vorkommen und was gesagt wird.
  Was kann man sonst noch hören? Wie könnt ihr diese Geräusche erzeugen? Soll Musik eingespielt werden?

Nehmt die Einzelszenen nacheinander auf und schneidet sie später zusammen.

- Natürlich könnt ihr euch auch ganz andere Kriminalgeschichten ausdenken. Oder ihr sucht euch Kurzmeldungen aus der Zeitung heraus und schreibt den „Krimi hinter der Meldung".

Unter die Lupe genommen: Kriminalisten bei der Arbeit

Asservatenkammern

Aus der Rumpelkammer des Verbrechens

Zum Keller des größten deutschen Kriminalgerichts in Berlin-Moabit haben nur ganz wenige Zutritt. Dort lagern in der muffigen Asservatenkammer Beweisstücke (Asservate) zu den verschiedensten Kriminalfällen: der Bademantel im italienischen Design ebenso wie der Zierdolch, mit dem ein Mann auf einen Mitarbeiter des Arbeitsamtes losgegangen war. Beide Asservate sind Beweisstücke: der Bademantel, weil er einem Schauspieler angeblich gestohlen und später im Haus einer fremden Frau gefunden worden war, der Dolch, weil er als Tatwaffe diente.

Tausende solcher Asservate lagern in dieser riesigen Rumpelkammer des Verbrechens. Sie sind stumme Zeugen für Diebstahl, Raub und Körperverletzungen, für Verstöße gegen das Markengesetz, für Totschlag oder Mord. In der Kammer harren diese Zeugen aus, bis die Täter verurteilt sind. Manchmal wenige Wochen, manchmal viele Jahre.

Das älteste Stück ist ein Lodenmantel aus dem Jahre 1952, den ein bisher nicht identifizierter Toter trug. Vielleicht wird der Mantel als Beweisstück noch einmal gebraucht: Mord verjährt schließlich nicht.

Ist ein Verfahren abgeschlossen, erhält der Bestohlene sein Eigentum zurück. Messer und Schlagstöcke vernichtet die Polizei. Asservate, die niemand mehr will, werden von einem Gerichtsvollzieher versteigert. Stoff für unzählige Kriminalgeschichten schlummern im Keller des Gerichts. Es müsste nur jemand Zeit haben, die Geschichten aus der Rumpelkammer zu erzählen …

Diese stummen Zeugen

ein zerbeulter Schulranzen, ein tragbarer Fernseher, nagelneue Autoreifen, ein Handy, eine Schweinchen-Eieruhr, eine aufgebrochene Geldkassette, ein einzelner Schuh, eine gut gefüllte Aktentasche, ein hochmoderner Laptop, eine alte Reiseschreibmaschine, zehn verschweißte Packungen Kaffee, ein Sparschwein, Ansichtskarten, ein Tauchermesser, Kassetten, ein Bolzenschneider, ein Faxgerät …

… könnt ihr zum Sprechen bringen – schreibt ihre „Kriminalgeschichten“ auf!

Unter die Lupe genommen: Kriminalisten bei der Arbeit

Privatdetektive

Der Alltag hinter dem Klischee

Schenkt man Fernsehserien und Kriminalromanen Glauben, sind Detektive Kettenraucher, die reichlich Whisky pur vertragen, mit hochgeschlagenem Mantelkragen und einer Waffe in der Tasche. Doch dieses Klischee* ist völlig falsch, versichert Mario Krupp, Privatdetektiv aus Braunschweig: „In der Öffentlichkeit herrschen immer noch fantastische Vorstellungen von unserer alltäglichen Arbeit. Anders als der offen oder verdeckt ermittelnde Polizist ist ein privater Ermittler nicht dazu da, Ganoven zu fangen; er hat vielmehr zu 99 Prozent den Eigentums- und Interessenschutz seiner Klienten* wahrzunehmen." Das Aufgabenfeld reicht von der Zeugenermittlung bis zur Verhinderung von Sabotage*, vom Datendelikt bis zum Aufspüren von Raubkopien im Buch-, Video- und Tonwesen. Nur selten geht es dabei um spektakuläre Verbrechen. Außerdem muss jeder Klient bei Auftragserteilung ein „berechtigtes Interesse" nachweisen. Kein seriöser* Detektiv darf gegen irgendeinen Mitbürger ermitteln, nur weil es der Konkurrenz oder einer eifersüchtigen Ex-Freundin so gefällt. Der klassische Detektivauftrag – Mit wem betrügt mich meine Frau? – zählt zwar zu den so genannten „berechtigten Interessen", ist aber eher selten geworden.

Zur erfolgreichen Detektivarbeit gehören Geduld und vor allem Unauffälligkeit: „Wer mit Trenchcoat, Hut und dunkler Sonnenbrille herumläuft und Verfolgungsjagden inszeniert, ist eine Lachnummer." Privatdetektive brauchen Menschenkenntnis, Einfühlungsvermögen, schauspielerisches Talent, die soziale Bereitschaft mit und für Menschen zu arbeiten und vor allem eine gute Spürnase. Üblicherweise wird bei Bewerbern ein Mindestalter von 21 Jahren vorausgesetzt, ein Haupt- oder Realschulabschluss, eine abgeschlossene Lehre oder eine mehrjährige Tätigkeit bei Polizei, Bundesgrenzschutz oder Bundeswehr. Auch sportlich sollten Privatdetektive sein, Kenntnisse in der waffenlosen Selbstverteidigung gelten als nützlich. Die Einstellungschancen nach abgeschlossener Ausbildung sind gut. Von 6 000 Detektiven in Deutschland, so eine Schätzung der Zentralstelle für die Ausbildung im Detektivgewerbe (ZAD), sind etwa 5 000 als Kaufhausdetektive tätig, 700 selbstständig (davon ca. 10 Prozent Frauen), 150 in Detekteien fest angestellt und einige wenige als Hotel- oder Versicherungsdetektive registriert.

Auch mit einem weiteren Klischee räumt Krupp auf. Diejenigen, die als Privatdetektiv Fuß gefasst haben, genießen nicht die Hoheitsrechte ihrer Fernsehkollegen: „Wenn die Radarfalle zuschnappt, weil ich zu schnell gefahren bin, dann muss ich genauso Bußgeld zahlen und Punkte kassieren wie jeder andere Bürger auch. Der Hinweis, ich hätte einen Steuerflüchtling verfolgt, hilft überhaupt nichts."

Unter die Lupe genommen: Kriminalisten bei der Arbeit

Polizeitaucher

Im Trüben fischen

Weil Mörder und Diebe ihre Tatwerkzeuge gern im Wasser verschwinden lassen, braucht man sie. Wenn die Kollegen von der Feuerwehr nicht mehr helfen können und Tote aus dem Wasser geborgen werden müssen, ruft man sie: die Polizeitaucher.

Polizeitaucher halten sich selbst bei eisigstem Wetter in Form. Sie schneiden Löcher ins Eis und trainieren unter der Eisdecke. Die Sichtweite in Seen, Kanälen und Flüssen reicht oft nicht weiter als bis zur Nasenspitze. Deshalb braucht ein Polizeitaucher „zehn Augen“: seine zehn Finger, mit denen er sich unter Wasser vorantastet. Am Ufer wartet immer ein Signalmann, der per Telefonleitung und Signalleine den Kontakt zum Taucher hält. Der Signalmann gibt mit der Leine Zeichen. Ein kurzer und ein langer Zug: nach links! ein kurzer Zug: sofort hoch! Fünf kurze Züge des Tauchers heißen: alles okay hier unten.

Mancher Mord wurde schon dadurch aufgeklärt, dass Polizeitaucher im trüben Wasser fündig wurden. Im Landwehrkanal suchten sie z. B. die Einbruchswerkzeuge der Tunnelgangster, die 1995 in Berlin-Zehlendorf die Commerzbank ausgeraubt hatten und durch einen selbst gegrabenen Tunnel geflüchtet waren. Spaten und Brecheisen fanden die Beamten nicht, dafür aber eine Pistole mit Schalldämpfer – die Tatwaffe in einem ungelösten Mordfall ...

Lösungen

Inspektor Sniff:
Es führt nur eine Schleifspur vom Weg in die Büsche. Sie endet an den Füßen des Toten. Deshalb muss Franz Bach am Oberkörper in die Büsche gezogen worden sein, wie es der Sohn gestanden hat. Die Aussage von Frau Bach ist demnach falsch.

Sechs Richtige, zwei Tote:
Kommissarin Rulandt glaubte zu Recht nicht an Hellseherei. Beate Fried konnte nur deshalb richtig vorhersagen, welche Karte sich in dem verschlossenen Umschlag befinden würde, weil sie die anderen drei selbst ausgeteilt hatte. Der „Überfall" auf ihre Wohnung war bloß fingiert.

Der Inselschreck:
Der Mann mit den Sirenen war der Kaufmann Hiller. Immer, wenn er Wachdienst hatte, fand das Geheul erst nach 3 Uhr statt. Und wenn er nicht Wache hielt, heulte es grundsätzlich an einem nicht bewachten Ort.

Der Tote:
Der Tote hat sich selbst erhängt. Er war mit dem Lastwagen voller Eisblöcke in die Wüste hinausgefahren, hatte die Blöcke aufgestapelt, sich obendrauf gestellt und sich, da das Eis in der Hitze sehr schnell schmolz, auf diese Weise erhängt. Warum er das auf diese Art getan hatte? – Das gäbe einen spannenden Kurzkrimi, wenn ihr auch das noch beantworten wollt! Möglich wäre ja: Mr. Beershower, der eine große Bierfirma besitzt, hatte seinen Bierfahrer entlassen; der wollte nun seinen Chef des Mordes verdächtigen, indem er die absolute Unmöglichkeit eines Selbstmordes vortäuschte. So wäre zu erklären, warum sich Mr. Beershower weigerte, den Sheriff zu benachrichtigen. – Aber es könnte auch ganz anders sein.

Mörder:
Cleo war der Goldfisch von Mr. MacKinnon und Blacky war sein Kater. Die Scherben stammten vom Goldfischglas, das auf dem Tisch stand.

Ypsilon:
Ypsilon ist ein kleiner Junge aus dem 1. Schuljahr, der so klein ist, dass er im Fahrstuhl nur bis an den Knopf 24 heranreichen kann. Die Eltern von Ypsilon arbeiten übrigens; deswegen sind sie nicht zu Hause. Ein „Schlüsselkind" also.

Gerdas Rache:
Der alte Eckner ist 1999 gestorben. Zu dieser Zeit gab es noch kein Euro-Bargeld. Das kam erst am 01.01.2002 in Umlauf. Also konnte es erst nach diesem Zeitpunkt geraubt und demzufolge auch vergraben worden sein. Mit ihrem spurlosen Verschwinden wollte Gerda Schöps die Polizei zu dem geraubten Geld führen, ohne das Versteck direkt zu verraten – ihre Rache an dem gewalttätigen Kloss.

WERKSTATT GEDICHTE

Einem Gedicht die Reime wiedergeben

Herbstbild *Friedrich Hebbel*

Dies ist ein Herbsttag, wie ich keinen sah!
Die Luft ist still, als atmete man kaum,
Und dennoch fallen raschelnd, nah und fern,
Die schönsten Früchte von jedem Baum ab.

O stört sie nicht, die Feier der Natur!
Dies ist die Lese, die sie selber hält,
Denn heute löst sich nur von den Zweigen,
Was vor dem milden Strahl der Sonne fällt.

1 Dieses Gedicht von Hebbel ist eines der bekanntesten Herbstgedichte unserer Literatur. Der Dichter hat es aber nicht ganz so geschrieben, wie es abgedruckt ist. Beim Vorlesen werdet ihr merken, dass an einigen Stellen etwas nicht stimmen kann.

2 Schreibe das Gedicht ab und stelle dabei die drei Verse richtig, die sich nicht reimen, da sich die Reimwörter „versteckt" haben. Du brauchst dabei nur kleine Umstellungen vorzunehmen! Erst jetzt beginnt das Gedicht richtig zu klingen.

3 Worüber ihr gemeinsam nachdenken müsst, um das Gedicht richtig zu verstehen, ist der Vers *Dies ist die Lese, die sie selber hält.* Dabei müsst ihr wissen, dass eine *Lese* eine *Ernte* ist *(Weinlese* z.B.*)*, die die Menschen durchführen.

Gedicht und Zeitungsbericht entflechten

Obdachlose – Obdachlos *Schülertext*

Dunkel
Fast täglich
Gehüllt in Zeitungspapier
Werden unter Brücken
Hände gefaltet
Im Schlaf erstarrt
Oder in den Parks großer Städte
Den Kopf zur Seite gedreht
Sich selbst überlassen
Liegt er da
Obdachlose
Und friert
Ausgeraubt und
In seine Augen trifft
Der Strahl meiner Taschenlampe
Ihrem Schicksal
Überlassen
Er wendet den Blick

1 In diesem Text hat ein Schüler ein Gedicht und eine kurze Zeitungsnachricht ineinander verflochten. Die beiden Texte kannst du dadurch unterscheiden, dass sie verschieden gedruckt sind. Aber wie lautet das Gedicht? Und wie die Zeitungsnachricht? Und woran erkennst du den Unterschied?

2 Welche Überschrift gehört wohl zu welchem Text? Begründe es!

3 Schreibe die Zeitungsnachricht auf. Dabei musst du natürlich die großgeschriebenen Buchstaben in den Wörtern ändern!

4 Ihr könnt diesen Text gemeinsam vorlesen. Die Zeitungsnachricht sollten mehrere im Chor sprechen, die Gedichtverse nur ein Einzelner.

5 Suche dir eine andere kurze Nachricht aus der Zeitung heraus. Schreibe ein Gedicht dazu. Es muss sich nicht reimen! Schreibe dann die Zeitungsnachricht und das Gedicht ineinander. Hier ist ein Beispiel zur Anregung:

Zeitungsnachricht: Jedes Jahr werden in den großen Ferien Hunderte von Tieren auf Autobahnparkplätzen verantwortungslos ausgesetzt und einem unvorstellbar grausamen Schicksal überlassen.

Gedicht: Rechts auf dem Seitenstreifen / grau ein Hund, / zu einer Steinfigur versteift, / Vorderläufe vorgestreckt, / im Lauf erstarrt, / den Kopf gereckt. / Ausgesetzt der Einsamkeit, / für die sein Hirn nicht programmiert, / steht er und starrt, / das Nackenhaar gesträubt. / In seine gelben Augen trifft / der Strahl des Aufblendlichts. / Vorbei. / Rückspiegelblick ins Nichts.

Ein Gedicht ergänzen und weiterführen

Was es alles gibt *Robert Gernhardt*

Da gibt es die, die schlagen
Da gibt es die, die rennen
Da gibt es die, die zündeln

Da gibt es die, die wegsehn
Da gibt es die, die hinsehn
Da gibt es die, die mahnen:

Da gibt es die, die wissen
Da gibt es die, die fragen
Da gibt es die, die warnen:

Da gibt es die, die reden
Da gibt es die, die schweigen
Da gibt es die, die handeln:

1 In diesem Gedicht fehlt jeweils der letzte Vers. Ordne die fehlenden Verse den Strophen zu. Begründe auch, warum die Verse zu den Strophen passen.

Wer hinsieht, muss auch hingehn

Da gibt es die, die brennen

Was wir sind, wird sich zeigen

Wer fragt, wird selbst geschlagen

2 Sprecht gemeinsam darüber, was euch dieses Gedicht sagen will:
- Von was für Menschen ist hier eigentlich die Rede?
- Worüber könnten sie reden? Wovor wegrennen? Wo könnten sie hinsehen?
- Die Überschrift lautet: *Was es alles gibt.* Will sie damit nicht auch ausdrücken, was es leider zu selten gibt?
- Und was sollten die Menschen eigentlich tun? Seht euch die letzten beiden Verse genau an!

3 Schreibe zu dem Gedicht eine letzte Strophe, in der steht, was man wirklich tun könnte, anstatt zu schweigen, zu reden, zu rennen und zu warnen.

Gemeinsam über ein Gedicht sprechen

Rainer Maria Rilke

Sein Blick ist vom Vorübergehn der Stäbe
so müd geworden, | dass er nichts mehr hält. ||
Ihm ist, | als ob es tausend Stäbe gäbe |
und hinter tausend Stäben | keine Welt. ||

Der weiche Gang geschmeidig starker Schritte, |
der sich im allerkleinsten Kreise dreht, |
ist wie ein Tanz um eine Mitte, |
in der betäubt | ein großer Wille steht. ||

Nur manchmal | schiebt der Vorhang der Pupille ‿
sich lautlos auf. || – Dann geht ein Bild hinein, |
geht durch der Glieder angespannte Stille – |
und hört im Herzen auf | zu sein. ||

Einige Erklärungen:
Mit *Stäbe* sind hier Gitter gemeint, die es in Gefängnissen, Tierkäfigen und an manchen Fenstern gibt.
Mit *Vorhang der Pupille* sind die Augenlider gemeint, die man über den Augen schließen kann.

1 Besonders schön wäre es, wenn jemand dieses Gedicht zu Hause zum Vorlesen vorbereiten würde, damit es in der Klasse gut vorgetragen werden kann. Die Pausen- und Betonungszeichen für das gestaltende Lesen sind schon eingesetzt.

2 Nach dem Vortrag sollte jeder das Gedicht noch einmal durchlesen.

3 In diesem Gedicht beschreibt Rilke ein Wesen, das er in der Überschrift auch nennt. Überlege dir erst einmal eine eigene Überschrift zu diesem Gedicht.

4 Vergleicht eure Überschriften miteinander.

5 Lest dann auf Seite 134 nach, wie die Überschrift bei Rilke lautet.

6 Sprecht miteinander darüber, von welchen Empfindungen in dem Gedicht die Rede ist: eher von Trauer, eher von Liebe oder von Angst, von Einsamkeit, Langeweile, Wut?

7 Lest euch das Gedicht jetzt noch einmal gegenseitig vor. Versucht dabei, die Gefühle mit der Stimme zum Ausdruck zu bringen.

Ein Gedicht auswendig lernen und vortragen

1 Am besten ist, wenn du dir einen Partner oder eine Partnerin suchst, mit der du gemeinsam lernen kannst.

2 Lest euch das Gedicht zuerst einmal leise durch:

Die Blätter fallen *Joseph von Eichendorff*

Es ist nun der Herbst gekommen, |
hat das schöne Sommerkleid ◡
von den Wäldern weggenommen |
und die Blätter ausgestreut. ||
Vor dem bösen Winterwinde ◡
deckt er warm | und sachte zu ◡
mit dem bunten Laub | die Gründe*, ◡
die | schon müde gehn zur Ruh. ||

3 Sprecht es euch dann selbst vor. Betont dabei die unterstrichenen Wörter und macht ein kleine Pause, wenn ein einfacher Strich steht (|), – und eine etwas größere, wenn ein Doppelstrich steht (||). Bei einem Bogen (◡) solltet ihr auch eine kleine Pause machen, die Stimme darf aber dabei nicht absinken!

4 Lest euch das Gedicht gegenseitig vor und achtet dabei auf die Betonungen und die Pausen. Achtet auch darauf, ob ihr es eher langsam oder etwas schneller, eher leise oder etwas lauter sprechen wollt. Hört euch gegenseitig zu und lernt voneinander.

5 Auswendig lernen müsst ihr das Gedicht natürlich allein. Da kann euch der andere nicht helfen.
– Am besten ist, ihr sprecht euch zuerst die ersten vier Zeilen mehrere Male selbst vor. Wer sich selbst hört, der lernt besser!
– Dann versucht ihr, allmählich nicht mehr auf den Text zu schauen. Der Partner kann euch aushelfen, wenn ihr nicht mehr weiter wisst.
– Dann macht ihr es mit den zweiten vier Zeilen genauso.

6 Wenn ihr das Gedicht vor der Klasse vortragt, ist einer der Vortragende, der andere der „Vorsager". Auf dem Theater ist das auch so. Dort heißt der Vorsager „Souffleur" oder „Souffleuse" (Vorflüsterer). Der weiß ziemlich genau, an welcher Stelle der Schauspieler immer „hakt" – und hilft ihm weiter.

Auf diese Weise könnt ihr jedes andere Gedicht zum Vortragen vorbereiten. Sucht euch eins aus, das euch besonders gut gefällt.

Das Wichtigste beim Vortragen ist nicht, dass man den Text auswendig runterrappeln kann, sondern dass man Spaß beim Vortrag hat – und die Zuhörer müssen ihn auch haben!

Einen Rap vortragen

Gegendarstellung *Hans-Peter Tiemann*

Ich soll verknallt sein in Stella, die Zicke,
das unangesagteste Girl aus der A?
Die hängt doch nur ab mit der Schminkspiegel-Clique,
fühlt sich wie Madonna, sprüht Glitzer ins Haar.

So'n dünnes Gerippe mit Reibeisenstimme!
Jungs, geht in Deckung, wenn die einmal lacht!
Sie mag mich angeblich? - Ich glaube, ich spinne!
Wegen der krieg ich nie eine schlaflose Nacht.

Was heißt denn hier „Liebesbrief"? Das war 'ne Zeile,
5 Wörter: „Ich mag dich, dein Sören!", nicht mehr.
Ich hatte in Mathe nun mal Langeweile,
man schreibt's und vergisst es sofort hinterher.

Ich glotze sie an wie ein Gockel im Regen?
Hey, Leute, das bildet ihr euch doch nur ein.
Ich trag' ihre Tasche. Na und, was dagegen?
Bisschen Gymnastik am Morgen muss sein.

Ja doch, heut Abend im Park gegen sieben.
Sie hilft mir in Mathe, ich zeig ihr Chemie.
Ansonsten, kapiert es, läuft nichts! Mich verlieben?
In Stella? Mit Sicherheit wahrscheinlich nie!

1 Dieses Gedicht könntet ihr gemeinsam einmal als Rap sprechen. Dazu solltet ihr es in der Klasse im Sprechchor einüben. Dabei müsst ihr beachten, dass ihr nicht durcheinander kommt, sondern den Text rhythmisch genau sprecht: In jeder Zeile werden vier Silben betont:

<u>Ich</u> soll ver<u>knallt</u> sein in <u>Stel</u>la die <u>Zi</u>cke,
das <u>un</u>ange<u>sag</u>teste <u>Girl</u> aus der <u>A</u>?
Die <u>hängt</u> doch nur <u>ab</u> mit der <u>Schmink</u>spiegel-<u>Cli</u>que,
...

Ein Parallelgedicht schreiben

Rotschopf *Barbara Fenski*

Vorgestern bin ich
zur Hexe geworden,
trage mein Haar jetzt
in flammendem Rot,
schau mir im Spiegel
meine Feuerpracht an,
trage mit Lachen
Lob und Kritik.

1 Hier hat ein Mädchen dargestellt, wie es sich ein anderes Aussehen gegeben hat. Dazu gehört Mut. Wie werden hier Stolz und Selbstbewusstsein zum Ausdruck gebracht?

(Meine Überschrift)

Nächste Woche werde ich mich
in verwandeln,
ich trage
sehe mir in den Schaufensterscheiben
an,
lache freundlich zurück,
wenn die anderen über mich lachen.

2 Seht euch das Gedicht etwas genauer an:
- Worüber wird in den ersten beiden Versen gesprochen?
- Was beschreibt die Autorin in der dritten und vierten Zeile?
- In der fünften und sechsten Zeile wird der Blick auf etwas anderes gerichtet.
- Und in den letzten beiden Zeilen kommt wieder ein neuer Gesichtspunkt hinzu.

3 Schreibe ein Parallelgedicht über eine Veränderung an dir, die du dir wünschst oder vorstellen könntest. Dabei solltest du die vier Gesichtspunkte parallel beschreiben.

Haikus kennen lernen

Ein **Haiku** ist eine japanische Gedichtform. Der Inhalt eines Haikus besteht in der Regel aus einer alltäglichen Beobachtung – zum Beispiel in der Natur. Es gibt einen ganz bestimmten Augenblick wieder, auf den die Leser aufmerksam gemacht werden sollen. Dieser Augenblick wird in einem Bild dargestellt.
Ein Haiku hat aber auch eine ganz bestimmte Form. Es reimt sich zwar nicht wie viele Gedichte bei uns, es hat dafür andere Regeln: …

Kastanie fällt
vom Baum, platzt, liegt auf dem Weg
goldbraun und glänzend.

Fahrradfahren im
Nebel. An meiner Wimper
hängt feucht ein Tropfen.

1 Schau dir die beiden Haikus genau an. Ergänze dann die Regel im Merkkasten. Dabei musst du genau zählen:

- **a** Ein Haiku besteht aus drei Versen.
- **b** Der erste Vers besteht aus ?? Silben,
- **c** der zweite Vers aus ?? Silben,
- **d** der dritte Vers aus ?? Silben.
- **e** Das letzte Wort sollte ein besonders wichtiges Wort, eine Art Pointe sein.

2 Die beiden folgenden Haikus sehen zwar fast genauso aus wie die oben, aber sie entsprechen nicht den Regeln, die eingehalten werden müssen. In jedem dieser Haikus sind zwei Regel nicht eingehalten. Welche sind es?

Kastanie fällt
vom Baum, platzt und liegt glänzend und
braun auf der Straße.

Fahrradfahren im
Nebel. Tropfen hängen feucht
an meinen Wimpern dran.

Ein Haiku entwerfen und überarbeiten

Da hat zum Beispiel eine Schülerin oder ein Schüler beobachtet:

Eine leere Dose wird scheppernd vom
Herbstwind über den Schulhof getrieben.

Das ist so eine Alltagsbeobachtung, in der ein Ding, eine Bewegung und ein Geräusch vorkommen. Für ein kleines Haiku über den Herbst ist diese Beobachtung gut geeignet.

Ein gutes Haiku gelingt aber kaum jemandem im ersten Anlauf. Da muss man die Silben zählen, muss verkürzen oder verlängern, muss vielleicht auch die Wörter umstellen und zuletzt alles in drei Versen unterbringen. Und das wichtigste Wort soll auch noch am Schluss stehen! Das ist richtige Dichterarbeit!
Hier ist der kleine Satz oben schon einmal etwas umgeformt und in seine Teile zerlegt worden:

das/es scheppert
(der) Herbstwind
treibt/schiebt/jagt/pustet
eine/die leere Dose
über den/auf dem Schulhof

1 Diese Teile musst du nun irgendwie den drei Versen des Haikus zuordnen. Du musst dich auch entscheiden, welches der angebotenen Wörter du nehmen willst oder welches du weglassen musst, damit die Zahl der Silben stimmt. Und du musst dich entscheiden, welches das letzte Wort deines Gedichtes sein soll.

Willst du es so:

Es scheppert! Über
den Schulhof treibt der Herbstwind
die leere Dose

Oder so:

Herbstwind pustet. Das
scheppert. Die leere Dose
treibt auf dem Schulhof.

Oder vielleicht doch noch etwas anders?

2 Probiere es aus: Was klingt besser? Was passt besser?

3 Lest euch eure Haikus gegenseitig vor. Ihr solltet euch dabei auch sagen, was ihr gut und nicht so gut findet. Und warum? Es gibt nämlich wirklich bessere und weniger gute Haikus!

4 Schreibe ein Haiku über ein ganz anderes Thema, zum Beispiel: Blick aus dem Fenster im Frühling oder im Winter.

Die Gedichte

Dies ist Hebbels Gedicht, das hier mit Zeichen für das sinngestaltende Vortragen versehen ist:

Herbstbild *Friedrich Hebbel*

Dies | ist ein Herbsttag, | wie ich keinen sah! ||
Die Luft ist still, | als atmete man kaum, |
Und dennoch fallen raschelnd, fern und nah,
Die schönsten Früchte ab | von jedem Baum. ||

O stört sie nicht, | die Feier der Natur! ||
Dies ist die Lese, | die sie selber hält, |
Denn heute | löst sich von den Zweigen nur,
Was von dem milden Strahl der Sonne fällt. ||

Was es alles gibt *Robert Gernhardt*

Da gibt es die, die schlagen
Da gibt es die, die rennen
Da gibt es die, die zündeln
Da gibt es die, die brennen

Da gibt es die, die wegsehn
Da gibt es die, die hinsehn
Da gibt es die, die mahnen:
Wer hinsieht, muss auch hingehn

Da gibt es die, die wissen
Da gibt es die, die fragen
Da gibt es die, die warnen:
Wer fragt, wird selbst geschlagen

Da gibt es die, die reden
Da gibt es die, die schweigen
Da gibt es die, die handeln:
Was wir sind, wird sich zeigen.

Das Gedicht von Rilke (S. 128) hat die Überschrift:

Der Panther

Im Jardin des Plantes, Paris

(Das ist ein berühmter zoologischer Garten.)

Dies ist ein gelungenes Haiku einer Schülerin:

Über den Schulhof
treibt Herbstwind eine leere
Dose. Das scheppert!

WERKSTATT Geschichten

Die Abbildung zeigt die Anekdote vom Ei des Kolumbus, wie sie **William Hogarth** (1697–1760) dargestellt hat: Als neidische Mitmenschen behaupteten, die Entdeckung Amerikas sei gar nichts Besonderes gewesen, stellte Kolumbus ihnen die Aufgabe, ein Ei auf eine Spitze zu stellen. Als sie sagten, das sei nicht möglich, zeigte er ihnen die Lösung: Er zerbrach die Spitze des Eis, sodass es stehen blieb. Ganz einfach – man muss nur darauf kommen!

In der Werkstatt Geschichten findet ihr kurze Texte, die Geschichten über Personen mit besonderen Eigenschaften und über merkwürdige Ereignisse erzählen. Ihr erfahrt dabei etwas über Anekdoten und spürt ihre Merkmale an einigen Texten auf. Ihr findet aber auch andere, neuere Geschichten zum Nachdenken.
Alle Texte werden so angeboten, dass ihr etwas mit ihnen tun könnt: Einige Geschichten sind unvollständig und ihr müsst sie weiterschreiben. Der Vergleich eurer Ideen mit den Originalschlüssen lässt euch dann genauer über die Texte nachdenken und diskutieren.
Ihr werdet dazu aufgefordert, Texte mit verteilten Rollen zu lesen, sie um- und auszugestalten, sie zu inszenieren und selbst kurze Geschichten zu schreiben.
All das soll euch Vergnügen bereiten. Immer geht es aber auch darum, dass ihr euch im Anschluss an eure eigenen Schreib- und Gestaltungsversuche wieder dem Originaltext zuwendet, um ihn besser zu verstehen.

Beim Lesen einer Anekdote Zeilen einfügen

Albert Einstein

Aleksander Litwin/Horacy Safrin

Albert Einstein fuhr einmal zu einer Bank,
um einen Scheck einzuwechseln.
Als er zum Auto zurückkam, bemerkte er,
dass sein Mantel verschwunden war.
Alsbald umringten ihn etliche Menschen.
❶
sagte einer von ihnen: „Man lässt einen
Mantel nicht unbewacht liegen."
„Nein", unterbricht ihn der zweite.
❷
weil er nicht Acht gegeben hat ..."
❸
mischt sich ein dritter ein. „Er hätte sehen
müssen, wie der Dieb mit dem Mantel wegläuft."
Albert Einstein nickt mit dem Kopf: „Stimmt!
❹
Unschuldig ist bloß der Dieb, denn er muss
doch, Nebbich*, davon leben.

Ⓐ Wir alle sind schuldig.
Ⓑ „Es ist Eure Schuld",
Ⓒ „Es ist die Schuld des Chauffeurs,
Ⓓ „Es ist die Schuld des Portiers von der Bank,

1 Lies diese Anekdote erst einmal leise durch.

2 An welchen Stellen gehören die Zeilen Ⓐ–Ⓓ in den Text? Füge sie beim zweiten Lesen ein.

3 Lies die vollständige Anekdote den anderen vor. Begründe anschließend, warum die Aussagen an die Stellen gehören, an denen du sie eingefügt hast:
❶ ist Ⓑ, weil danach der Satz steht: „Man lässt einen Mantel nicht unbewacht liegen."

Eine Anekdote „übersetzen"

Seltener Gewinn

Adolf Glasbrenner

Zu einem vornehmen Manne kam neulich ein fremder Barbier*, packte seine Siebensachen aus und schickte sich zum Rasieren an.

„Was wollen Sie hier?", wurde er barsch angeredet.

„Ihnen balbieren*!"

„Ich brauche Sie nicht, ich habe schon einen Barbier!"

„Ne", antwortete der Bartvertilger, „ick bin jetzt Ihr Barbier; Sie müssen sich jetzt von mir balbieren* lassen. Nämlich ick und Ihr eijentlicher Balbier*, wir spielten jestern Abend beede in 'ne Tabajie* Schafskopp, un er verlor alle sein Jeld an mir, und wie er keen Jeld mehr hatte, da spielten wir um unsere Kunden Schafskopp*, un da hab ick Ihnen jewonnen."

1 Lies die Anekdote zuerst mit halblauter Stimme, damit du den Sinn erfasst.

2 Die Anekdote ist zum Teil in Berliner Mundart geschrieben: Viele Wörter werden anders geschrieben und gesprochen als im Hochdeutschen. Gelegentlich kommen auch grammatisch falsche Formen vor: *Ihnen* balbieren, er verlor alle sein Jeld an *mir,* da hab ick *Ihnen* jewonnen. Kannst du den Text möglichst echt in Berliner Mundart vorlesen?

3 Versuche einmal, die Anekdote zu „übersetzen". Dafür gibt es verschiedene Möglichkeiten:

- ins Hochdeutsche,
- in eine Mundart, die in deiner Gegend gesprochen wird oder die du gut kannst,
- in Jugendsprache.
- Du kannst die Anekdote auch modernisieren und statt des Barbiers einen anderen Beruf einsetzen: Klempner, Gärtner … Dann musst du natürlich auch noch einiges andere anpassen.

Anekdoten genau lesen

1 Lest die folgende Anekdote. Sie handelt von dem berühmten Schriftsteller Bertolt Brecht, der in der Schule so manche Probleme hatte:

Die schlechte Zensur

Herbert Ihering

Brecht, der schwach im Französischen war, und ein Freund, der schlechte Zensuren im Lateinischen hatte, konnten Ostern nur schwer versetzt werden, wenn sie nicht noch eine gute Abschlussarbeit schrieben. Aber die lateinische Arbeit des einen fiel ebenso mäßig aus wie die französische des anderen. Darauf radierte der Freund mit einem Federmesser einige Fehler in der Lateinarbeit aus und meinte, der Professor habe sich wohl verzählt. Der aber hielt das Heft gegen das Licht, entdeckte die radierten Stellen, und eine Ohrfeige tat das Übrige.

Brecht, der nun wusste, so geht das nicht, …

2 Überlegt, welche Idee Brecht hatte, um doch noch versetzt zu werden, und schreibt die Anekdote zu Ende.

3 Den Originalschluss findet ihr auf S. 150. Vergleicht ihn mit euren Ideen.

4 Ist diese Geschichte eine Anleitung zum Betrug? Oder aus welchem anderen Grund mag Herbert Ihering sie aufgeschrieben haben? Denkt über diese Fragen nach und diskutiert sie.

5 Lest nun den Informationstext über Anekdoten auf S. 139 und findet heraus, welche Merkmale der Anekdote der Text „Die schlechte Zensur" enthält. Begründet jeweils das Textmerkmal der Anekdote, z. B. so:

Brecht ist eine Person mit besonderen Verhaltensweisen, weil …

Anekdoten genau lesen

Die **Anekdote** ist eine kurze Erzählform, die zunächst vor allem mündlich weitergegeben wurde. Auch heute noch erzählt man im Freundeskreis über „Originale", über merkwürdige Ereignisse oder über Personen mit besonderen Eigenschaften und Verhaltensweisen.
Die Anekdote erzählt oder berichtet von einer unerhörten Begebenheit, von dem Charakterzug einer bekannten Person, die durch ihr Verhalten auffällt oder sich mit einer denkwürdigen, witzigen Aussage hervortut. Oft handelt es sich dabei um eine bekannte historische* Persönlichkeit. Doch nicht nur um solche Menschen geht es, vielmehr will die Anekdote insgesamt auf menschliche Eigenschaften wie Geiz, Habsucht, Schlagfertigkeit oder Mut hinweisen. Dabei will sie nicht belehren (wie die Fabel oder die Parabel), sondern unterhalten, zum Lachen bringen und zum Nachdenken anregen.

1 Lies die folgende Anekdote zunächst leise durch und schreibe die Eigenschaften der im Text vorkommenden Personen heraus.

Der Floh

Kurt Tucholsky

Im Departement du Gard* – ganz richtig, da, wo Nimes* liegt und der Pont du Gard*: im südlichen Frankreich – da saß in einem Postbureau* ein älteres Fräulein als Beamtin, die hatte eine böse Angewohnheit: sie machte ein bißchen die Briefe auf und las sie. Das wußte alle Welt. Aber wie das so in Frankreich geht: Concierge*, Telephon und Post, das sind geheiligte Institutionen*, und daran kann man schon rühren, aber daran darf man nicht rühren, und so tut es denn auch keiner.

Das Fräulein also las die Briefe und bereitete mit ihren Indiskretionen* den Leuten manchen Kummer.

Im Departement wohnte auf einem schönen Schlosse ein kluger Graf. Grafen sind manchmal klug, in Frankreich. Und dieser Graf tat eines Tages folgendes: Er bestellte sich einen Gerichtsvollzieher auf das Schloß und schrieb in seiner Gegenwart an einen Freund:
Lieber Freund!
Da ich weiß, daß das Postfräulein Emilie Dupont dauernd unsre Briefe öffnet und sie liest, weil sie vor lauter Neugier platzt, so sende ich dir anliegend, um ihr einmal das Handwerk zu legen, einen lebendigen Floh. Mit vielen schönen Grüßen Graf Koks.

Und diesen Brief verschloß er in Gegenwart des Gerichtsvollziehers. Er legte aber keinen Floh hinein. Als der Brief ankam, war einer drin.

2 Sprecht darüber, wie der Floh in den Brief gekommen ist.
Wer hat am Ende eigentlich den anderen hereingelegt: der Graf das Postfräulein oder das Postfräulein den Grafen?

3 Findet auch an diesem Text die Merkmale der Anekdote heraus.

Ist das nun eine Anekdote oder nicht?

1 Lest euch den folgenden Text leise durch und notiert Stichwörter zu dem beschriebenen Konflikt:

Kletterpartie

Thomas Bergmann

Frankfurt. Buchstäblich aufs Dach stieg eine 81-jährige Hauseigentümerin ihrem Nachbarn, einem 55-jährigen Invaliden*. Die alte Dame hatte sich über den Mieter geärgert, der sich geweigert hatte, eine Erhöhung der Umlagen von monatlich 10 Mark zu bezahlen.

Obwohl ihr das Gericht in einer erstrichterlichen Entscheidung Recht zusprach und der Mieter zahlen musste, ließ sie von nun an nicht mehr locker. Sie begann, fortan dem Mann das Leben schwer zu machen. Spielte er z. B. abends eine Partie Schach, schaltete sie ihm das Licht aus.

Gipfelpunkt aber waren die Kletterpartien, von deren Wahrheitsgehalt sich der ungläubige Richter erst per Ortstermin überzeugen ließ. Die alte Dame pflegte, mit einem Besen bewaffnet, bei morgendlicher Dämmerung behände* aus dem Schlafzimmerfenster zu steigen, akrobatisch das Dach des vermieteten Anbaus zu erklimmen und ihrem Mieter mit wuchtigen Besenschlägen den Schlaf zu rauben.

Angesichts ihres fortgeschrittenen Alters und nachdem die Greisin versprochen hatte, ihrem Mieter künftig nicht mehr aufs Dach zu steigen, sah der Richter von einer Geldbuße (die zuvor die Verwaltungsbehörde festgesetzt hatte) ab. Er stellte das Verfahren ein, nicht ohne zuvor der Beweglichkeit der jugendlichen Uroma seinen Respekt bezeugt zu haben.

2 Diese unglaubliche Geschichte beruht auf einer wahren Begebenheit. Was meint ihr: Warum hört die alte Dame nicht auf, den Mieter zu attackieren, obwohl sie ihr Geld bekommen hat?

3 Handelt es sich bei diesem Text um eine Anekdote? Lest dazu noch einmal den Informationstext von S. 139 und begründet eure Meinung.

4 Überlegt, ob ihr andere Beispiele für nervige, absurde oder unglaubliche Nachbarschaftsstreitereien kennt. Berichtet darüber und findet Gründe für diese Streitigkeiten heraus.

Am besten führt ihr diese Aufgabe in Partnerarbeit aus. Für die Absprache und Darstellung der Szene solltet ihr eine Kleingruppe bilden.

5 Schreibt einen Streit zwischen Nachbarn auf. Ihr könnt wählen zwischen der Form des Streitgesprächs; einer witzigen, unterhaltsamen Geschichte; einem Zeitungsbericht oder einer szenischen Darstellung.

Aus einer Anekdote eine Zeitungsmeldung machen

Überraschendes Urteil

Sigismund von Radecki

Von dem ehemaligen New Yorker Bürgermeister La Guardia erzählt man sich folgende Geschichte: Eines Tages fungierte er, wie er zuweilen tat, als Polizeirichter. Es war ein eiskalter Wintertag. Man führte ihm einen zitternden alten Mann vor. Anklage: Entwendung eines Laibes Brot aus einer Bäckerei.

Der Angeklagte entschuldigte sich damit, dass seine Familie am Verhungern sei.

„Ich muss Sie bestrafen", erklärte La Guardia. „Das Gesetz duldet keine Ausnahme. Ich kann nichts tun, als Sie zur Zahlung von zehn Dollar verurteilen."

Dann aber griff er in die Tasche und setzte hinzu: „Well, hier sind die zehn Dollar, um Ihre Strafe zu bezahlen. – Und nun erlasse ich Ihnen die Strafe."

Hierbei warf La Guardia die Zehndollarnote in seinen grauen Filzhut.

„Und nun", setzte er mit erhobener Stimme fort, „bestrafe ich jeden Anwesenden in diesem Gerichtssaal mit einer Buße von fünfzig Cent – und zwar dafür, dass er in einer Stadt lebt, wo ein Mensch Brot stehlen muss, um essen zu können! Herr Gerichtsdiener, kassieren Sie die Geldstrafen sogleich ein und übergeben Sie sie dem Angeklagten."

Der Hut machte die Runde. Und ein noch halb ungläubiger alter Mann verließ den Saal mit siebenundvierzig Dollar fünfzig Cent in der Tasche.

NEW YORK. Gestern ist ein Mann von einem hiesigen Gericht zu einer Geldstrafe von zehn Dollar verurteilt worden ...

DÜSSELDORF. Vor einem New Yorker Gericht wurde am 18. Februar ein Mann wegen Diebstahls eines Brotes angeklagt ...

1 Häufig sind Anekdoten aus Zeitungsmeldungen entstanden. Hier sollst du einmal den umgekehrten Weg beschreiten und aus einer Anekdote wieder eine Zeitungsmeldung machen.
Darauf solltest du beim Umschreiben achten:
- Antworten auf die W-Fragen geben,
- sachlich berichten, keine eigenen Meinungen einbringen,
- eine Schlagzeile formulieren, die auf den Inhalt der Meldung gespannt macht.

Sieh dir dazu auch noch einmal die Seite 92 im Zeitungskapitel an.

2 Stellt euch eure Zeitungsmeldungen vor und probiert aus, wie ihr die Anekdote und wie die Zeitungsmeldungen vorlesen wollt.

Einen kurzen Text spielen

Der Kulak und der Knecht

Russisches Märchen

Es war einmal ein geiziger, schlauer Kulak*, der seine Knechte vom Morgen bis in die Nacht arbeiten ließ und ihnen dabei nur einmal am Tage zu essen gab.

Das ging so zu: Morgens gab der Kulak dem Knecht das Frühstück, setzte ihm aber nicht mehr vor, als auf einer Mückennase Platz hat. Das verzehrte der Knecht, ohne recht zu merken, ob er überhaupt etwas in den Magen kriegte.

„Vielleicht willst du gleichzeitig zu Mittag essen?“, fragte der Kulak daraufhin. „Dann brauchst du nichts aufs Feld mitzuschleppen.“

„Gut“, willigte der Knecht ein, „gib mir auch gleich das Mittagessen.“ Und hatte er das verzehrt, dann fragte der Kulak wieder: „Willst du vielleicht auch gleich zu Abend essen? Dann verlierst du nach Arbeitsschluss keine Zeit und kannst sofort zu Bett gehen.“

„Ja, gib mir auch das Abendessen“, sagte der hungrige Knecht, verzehrte es, arbeitete den ganzen Tag und ging dann hungrig zu Bett.

Viele Knechte arbeiteten bei dem geizigen Kulaken, aber länger als eine Woche hielt keiner dieses Leben aus.

Doch einmal fand sich einer, der den Kulaken überlistete. Er frühstückte, aß zu Mittag und zu Abend und fragte dann: „Und wo kann man bei Euch schlafen, Herr?“

„Wieso schlafen?“, fragte der Kulak erstaunt. „Und wer macht die Arbeit?“

„Bist du von Sinnen, Herr?“, versetzte der Knecht. „Wo hätte man je erlebt, dass anständige Leute nach dem Abendessen zur Arbeit gehen! Nein, nach dem Abendessen gehört man ins Bett.“ Und er streckte sich auf dem Sofa aus und schnarchte, was das Zeug hielt.

1 Sprecht über das Verhalten des Kulaken und über die Idee des listigen Knechts.

2 Lest den Text mehrmals mit verteilten Rollen vor. Ihr braucht einen Erzähler, einen ersten Knecht und den zweiten, listigen Knecht. Achtet besonders darauf, wie sich der Sprechausdruck der beiden Knechte unterscheidet.

3 Probiert jetzt das freie szenische Spiel:

- Szene 1: Der Kulak und ein Knecht sitzen sich gegenüber. Drei winzige Mahlzeiten werden gegessen.
- Szene 2: …

Um deutlich zu machen, dass der Kulak viele Knechte so behandelte, kann Szene 1 mehrmals ganz genau gleich gespielt werden, ehe Szene 2 folgt.

Versetze dich in den listigen Knecht: Er trifft seinen besten Freund und erzählt ihm, wie er den geizigen Kulaken hereingelegt hat. Schreibe auf, was er erzählt.

Eine Geschichte aus einer anderen Perspektive erzählen

1 Lies den Text zunächst genau durch.

Die Macht des Wortes

Erwin Strittmatter

Jedes Jahr setzte Großvater vorgezogene Kürbispflanzen in Kompost und zog große gelbe Kürbisse für den Winter. Der Komposthaufen war auf dem Felde. Durch die Felder schlichen zuweilen redliche Menschen, wenn man den Worten der Bibel trauen kann: Sie säten nicht und sie ernteten doch, und deshalb nächtigte Großvater, wenn die Kürbisse reiften, draußen. Er breitete seine blaue Schürze aus, legte sich hin und schlief im Raingras*, und da er beim Schlafen schnarchte, waren die Diebe gewarnt. Eine Weile ging's gut, aber Großmutter war noch eifersüchtig. Sie wollte kein Mannsbild, das nachts „umherzigeunerte". „Denk an den Winter! Denk an dein Rheuma. Ich reib dich nicht ein, wenn es dich wieder quält. Im Grase liegen – bist doch kein Rehbock!"

Großvater nahm seine Schürze und ging zur Großmutter in die Kammer, doch bevor er das Feld verließ, nahm er sein Messer und ritzte in alle Kürbishäute: „Gestohlen bei Kulka."

Die Kürbisse wuchsen. Großvaters Schrift wuchs mit. GESTOHLEN BEI KULKA. Die Diebe umschlichen den Komposthaufen und ließen die Kürbisse, wo sie waren. Großvaters Buchstaben wirkten wie Zauberrunen*.

2 Der Großvater ist offensichtlich ein kluger Mann: Welche Mittel setzt er gegen die Kürbisdiebe ein? Was hält die Großmutter davon?

3 Was ging in den Köpfen der Diebe vor, als sie den Komposthaufen mit den Kürbissen umschlichen? Schreibe ihre Gedanken zunächst in Form von Denkblasen auf.

4 Schreibe nun die Geschichte noch einmal neu, indem du sie aus der Sicht eines Diebes erzählst. Füge die zuvor notierten Gedanken ein.

Worauf du beim Schreiben aus einer anderen Perspektive achten solltest, kannst du in der Werkstatt Schreiben nachlesen (S. 170/171).

5 Du kannst auch ausprobieren, wie sich die Geschichte verändert, wenn du sie aus der Sicht der Großmutter oder des Großvaters erzählst.

6 Stellt euch eure Geschichten vor und sprecht darüber, wie sich das erzählte Geschehen verändert.

7 Denkt gemeinsam über den letzten Satz des Textes und über die Bedeutung der Überschrift nach.

Eine kurze Geschichte weiterschreiben

Herrn Morphs Wölfe

Johanna und Günter Braun

Wenn schönes Wetter war und dazu noch Sonntag, weigerte sich Herr Morph, an die frische Luft zu gehen. Es ist wegen der Menschen, sagte er zu seiner Frau, die gerne einen Spaziergang gemacht hätte.

Sie tun dir doch nichts, sagte sie.

Das ist es eben, sagte Morph, sie spazieren selbstgefällig und behäbig durch die Stadt, sie sitzen in den Lokalen vor ihren Biergläsern und verbreiten eine Atmosphäre der Sattheit, die sich durch nichts stören lässt. Ich kann diese Langeweile nicht ertragen.

Was willst du dagegen machen?, fragte Frau Morph.

Ich weiß nicht, sagte Morph, dagegen kann man nichts machen.

Als ihm eine Erbschaft zufiel, kaufte er ein Rudel Wölfe, die er in der Stadt aussetzen wollte, und ließ durch die Presse verbreiten, dass der Wolf, einst hier zu Hause und dann aus übertriebener Furcht ausgerottet, wieder heimisch werden müsse. Dazu sollte Morphs Geschenk an seine Mitbürger dienen. Insgeheim hoffte er aber, dass die Wölfe die Bürger in Trab bringen würden, und in den ersten Nächten lauschte er voller Entzücken dem Wolfsgeheul. Sehr bald …

Ich finde den Schluss des Textes passend und realistisch, weil gezeigt wird, dass man andere Menschen einfach nicht ändern kann. Man kann nur an sich selbst etwas ändern. In diesem Fall müsste es Herr Morph tun, aber er macht es nicht.

Viktoria

1 Lest den Text sorgfältig und sprecht darüber, welche Verhaltensweisen der Menschen für Herrn Morph unerträglich sind.

2 Schreibe auf, wie die Geschichte weitergehen könnte: Was stellen die Wölfe mit den Menschen an? Erreicht Herr Morph sein Ziel, seine Mitbürger „in Trab" zu bringen?

3 Stellt euch eure Textschlüsse vor und vergleicht sie anschließend mit dem Originalschluss auf S. 150.

4 Im letzten Satz der Geschichte zieht Herr Morph eine Schlussfolgerung aus dem Geschehen. Schreibe eine kurze Stellungnahme dazu auf.

Eine Parallelgeschichte schreiben

Ein Tag *Robert Gernhardt*

Wenn meine Frau und ich morgens satt und etwas schwerfällig nach Hause kommen, gilt unser erster Gang den Kinderzimmern. Paul ist meistens noch nicht da. „Das ist ein Bursche“, sage ich, „der kann es mit jedem aufnehmen. So eine Ausdauer.“ In meiner Stimme schwingt väterlicher Stolz, und meine Frau nickt.

Leise öffne ich dann die Tür von Vivians Zimmer. Sie hängt festgekrallt an ihrem Schlafbalken. Die Vorhänge sind zugezogen, und im dämmrigen Licht des Morgens erkennt man, wie schön ihr Haar ist, das schwer und glänzend fast bis auf den Boden fällt. Sie hört das Geräusch und öffnet die Augen. Sie hört jedes Geräusch.

„Bist du schon lange hier, Vivian“, frage ich.

Sie lächelt und fährt mit ihrer Zunge die Zähne entlang. Die sind weiß und spitz, es gibt keine schöneren weit und breit. „Noch nicht sehr lange, Papa.“

„Hast du etwas mitgebracht?“ Ich stelle diese Frage nur zum Schein, denn Vivian bringt immer etwas mit. Aber sie freut sich, wenn sie wie gewöhnlich antworten kann: „Es steht in der Küche.“

Um ehrlich zu sein, Paul ist nicht so pflichtbewusst. Er bringt selten etwas mit. Darüber habe ich mit meiner Frau schon oft gesprochen. Sie verteidigt ihn immer. „Er ist noch jung“, sagt sie, „er denkt nur an sich. So sind junge Menschen nun einmal.“ Insgeheim gebe ich meiner Frau recht, ich war früher auch nicht anders. Aber nach außen muss ich natürlich hart sein.

Vor Tonis Tür zögern wir beide und schauen uns an. Toni ist unser Sorgenkind, aber jedesmal hoffen wir, dass über Nacht ein Wunder geschehen ist.

„Ich habe Toni gestern Abend ein Kaninchen gebracht“, sage ich zu meiner Frau. „Vielleicht hat sie Hunger bekommen.“

Ich öffne die Tür, und wir schauen hinein. Meinem Herzen gibt es immer einen Stich, wenn ich Toni schlafen sehe. Sie hat ihre Beine angezogen und liegt zusammengekauert in der Ecke. Aber heute ist es noch schlimmer als sonst. Mit dem linken Arm umschlingt sie das Kaninchen, das uns aus großen Augen anblickt und wegzuhoppeln versucht. Davon wacht Toni auf und schaut uns etwas ängstlich ins Gesicht.

„Toni“, sage ich streng, „wie schläfst du denn schon wieder? Was meinst du, warum deine Eltern dir den schönen Balken da angebracht haben?“

„Ich habe versucht, so zu schlafen, wie ihr gesagt habt“, entgegnet Toni mit trauriger Stimme. „Ich kann es nicht. Meine Nägel sind zu schwach. Ich falle immer herunter.“

Nun mischt sich meine Frau ein: „Die Nacht ist überhaupt nicht zum Schlafen da. Was hast du seit gestern Abend gemacht? Vivian

Eine Parallelgeschichte schreiben

konnte in deinem Alter schon draußen herumfliegen. Warum weinst du?“

„Weil ich Hunger habe“, sagt Toni kläglich.

Hier werde ich wütend. „Warum habe ich dir wohl gestern Abend das Kaninchen mitgebracht? Weißt du, was du mit dem Kaninchen machen sollst?“

„Ich weiß, aber ich trau‘ mich nicht.“

„Was willst du also?“

„Am liebsten Milch.“

Daran ist meine Frau schuld. Weiß der Himmel, wie sie damals auf die Idee kam, Toni Milch zu geben, als sie kein Blut trinken wollte.

„Oh“, sage ich, „wie konntest du nur.“

Meine Frau weiß genau, was ich meine und zieht mich ängstlich aus dem Zimmer. „Wir können uns doch nicht in Gegenwart des Kindes streiten. Davon wird die Sache auch nicht besser.“ Sie hat Recht, und ich gebe mich geschlagen.

„Ich gehe jetzt schlafen, Liebling“, sagt sie lächelnd.

„Ich schaue nach Großvater“, entgegne ich. „Bis gleich.“

Jeden Morgen spielt sie diese Komödie. Denn ich weiß natürlich genau, dass sie jetzt noch schnell auf die Straße fliegt und von den Milchwagen, die klirrend die Stadt durchfahren, etwas Milch für Toni stibitzt. Gegen Mutterliebe ist kein Kraut gewachsen.

Ich sehe währenddessen in die Küche. Vivian war wieder fleißig, drei Flaschen hat sie mitgebracht. Eine nehme ich für Großvater mit.

„Komm rauf, Junge“, sagt er, als ich sein Zimmer betrete. Er öffnet die Flasche und schnuppert an ihr.

„Kuhblut“, sagt er glücklich. „Es ist noch warm.“ Großvater kommt vom Lande, von Menschen hat er nie viel gehalten, aber Tiere mag er.

„Es gibt nichts Besseres als warmes Kuhblut“, pflegt er immer zu sagen. Er sagt es auch diesmal und hält mir die Flasche hin. „Willst du einen Schluck?“

„Nein danke, ich bin satt.“

„Umso besser.“

„Hast du irgendeinen Kummer?“, fragt er mich dann teilnahmsvoll.

„Nun ja, das Übliche.“

„Toni?“

„Ja.“

„Mach dir nichts draus, Junge, so etwas kommt vor. Kinder schlagen manchmal aus der Art. Schlimmstenfalls wird sie ein Mensch.“

Eine Parallelgeschichte schreiben

So reden wir etwas, bis ich ins Nebenzimmer gehe und mich müde neben meine Frau hänge. Ich schließe die Augen und höre noch, wie Paul geräuschvoll nach Hause kommt. Er ist ein rücksichtsloser Junge, aber man kann ihm nicht böse sein. Toni wird jetzt wohl mit dem Kaninchen spielen. So ist das im Leben, wo viel Licht ist, ist auch Schatten. Aber alles in allem habe ich wohl Grund, zufrieden zu sein. Unter solchen Gedanken schlafe ich ein und wache nicht eher auf, als bis wir uns abends wieder versammeln, die Zähne nachfeilen, Erfahrungen austauschen und Scherzworte wechseln. Dann schwingen wir uns in die Luft, und unsere Wege trennen sich. Paul fliegt nach Osten, Vivian nach Westen, meine Frau nach Norden und ich in die wohlhabenden Vorstädte des Südens, wo sich die feisten Herren und ihre Ehefrauen gerade ins Bett begeben.

1 An welchen Stellen hast du gemerkt, dass in dieser Geschichte von einer Vampirfamilie die Rede ist? Notiere die Zeilen und lies die Textstellen den anderen vor.

2 Eine merkwürdige Geschichte! Sprecht über die Idee, die dem Text zugrunde liegt.

3 Obwohl in der Vampirfamilie vieles anders ist, gibt es auch viele Gemeinsamkeiten mit einer menschlichen Familie, wie ihr sie kennt. Lies den Text noch einmal und mache dir Notizen, wie die einzelnen Familienmitglieder charakterisiert werden:

Vater	– ist stolz auf Paul und Vivian – macht sich Sorgen wegen Toni, ist streng mit ihr – ist sauer, weil seine Frau nachsichtig mit Toni ist – …
Mutter	
Paul	
Vivian	
Toni	
Großvater	

4 Schreibe eine Geschichte, in der sich die Figuren so ähnlich verhalten wie in dem Text von Robert Gernhardt. Jetzt aber unter Menschen!

So könnte deine Geschichte beginnen:

Wir kommen von einer Einladung nach Hause. Es ist spät geworden. Unser erster Gang geht zu den Kinderzimmern. Ich öffne die Tür zu Pauls Zimmer und sehe hinein …

Zu einer kurzen Geschichte schreiben

Im Spiegel

Margret Steenfatt

„Du kannst nichts“, sagten sie, „du machst nichts“, „aus dir wird nichts.“ Nichts. Nichts. Nichts.

Was war das für ein NICHTS, von dem sie redeten und vor dem sie offensichtlich Angst hatten, fragte sich Achim, unter Decken und Kissen vergraben.

Mit lautem Knall schlug die Tür hinter ihnen zu.

Achim schob sich halb aus dem Bett. Fünf nach eins. Wieder mal zu spät. Er starrte gegen die Zimmerdecke. – Weiß. Nichts. Ein unbeschriebenes Blatt Papier, ein ungemaltes Bild, eine tonlose Melodie, ein ungesagtes Wort, ungelebtes Leben.

Eine halbe Körperdrehung nach rechts, ein Fingerdruck auf den Einschaltknopf seiner Anlage. Manchmal brachte Musik ihn hoch.

Er robbte zur Wand, zu dem großen Spiegel, der beim Fenster aufgestellt war, kniete sich davor und betrachtete sich: lang, knochig, graue Augen im blassen Gesicht, hellbraune Haare, glanzlos. „Dead Kennedys“ sangen: „Weil sie dich verplant haben, kannst du nichts anderes tun als aussteigen und nachdenken.“

Achim wandte sich ab, erhob sich, ging zum Fenster und schaute hinaus. Straßen, Häuser, Läden, Autos, Passanten, immer dasselbe. Zurück zum Spiegel, näher heran, so nahe, dass er glaubte, das Glas zwischen sich und seinem Spiegelbild durchdringen zu können. Er legte seine Handflächen gegen sein Gesicht im Spiegel, ließ seine Finger sanft über Wangen, Augen, Stirn und Schläfen kreisen, streichelte, fühlte nichts als Glätte und Kälte.

Ihm fiel ein, dass in dem Holzkasten, wo er seinen Kram aufbewahrte, noch Schminke herumliegen musste. Er fasste unters Bett, wühlte in den Sachen im Kasten herum und zog die Pappschachtel heraus, in der sich einige zerdrückte Tuben fanden. Von der schwarzen Farbe war noch ein Rest vorhanden. Achim baute sich vor dem Spiegel auf und malte zwei dicke Striche auf das Glas, genau dahin, wo sich seine Augenbrauen im Spiegel zeigten. Weiß besaß er reichlich. Er drückte eine Tube aus, fing die weiche ölige Masse in seinen Händen auf, verteilte sie auf dem Spiegel über Kinn, Wangen und Nase und begann sie langsam und sorgfältig zu verstreichen. Dabei durfte er sich nicht bewegen, sonst verschob sich seine Malerei. Schwarz und Weiß sehen gut aus, dachte er, fehlt noch Blau. Achim grinste seinem Bild zu, holte sich das Blau aus dem Kasten und färbte noch die Spiegelstellen über Stirn und Augenlidern.

Eine Weile verharrte er vor dem bunten Gesicht, dann rückte er ein Stück zur Seite, und wie ein Spuk tauchte sein farbloses Gesicht im Spiegel wieder auf, daneben eine aufgemalte Spiegelmaske.

Zu einer kurzen Geschichte schreiben

Er trat einen Schritt zurück, holte mit dem Arm weit aus und ließ seine Faust in die Spiegelscheibe krachen. Glasteile fielen herunter, Splitter verletzten ihn, seine Hand fing an zu bluten. Warm rann ihm das Blut über den Arm und tröpfelte zu Boden. Achim legte seinen Mund auf die Wunden und leckte das Blut ab. Dabei wurde sein Gesicht rot verschmiert.

Der Spiegel war kaputt. Achim suchte sein Zeug zusammen und kleidete sich an. Er wollte runtergehen und irgendwo seine Leute treffen.

Was ihr mit diesem Text tun könnt:

- ein Gespräch mit Achims Spiegelbild führen und aufschreiben
- den Schluss weiterschreiben
- eine eigene Spiegelgeschichte schreiben

Originaltexte, Schlüsse

Die schlechte Zensur
(S. 138)

… nahm rote Tinte und strich sich noch einige Fehler mehr an. Dann ging er zum Professor und fragte ihn, was hier falsch sei. Der Lehrer musste bestürzt zugeben, dass diese Worte richtig seien und er zu viel Fehler angestrichen habe. „Dann“, sagte Brecht, „muss ich doch eine bessere Zensur haben.“

Der Professor änderte die Zensur und Brecht wurde versetzt.

Herrn Morphs Wölfe
(S. 144)

… schon sah er die Wölfe überall herumliegen. Die Bürger umringten sie und fütterten sie mit Koteletts und blutigen Fleischstücken. Nicht lange, und die Wölfe glichen fetten Möpsen, sie lagen träge und bequem, gleich den Bürgern, die sie unablässig fütterten, in der warmen Sonne und betrachteten selbstgefällig die Welt. Sie heulten auch nicht mehr in den Nächten.

Man kann gegen satte Bürger doch nichts machen, sagte Morph und weigerte sich auch künftig, sonntags bei schönem Wetter spazieren zu gehen.

WERKSTATT THEATER

Im ersten Teil der Werkstatt Theater bekommt ihr wie gewohnt Übungen zum Einspielen und besseren Zusammenspielen (S. 152/153), zu Körperausdruck und Wahrnehmung sowie zum Improvisieren kleiner Szenen (S. 154/155). Sie dienen dazu, in Fahrt zu kommen, sich freizuspielen. So wird es euch leichter fallen, auch längere Texte szenisch zu interpretieren. Ein Inszenierungsvorschlag bezieht sich auf einen Text, der an anderer Stelle im Buch steht (S. 42: Spaghetti für zwei), zu den anderen Spielideen findet ihr die Texte in der Werkstatt Theater. Die Inszenierungsvorschläge wollen euch auch dazu anregen, Texte aus „wortstark" oder anderen Büchern im Spiel darzustellen. Geeignet sind in der Regel Texte, die viele Dialoge enthalten. Dabei gilt der Grundsatz: Nicht im Detail nachspielen, sondern Schwerpunkte setzen, um Textaussagen hervorzuheben und zu verstärken.

Sich einspielen

Begrüßungen – Begegnungen
Geht durch den Raum, ohne euch zu berühren. Wechselt dabei das Tempo: werdet langsamer, dann wieder schneller, gehetzt, schlendert gemächlich … Begrüßt euch im Vorübergehen durch Kopfnicken, Handschlag, Umarmung – auch auf ungewohnte Weise: mit den Knien, den Schultern, den Füßen …

Bildet nun Paare. Außerdem braucht ihr einen Spielleiter. Die Paare stehen sich an zwei Seiten des Raumes gegenüber, sodass die Spieler zwei Reihen bilden. Der Spielleiter sagt an, wie ihr euch begrüßen sollt. Die Paare gehen aufeinander zu, begrüßen sich nach den Vorgaben des Spielleiters und gehen aneinander vorbei auf die andere Seite. Auf eine neue Ansage des Spielleiters gehen sie wieder aufeinander zu usw.

Vorschläge für die Vorgaben des Spielleiters:
- zwei redselige Frauen, die gern klatschen und tratschen
- zwei alte Männer, die früher Kollegen waren
- zwei total zerstrittene Nachbarn, die sich am liebsten gar nicht mehr grüßen möchten
- zwei Freunde, die sich nach langer Zeit wiedersehen
- zwei Streitende, die sich versöhnen wollen
- zwei Fußballer nach einem Tor
- zwei Jogger, die sich fast umrennen
- zwei Modepüppchen, die sich ganz toll finden
- zwei korrekte Beamte mit Aktentasche, die sich auf keinen Fall verspäten wollen
- zwei ausgelassene Kinder
- zwei Eskimos, die sich zur Begrüßung die Nase reiben

… und besser zusammenspielen

Theatersport
Beim Theatersport geht es darum, schnell zu reagieren und kleine Szenen zu improvisieren.
Die Anzahl der Szenen richtet sich nach der Anzahl der Spieler.
Ein Spielleiter sagt Orte an, an denen jeweils eine kleine Handlung improvisiert werden soll.
Zwei Spieler beginnen. Sagt der Spielleiter „Stopp!“, friert die Szene ein. Zwei weitere Spieler kommen hinzu. Der Spielleiter nennt einen neuen Ort, zu viert wird die nächste Szene improvisiert.
So werden es bei jeder neuen Szene zwei Spieler mehr, bis alle mitmachen.
Dann geht es anders herum: Erst spielen alle mit, dann werden es Szene für Szene zwei weniger.

Vorschlag für die Szenenfolge:
- 2 Spieler: Bahnhof
- 4 Spieler: Urlaub am Meer
- 6 Spieler: Jugendtreff
- 8 Spieler: Hauptverkehrsstraße, Demonstration
- 10 Spieler: Kirche
- 12 Spieler: Bauchtanzgruppe
- 14 Spieler: Moschee
- 16 Spieler: Wochenmarkt
- 18 Spieler: Warteschlage im Arbeitsamt
- 20 Spieler: Diskothek
- 22 Spieler: Fußballplatz
- …
- 20 Spieler: Kino
- 18 Spieler: Fitnessstudio
- 16 Spieler: Sauna
- 14 Spieler: Chinarestaurant
- 12 Spieler: Tanzstudio
- 10 Spieler: Wartezimmer beim Tierarzt
- 8 Spieler: Klassenzimmer, Mathearbeit
- 6 Spieler: Autowerkstatt
- 4 Spieler: Küche, Familienfrühstück
- 2 Spieler: Boxring

Variation: Kettenszene
Teilt euch in zwei Gruppen auf: Spieler und Zuschauer. Später wird gewechselt.
- Spieler 1 beginnt spontan zu spielen.
- Spieler 2 unterbricht und verwickelt Spieler 1 in eine völlig andere Szene. Spieler 1 muss also in eine neue Rolle schlüpfen.
- Spieler 3 unterbricht Spieler 2 und verwickelt ihn in eine neue Szene; Spieler 1 friert ein usw. Zwei Spieler sind also immer aktiv.
- Nach und nach tritt die gesamte Gruppe in diese Kette unterschiedlicher Szenen ein und friert ein.
- Wenn der letzte Spieler an der Reihe ist, wird die Kette in umgekehrter Reihenfolge wieder aufgerollt. Die eingefrorenen Szenen, die zuvor begonnen und dann unterbrochen wurden, werden nun nacheinander zu einem Ende gebracht.

Körper- und Bewegungsübungen

Im Fluss

Stimmt euch durch eine passende Musik auf das Element Wasser ein. Ein Spielleiter leitet eine Bewegungsmeditation an: Du stehst in einem Fluss, tief im Wasser, und empfindest es als angenehm kühl und erfrischend. Du spürst die Steine im Flussbett unter deinen Füßen. – Das Wasser gleitet ruhig dahin. Du lässt dich auf die fließende Bewegung ein. Dann fließt es schneller und schneller. Plötzlich – ein unerwarteter Strudel. Er reißt dich mit, immer schneller, er reißt dich in die Tiefe. Du kämpfst dagegen an. Es wird wieder ruhiger. Du erlebst die Spannung von Sich-gleiten-Lassen und Widerstand-Setzen gegen Strömungen, in die du dich nicht begeben willst. *Variation nach Musik:* Nun bist du selbst der Fluss, der ruhig dahingleitet, plötzlich in Bewegung kommt, Strudel hat …

Die Woge

Stellt euch als Reihe in zwei Gruppen gegenüber. Stellt euch vor, dass ihr als Reihe jeweils eine Woge seid. Eine Reihe beginnt. Sie bewegt sich wie eine Woge auf die andere zu. Die andere bewegt sich dagegen. So entwickelt sich die Bewegung im Wechsel auf und ab. Die Wellen finden ihren eigenen Rhythmus, auf und ab … Spielt mit dieser Idee: Wellen kommen unerwartet mit Gewalt, flauen wieder ab. Auf diese Weise entsteht in der Bewegung eine Spannung.

Ein Fundstück im Wasser

Du hast im Wasser völlig unerwartet ein Fundstück entdeckt. Du möchtest es behalten, denn du bist ein Sammler. Transportiere diesen wassertriefenden Gegenstand weg. Stell dir dabei vor, dass du dich gegen den Widerstand des Wassers bewegst!

Hypnotisieren

Bildet Paare. Einer setzt sich auf einen Stuhl, der andere ist der „Hypnotiseur". Der „Hypnotiseur" hält dem Sitzenden eine Handinnenfläche wie einen Spiegel ganz dicht vor das Gesicht, bewegt sie sehr langsam von rechts nach links, von oben nach unten, von unten nach oben, vor und zurück, senkrecht, waagerecht oder diagonal. Der „Hypnotisierte" muss der Hand in gleich bleibendem Abstand mit dem Gesicht folgen.
Die Bewegung soll zwar langsam, aber trotzdem fließend sein. Leichter ist es nach einer Musik. Allmählich führt der „Hypnotiseur" den „Hypnotisierten" vom Stuhl weg in andere Positionen, am Boden entlang, in die Höhe, durch den Raum …
Konzentrierter wird die Übung, wenn ihr Neutralmasken aufsetzt (weiße Kunststoffmasken, neutraler Gesichtsausdruck oder lächelnd).

Szenen darstellen

Der blaue Handschuh

Ein Handschuh liegt auf der Straße, blaues Wildleder, fast neu. Ein Junge sieht den Handschuh, zögert, bleibt stehen, schaut nachdenklich hin. Da bemerkt er eine Frau, die ein Stück weiter vorn die Straße entlanggeht. Er rennt los. Außer Atem spricht er sie an:

„Haben Sie … haben Sie vielleicht …!

„Ich gebe kein Geld, bettle hier nicht herum!", fällt die Frau ihm wenig freundlich ins Wort. Mit einem bösen Blick mustert sie ihn.

Der Junge hält ihr den Handschuh trotzdem noch entgegen. Da sieht er, dass sie schwarze Wollhandschuhe anhat. Ihrer kann es also nicht sein. Er rennt weiter.

„Unverschämter Bengel!", ruft sie ihm noch nach.

Der Junge erreicht eine alte Frau und zeigt ihr das Fundstück: „Haben Sie den Handschuh verloren?

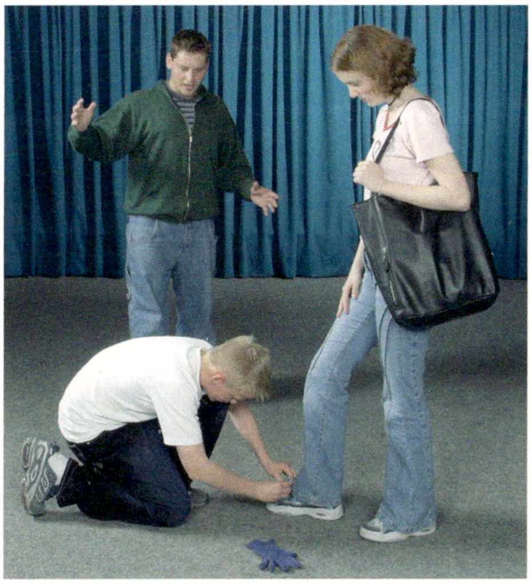

„Werd nicht frech! Was interessieren dich meine Ohren!"

Der Junge ruft lauter: „Nein, v-e-r-l-o-r-e-n – ich meine: Ist das ihr Handschuh?"

„Ach so, mein Schuh ist nicht zu. Dann erledige das doch bitte mal. Ich hab's nämlich im Rücken, kann mich nicht mehr gut bücken."

Der Junge bückt sich, macht hilfsbereit eine Schleife in den Schnürsenkel und schreit noch lauter: „G-e-h-ö-r-t d-e-r H-a-n-d-s-c-h-u-h I-h-n-e-n?"

Ein Mann, der gerade vorbeikommt, ist empört: „Was fällt dir denn ein, eine alte Frau so anzuschreien, du unerzogener Kerl! Dein Vater sollte ich sein, dann könntest du was erleben!"

Er baut sich entrüstet und mit erhobener Hand vor dem Jungen auf.

Der Junge wehrt sich ganz kleinlaut: „Ich schreie doch nur, weil sie nichts versteht. Ich will doch nur wissen, wem der Handschuh gehört. – Ist es Ihrer?"

„Noch frech werden, was! – Das ist ja die Höhe!"

Der Junge rennt, so schnell er kann.

In dieser kleinen Szene aus dem Alltag geht es um Missverständnisse.

- Ihr könnt die Szene nachspielen, verändern oder fortsetzen. Dabei darf ruhig etwas übertrieben werden.

- Auch aus anderem Anlass gibt es im Alltag Missverständnisse. Sprecht in Kleingruppen über solche Situationen und bereitet kleine Spielszenen vor.

Nach Textvorlagen spielen

Zur Vorbereitung und Einstimmung auf die Inszenierung des Textes „Platzkarten" könnt ihr folgende Vorschläge spielen:

Das ist nicht der richtige Koffer!

Versetzt euch in folgende Situation: ein Zugabteil, besetzt mit mehreren Personen. Einer schläft, einer isst ein Brötchen, ein anderer liest in der Zeitung ... Ein Reisender hebt einen Koffer aus der Gepäckablage. Der Zug hält, er steigt aus.
Auf dem Bahnsteig setzt er den Koffer noch einmal ab – hebt ihn wieder an, um weiterzugehen. Da bemerkt er: Das ist ein fremder Koffer. Der Zug fährt an. Was jetzt?

- Überlegt in Kleingruppen, wie die Handlung weitergehen könnte und bereitet die Darstellung von zwei Szenen vor: im Zugabteil, auf dem Bahnsteig.
  Plant das Spiel zunächst pantomimisch. Überlegt, ob ihr in der 2. Szene weitere Darsteller braucht und ob ihr hier Sprache einsetzen wollt.
- Spielt euch die Szenen gegenseitig vor.
- Vergleicht eure Ideen und eure Darstellungen.

Szenen im Zug – ein Mitspieltheater

Für dieses Mitspieltheater braucht ihr einige Spieler für den Beginn, Zuschauer, die später zu Mitspielern werden, und einen Spielleiter.
Die Spieler beginnen die folgende Situation zu spielen:
Voll besetztes Abteil in einem Zug. Die Reisenden sind ganz unterschiedliche Typen, z. B.:

- Ein korrekt gekleideter Mann mit Brille liest Zeitung und will nicht gestört werden.
- Ein schwerhöriger alter Mann will den Zeitungsleser in ein Gespräch verwickeln – der ist genervt und verkriecht sich immer mehr hinter seiner Zeitung.
- Eine dicke Frau fängt an, ihren Proviant auszupacken, Papiergeraschel, es riecht nach Leberwurst ... Dem Zeitungsleser reicht 's, er verlässt das Abteil.
- Ein neuer Fahrgast steigt ein: dicker Koffer ...
- ...

Die Szene verändert sich immer wieder: Fahrgäste steigen aus, andere steigen ein. Es ist offen, wer wann in die Szene geht und wer sie wann verlässt.
Die Zuschauer entscheiden, wann sie zu Spielern werden, die Spieler, wann sie wieder zu Zuschauern werden. Es geht darum, dass ihr als Spieler Ideen einbringt, dass das Spiel lebendig und überraschend ist und die Spannung aufrechterhalten bleibt.
Der Spielleiter gibt das Zeichen für das Ende des Spiels. Die Szene friert ein.

Nach Textvorlagen spielen

Lest den folgenden Text zunächst einmal durch. Ihr sollt ihn anschließend zur szenischen Interpretation vorbereiten:

Platzkarten

Inge Meidinger-Geise

Der lange Zug, der bis jetzt in der Sonne vor sich hinschwitzte, scheint anzurucken. Jedenfalls sehen wir, die wir still im Abteil auf die Abfahrt warten, uns nunmehr verstört an. Der Gang dröhnt. Das Dröhnen wirft, obwohl man noch niemanden vor der Tür bemerkt, eine kräftige, überdeutliche Stimme an die Scheiben:

„Emmi – das ist Wagen neun! Platz Nummer dreiundvierzig, fünfundvierzig, siebenundvierzig …“

Für Augenblicke ist es danach ganz ruhig. Wir sinken in uns und lauern, wir schielen am Kopf unseres Gegenübers nach den Platzschildern, niemand atmet hörbar.

„Emmi – sei still – mich interessiert jetzt nur, wo unsere Plätze – ahh!“ Es schmettert dicht bei uns, ein dicker Schatten nähert sich unserer Tür, reißt sie auf, Zugluft packt uns, es ruft: „Aha – hier! In Ordnung!“ Wir sehen einen Mann im grauen Anzug; er stellt seinen Koffer schnaufend zwischen uns. Wir ziehen die Beine ein, nicken höflich einen guten Tag und schütteln darauf sogleich die Köpfe: Hier ist kein Platz mehr frei.

„Das habe ich geahnt“, sagte der Mann schneidend leise. Über seine Schulter zirpte es: „Herbert, bitte …“

„Erster Ferientag, natürlich, proppenvoll der Zug, und jeder sitzt, wo er kann“, steigert sich das männliche Tremolo*.

„Herbert, ich meine …“

„Du meinst Überflüssiges, hier muss man wachsam sein“, gewinnt die Stimme Herberts an Wucht. Ein stechender Blick an unseren Köpfen vorbei, es wird abgezählt: „Dreiundvierzig, fünfundvierzig, siebenundvierzig …“ Unsichtbar bleibt, wer da kräht: „Auf die Plätze, fertig, los!“ Der Mann schmunzelt süßsauer, er wischt sich den Schweiß vom Nacken. „Also bitte, meine Herrschaften, das Kind wird schon ungeduldig, bitte, hier sitzen wir! Platzkarten – jawohl!“

„Zeigen Sie mal!“, sagt mein Gegenüber, der auf Platz Nummer dreiundvierzig sitzt.

„Herbert“, zirpt es, „höre doch …“

„Ich denke nicht daran“, schreit er. Der Zug ruckelt ein bisschen, draußen zeigt die Uhr zwei Minuten vor Abfahrt. Herbert mit dem großen Koffer strafft sich. „Hier sind unsere Plätze laut Karten, hier bleiben wir! Räumen Sie gefälligst den Sitz!“

Die Dame auf siebenundvierzig schluckt nervös und hält dann (es erinnert an die Preisrichter bei den Eislaufmeisterschaften) steil ein

Nach Textvorlagen spielen

papiernes Viereck hoch. „Sie irren! Ich sitze richtig! Siebenundvierzig – siebenundvierzig!" Die Dame dreht den Kopf schräg auf und nickt nach hinten, dem Nummernschildchen zu, dann senkt sie hackend die Nase auf das Papier, das sie nun in der auf dem Knie ruhenden Hand hält.

„Das ist Betrug", sagt Herbert laut und langsam, er fingert in seiner Jackentasche. Emmi tippt ihm auf die Schulter.

„Wir müssen hier raus!" Der Sohn schreit: „Wir fahren!" Und in der Tat gleitet mit dumpfem Antriebsseufzer der Zug aus dem Bahnhof.

„Dreiundvierzig, fünfundvierzig, siebenundvierzig", sagt Herbert und hält drei Platzkarten wie Skatblätter aufreizend in der Hand, mustert uns alle wie jämmerliche Falschspieler. „Ich habe Recht!"

Sie zücken, meine drei Gegenüber, ebenfalls ihre Karten und rufen mit erhobener Stimme: „Dreiundvierzig, fünfundvierzig, siebenundvierzig!"

„Ich habe Plätze gefunden!" Der Sohn kräht es ins Abteil, pufft den schwitzenden Vater, der aber beschließt: „Ich bleibe hier, wir wollen doch mal sehen ..."

„Herbert, dieser Zug fährt doch nach Norddeich!", sagt Emmi mutig. Herbert dreht sich um, dass er fast auf den Koffer zu sitzen kommt, der unsere Beine immer noch zur Unbeweglichkeit zwingt. Wir wollen nach Garmisch!", schreit Herbert. „Wir sind im falschen Zug", erklärt Emmi sanft, es geht in Herberts heulendem Zorn unter. „Da kauft man Platzkarten, da will man ruhig und bequem in die Ferien fahren – und dann stimmt nichts, der Zug nicht, die Karten nicht ..."

„Gehen Sie nun hier endlich wieder raus?", fragt die Dame von siebenundvierzig.

„Ich will den Schaffner sprechen", antwortet Herbert, bleibt samt dem Koffer in unserer Mitte, Fleisch gewordene Ferienbesessenheit. Emmi reicht ihm aus ihrem Gepäck eine Flasche. „Kalter Kaffee! Bitte!" Das bringt die Dame von siebenundvierzig zu albernem Lachen.

„Ich sitze!", kräht der Sohn von irgendwo. „Ich darf am Fenster sitzen!"

„Kind, es nützt ja nichts!", ruft Emmi.

Der hinzutretende Schaffner schüttelt den Kopf. Er sieht mit beamtischer Gründlichkeit auf Herberts Platzkarten, er betrachtet die Sitzenden, er schlägt sein dickes Fahrtenbuch auf, er atmet tief, Schweiß steht ihm auf der Stirn, er sagt väterlich: „Ich kann Sie nur bis Bremen mit-

Nach Textvorlagen spielen

nehmen, dann müssen Sie wieder raus, das ist ja ein ganz großer Irrtum!"

„So was – so was!", steigert Herbert ein letztes Mal seine Stimme. „So was erlaubt sich die Bahn!"

„Die Bahn ist nicht schuld", sagt der Schaffner.

„Bremen, das geht ja", zirpt Emmi, „da wohnt ja Mama, da können wir übernachten – und morgen steigen wir in den richtigen Zug!"

„Morgen ist nicht heute! Und Mama ist keine Erholung! Und überhaupt – in Garmisch stehen unsere Betten leer, und wir bezahlen dafür!" Herbert sieht uns richterlich an, dann zerrt er den Koffer aus dem Abteil, stößt dabei gegen das Gangfenster, schreit: „Emmi, steh mir nicht im Wege!", und entgleitet massig. Ein Seufzer trifft uns noch wie Zugwind.

Tipps für die szenische Interpretation

- Bildet Gruppen von acht Personen. Jede Gruppe bereitet den Text zur Inszenierung vor.
- Das Zugabteil könnt ihr mit Stühlen andeuten. Weitere Requisiten: eine Zeitung, Bücher, Strickzeug, Gepäckstücke, Herberts dicker Koffer. Diese Gegenstände können auch pantomimisch von den Spielern dargestellt werden.
- Vielleicht ist bei Spielbeginn das Abteil noch nicht voll besetzt. Zwei Reisende treten ein, suchen ihre Plätze, vergleichen die Platznummern mit ihren Platzkarten, wuchten die Koffer in das vorgestellte Gepäcknetz und setzen sich.
- Zur Situation kurz vor der Abfahrt des Zuges findet ihr Spielhinweise am Anfang des Textes: Herbert, Emmi und Sohn nähern sich, laute Stimmen, die Abteilungstür wird aufgerissen.
- Die Dialoge müssen nicht wörtlich übernommen werden, sollten aber sinngemäß dem Text entsprechen.
- Alle acht Reisenden müssen am Spiel beteiligt werden.
- Der Höhepunkt des Spiels ist der Ausspruch von Emmi: „Wir sind im falschen Zug!" Darauf müssen auch die acht Reisenden reagieren – und das kann sehr unterschiedlich geschehen …
- Die Gruppen spielen ihre Inszenierung vor. Danach solltet ihr darüber sprechen, was gut gelungen ist, was man verbessern könnte usw.

Nach Textvorlagen spielen

Wenn ihr **„Spaghetti für zwei"** gelesen habt (S. 42–44), könnt ihr den folgenden Inszenierungsvorschlag durchführen.

Zum Einspielen

Im Restaurant

Ein Mann betritt ein Restaurant mit einem Strauß Rosen in der Hand. Er wirkt gehetzt. Dieser Mann heißt Said, er ist Araber. Abends muss er in Kneipen und Gaststätten Blumen verkaufen, um sein Studium zu finanzieren. Die Gäste im Restaurant, die seine Situation nicht kennen, reagieren völlig unterschiedlich auf ihn. Er stößt auf Ablehnung, Unsicherheit, Unverständnis, aber auch auf Hilfsbereitschaft … Bereitet die Inszenierung in Kleingruppen vor. Erprobt das Spiel ohne und mit Sprache und vergleicht die Ausdrucksmöglichkeiten.

Spaghetti für zwei

Bereitet euer Spiel in Kleingruppen vor:

- Überlegt, was ihr bei der szenischen Darstellung dieses langen Textes weglassen und was ihr ausgestalten wollt. Am besten konzentriert ihr euch auf die Begegnung der beiden Hauptfiguren.

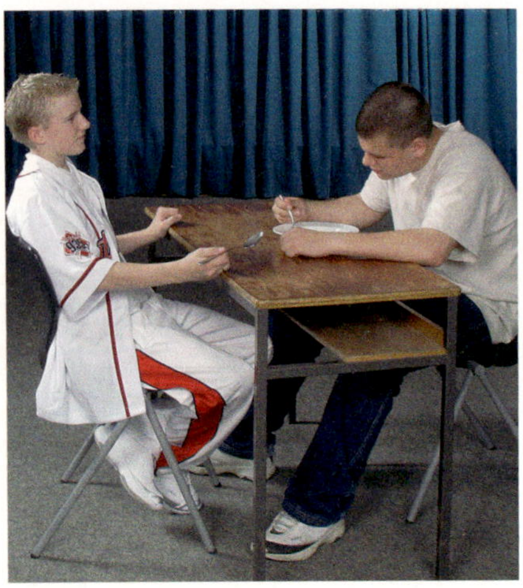

- Heinz und der Afrikaner sitzen sich gegenüber und sehen sich aufmerksam an. Was geht in ihren Gesichtern vor? Ihr findet dazu Hinweise im Text. – Untersucht den Text auf weitere Angaben, die für das Spiel interessant sind und sich darstellen lassen, z. B. „Heinz stand fassungslos da, bis ihn die Wut packte."
- Heinz gehen viele Gedanken durch den Kopf, aber er spricht sie nicht aus. Auch der Afrikaner wird sich seinen Teil denken. Probiert aus, wie ihr trotzdem zeigen könnt, was die beiden denken und fühlen. Die Gedanken der beiden lassen sich z. B. durch eine Doppelbesetzung der Rollen ausdrücken: zwei Spieler sitzen sich gegenüber, dahinter steht oder sitzt jeweils ein weiterer Spieler, der die Gedanken seines Vordermanns ausspricht, sonst aber nicht in die Handlung eingreift.
- Überlegt, an welcher Stelle ihr die Szene beenden wollt: als Heinz den Teller kalter Gemüsesuppe entdeckt – als Heinz sich entschuldigt – als der Schwarze in Gelächter ausbricht – …
- Nachdem die Gruppen ihre szenische Interpretation vorgestellt haben, solltet ihr über die einzelnen Darstellungen sprechen:
  - Wird deutlich, was in Heinz und dem Afrikaner vorgeht?
  - Haben sich die Spieler auf das Wesentliche des Textes konzentriert?
  - Sind Ausdrucksmittel wie Gestik, Mimik, Sprache, Doppelbesetzung der Rollen wirkungsvoll eingesetzt worden?
  - Ist der Schluss der Szene überzeugend?

Nach Textvorlagen spielen

1 Wie könnte diese Geschichte wohl weitergegangen sein?

Die alte Dame und die Handtasche

Dies ist keine Geschichte, das hab ich wirklich erlebt. Ich war mit einem Freund bei Cron & Lanz, der feinsten Konditorei am Platze. Da war alles sehr voll und wir mussten uns an einem Tisch hinzusetzen, wo eine ältere Dame saß, die recht wohlhabend angezogen war. Man sah an ihrer Kleidung, dass sie wohl nicht die Ärmste war. Wir haben uns dazugesetzt und Kaffee und Kuchen bestellt, und die Frau ging, bevor wir aufgegessen hatten. Als wir bezahlen wollten, hatten wir so viel auf der Liste, dass wir nachgerechnet haben, und kamen darauf, dass das nicht stimmen konnte. Die Kassiererin hat gesagt: „Ja, das hat alles seine Richtigkeit, Ihre Großmutter hat gesagt, meine Enkel bezahlen für mich." Das war etwas peinlich, wir waren sauer, die Kellnerin hat uns zwar geglaubt, dass das nicht stimmte, aber wir mussten trotzdem erst einmal bezahlen. Aber sie meinte: Die kann ja noch nicht weit weg sein, vielleicht können wir sie noch finden." So sind wir also rausgelaufen und haben uns getrennt, in die eine und in die andere Richtung sind wir hinterhergelaufen, und ich habe sie dann am Gänseliesel am Marktplatz entdeckt, weil ich die Kleidung wiedererkannt habe. Und dann bin ich hin und hab gefragt, da kam auch mein Freund schon, der sie nicht gefunden hatte am anderen Ende der Fußgängerzone, und dann haben wir sie zur Rede gestellt. Das war ihr auch furchtbar peinlich, und wir haben sie gefragt, warum sie denn nicht selbst bezahlt hätte, und da hat sie gesagt: …

2 Findet euch in Kleingruppen zusammen und bereitet die Darstellung der ganzen Geschichte in Kleingruppen vor:

- Der Ablauf der Handlung ist im Text genau wiedergegeben; einige Dialoge enthält der Textanfang auch schon.
- Wie geht die Handlung weiter? Eure Fortsetzung sollte eine Pointe enthalten, etwas Überraschendes, das die Zuschauer nicht erwarten.
- Was für einen Charakter soll die alte Dame haben? Ist sie schon ein wenig verwirrt und bringt alles durcheinander? Oder ist sie gerissen und legt die anderen herein?
- Was für ein Mensch sie ist, das wird durch ihre Stimme, Mimik und Körpersprache deutlich. Ihr dürft ruhig ein wenig übertreiben!
- Wie viele Szenen soll euer Stück haben? Legt die Orte fest.
- Braucht ihr Requisiten? Beschränkt euch auf weniges.

Den Originalschluss der Geschichte findet ihr übrigens auf S. 164. Erst ganz zum Schluss solltet ihr ihn mit euren Ideen vergleichen!

3 Sprecht nach den Darstellungen der einzelnen Gruppen über deren Spiel. Die Spieler wollen eine Bestätigung für ihre Ideen und ihre Spielweise. Aber auch angemessen formulierte Kritik ist wichtig, denn das Theaterspiel soll ja immer besser werden. Haltet euch bei diesem Gespräch an die Punkte, die ihr bei der Arbeit in den Kleingruppen beachten solltet.

Nach Textvorlagen spielen

Wenn ihr euch mit dem Kapitel **„Wasser"** beschäftigt habt, habt ihr vielleicht Lust bekommen, ein Wasserstück zu spielen. Als Spielvorlage eignet sich die folgende Sage, in der es um die Wasserfee Melusine und ihre gegensätzlichen Eigenschaften geht:

- Einerseits ist sie Baumeisterin: Die Steine gehorchen ihrem Zauberstab. Schlösser, Kirchen und andere majestätische Bauten entstehen, wenn Melusine nachts Steine auftürmt, die verstreut auf den Feldern herumliegen.
- Andererseits gilt sie als Zerstörerin: Als im Hundertjährigen Krieg zwischen England und Frankreich (1337–1453) zahlreiche schöne Festungen vernichtet werden, halten die Leute dies – der Sage nach – für eine Strafe der Feen. Auch wer Melusine bei ihrer Arbeit überrascht, kommt nicht ungestraft davon. Melusine kündigt außerdem den nahenden Tod an. Sie nimmt dann das Aussehen einer alten Frau an oder zeigt sich in Schlangengestalt.

Die Verkleidungen der Melusine

Die alten Leute des Landes Aunis erzählten, dass in einer Unwetternacht eine arme alte Frau, vor Müdigkeit erschöpft, an das Tor des Herrensitzes von Châtelaillon klopfte und um Gastfreundschaft bat. Trotz der fortgeschrittenen Stunde und ohne auf die Gefahren Rücksicht zu nehmen, in welche die Wanderin hineingeraten konnte, weigerte sich der Junker, ihr zu öffnen. Das kam ihn teuer zu stehen, denn jene, die um eine so geringe Gefälligkeit gebeten hatte, war niemand anderes als die mächtige Melusine. Erzürnt über ihre Abweisung, richtet sie sich gegenüber der Festung zu voller Größe auf und stößt ihre Verwünschungen aus. Nachdem sie dann einige Steine aus der Felsenklippe gerissen hat, beschwört sie das Meer, ihr Werk fortzusetzen und jenen stolzen Burgfried bis in seine Grundmauern zu zerstören. Von diesem Tag an ist Melusine oft zurückgekehrt, um ihre Kräfte mit denen des Ozeans zu verbinden …

Nach Textvorlagen spielen

Körperschattenspiel

Dieser Text eignet sich sehr gut für ein Körperschattenspiel:

- Gliedert das Geschehen zunächst in Bilder vor der Schattenwand, die ihr dann als Szenen ausgestaltet:
  - Eine erschöpfte alte Frau bittet um Einlass.
  - Sie verwandelt sich zur mächtigen Melusine.
  - Melusine reißt Steine aus der Felsklippe.
  - Sie verbündet sich mit dem Meer, das die Zerstörung vollendet.

- Spielt die vier Szenen als Erzählpantomime: Ein Erzähler oder eine Erzählerin liest den Text mit Pausen an den betreffenden Stellen, die anderen stellen das Geschehen vor der Schattenwand dar. Noch dramatischer wird es, wenn ihr passende Musik einsetzt.

- Wenn ihr wollt, könnt ihr die Melusinengeschichte fortsetzen und zu weiteren Spielszenen ausgestalten, z.B. so:
  - Ein gewaltiges Unwetter kommt auf. Die Menschen fürchten sich und geben die Nachricht weiter: Das kann nur die Melusine sein.
  - Melusine erscheint in einem langen, weiten Gewand. Sie hält darin etwas verborgen. Aus den Falten des Gewandes gleiten Steinbrocken, Trümmer von eingestürztem Mauerwerk.
  - Melusine errichtet Stein für Stein ein wundervolles Schloss.
  - In diesem Schloss beginnt eine märchenhafte Geschichte …

  Auch dieses Schattenspiel wird sehr viel lebendiger mit Musik.

Für das Körperschattenspiel braucht ihr eine durchscheinende Leinwand oder Folie, die ihr von Wand zu Wand befestigt. Die Leinwand wird mit dem Tageslichtprojektor beleuchtet. Auf den Projektor legt ihr Farbfolien oder bemalte Folien (als Hintergrund), Schablonen oder Materialien, die dann auf der Leinwand vergrößert erscheinen. Die Spieler bewegen sich zwischen Projektor und Leinwand.

Nach Textvorlagen spielen

Ein paar Tipps für die Umsetzung eurer Ideen:

- Das Tor des Herrenhauses schneidet ihr als schwarze Kulisse am besten aus Tonpapier aus. Auf den Tageslichtprojektor gelegt, ergibt das scharfe schwarze Konturen auf der Leinwand.
- Die Melusine richtet sich zu voller Größe auf: Eine Person spielt dicht an der Leinwand, sie entfernt sich in Richtung Projektor und wird immer größer.
- Die Kräfte des Ozeans lassen sich darstellen, indem ihr eine mit Transparentfarben bemalte Folie auf den Projektor legt.
  Stärkere Bewegung entsteht, wenn ihr einen mit Wasser gefüllten flachen Glasbehälter auf den Tageslichtprojektor stellt. Lasst blaue Tinte in das Wasser laufen und pustet durch Strohhalme in das Wasser. Mit einigen Tropfen Öl oder Spülmittel kommt noch mehr Bewegung in das Ganze.
  Der Eindruck von Seegang entsteht auch, wenn ihr zwei mit blauen Wellen bemalte Folien übereinander legt und sie leicht und gleichmäßig gegeneinander bewegt. Dabei könnt ihr die Wasserhöhe beliebig verändern: die Flut kann steigen, das Wasser kann zurückgehen – ganz, wie ihr wollt.
- Das Herrenhaus, das am Ende zerstört wird bzw. in den Fluten versinkt, oder auch das Schloss, in dem eine weitere Melusinengeschichte spielen könnte, malt ihr am besten auch auf Folie auf.

Der Schluss der Geschichte „Die alte Dame und die Handtasche“ (S. 161):

... Naja, es sei ihr peinlich, sie hätte ihr Geld zu Hause vergessen! Dann haben wir gesagt: Gut, dann gehen wir mit ihr nach Hause und sie gibt uns dann das Geld. Da hat sie gesagt: Nein, wenn die Leute das sehen, da würde man gucken, wenn sie mit jungen Leuten käme, das wäre alles sehr verdächtig. Da haben wir uns darauf geeinigt, dass sie ihre Handtasche dalässt. Die Handtasche war schon teurer als die sieben oder acht Mark Differenz, die wir bei Cron & Lanz bezahlt hatten. Also haben wir uns da hingesetzt und gewartet, und sie kam dann nach einer halben Stunde mit einem Polizisten. Und der Polizist hat uns gefragt, warum wir der alten Dame die Handtasche geklaut hätten. Das war schnell aufgeklärt, weil der Polizist nicht dumm war und uns gleich geglaubt hat, als wir den Sachverhalt erklärten. Der Polizist wollte mit der Frau zur Wache und wollte ihre Personalien feststellen, falls sie uns das Geld nun nicht bald gäbe. Nein, sie wollte nicht mit zur Wache, sie wollte nicht die Personalien zeigen. Da hat der Polizist sie gefragt, ob sie denn die Papiere in der Handtasche hätte. Da hat sie ihre Handtasche so an sich gezogen, und dann standen da ja auch schon viele Leute herum. Die Neugierde ist dann schnell ganz groß – zwei junge Leute, ein Polizist, eine alte Dame, die die Handtasche an sich presst. Die Frau hat dann die Handtasche so halb wiederstrebend gegeben und der Polizist hat sie aufgemacht. Und was da drin war, das war schon ziemlich erschütternd: Ich führe das auf Senilität* zurück. Jedenfalls waren da Knochen drin, Knochen von einem Tier, von dem Bären, den ich euch aufgebunden habe.

WERKSTATT Schreiben

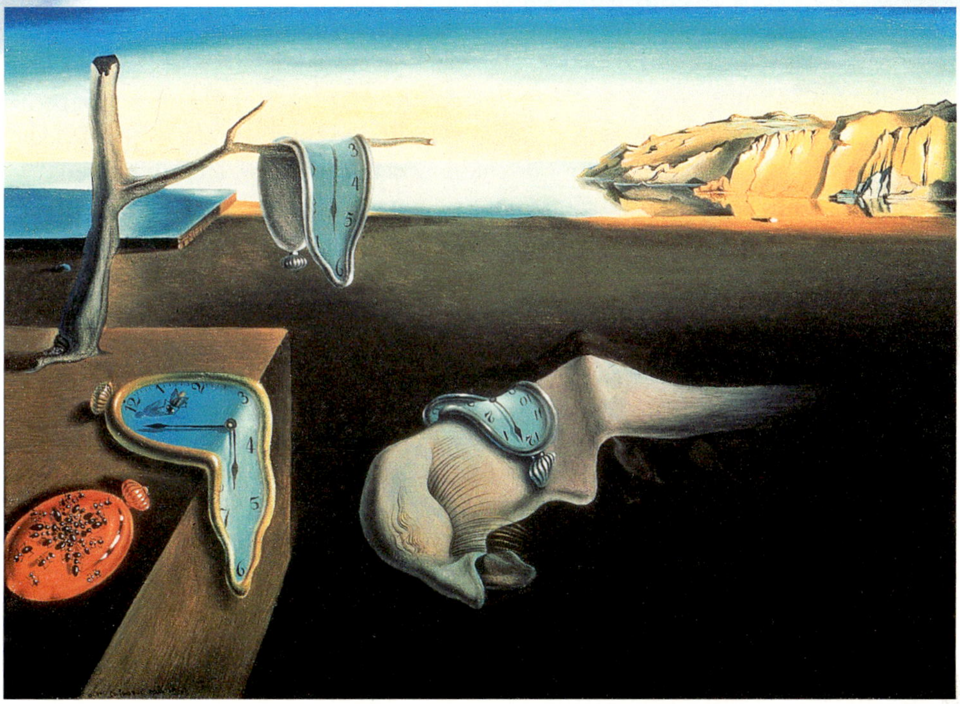

Die Abbildung zeigt ein Gemälde des spanischen Malers **Salvador Dalí** (1904–1989). Dalí gehörte zu den Künstlern des „Surrealismus". Diese wollten nicht die sichtbare Welt abbilden, sondern interessierten sich für die Welt des Traumes und der Gefühle. In vielen Bildern Dalís vermischen sich fotografisch genau gemalte vertraute Gegenstände oder Lebewesen mit ungewöhnlichen Dingen. So kommt es zu Kombinationen, die für den Betrachter zwar rätselhaft bleiben, aber doch Erinnerungen an Träume oder Gefühle hervorrufen. Dalí nannte das Bild „Die Beständigkeit der Erinnerung". Es ist aber auch bekannt unter dem Titel „Zerrinnende Zeit".

1 Gehe in Gedanken in das Bild hinein: Du bist der einzige Mensch in dieser Landschaft …

- Wo stehst du? Was siehst du von deinem Standort aus? Bewegt sich etwas?
- Wie groß bist du, etwa im Vergleich zu den Uhren oder dem toten Baum?
- Wie ist die Temperatur? Ist es eher kalt oder heiß?
- Wie fühlst du dich? Bist du neugierig, ruhig und entspannt oder eher unsicher und ängstlich?

2 Sprecht über Eindrücke und Gefühle, die durch das Bild hervorgerufen werden.

Zu einem Bild schreiben

In der geheimnisvollen Landschaft auf dem Bild (S. 165) scheint die Zeit stehen geblieben zu sein. Andererseits kann man sich vorstellen, dass sich doch etwas bewegt. Die folgenden Anregungen helfen dir, kleine Texte oder Fantasiegeschichten zu dem Bild vorzubereiten:

- Beantworte in Stichpunkten oder Sätzen die folgenden Fragen, die Schülerinnen und Schüler zu dem Bild gestellt haben. Du kannst auch zu eigenen Gedanken und Einfällen Fragen formulieren:
  - Wo sind denn die Menschen geblieben?
  - Wächst der Baum noch?
  - Was liegt da vorne?
  - Warum ist es auf allen Uhren sechs Uhr?
  - Warum scheinen die drei Uhren weich zu sein, die umgedrehte Taschenuhr aber nicht?
  - Was soll das Ei im Hintergrund vor der Felswand?
  - Wieso halten sich die Ameisen und die Fliege gerade dort auf?
  - …

- Das Bild ist voller Gegensätze. Ergänze die Gegensatzpaare:
  - Zeit ist stehen geblieben – Uhren zerfließen
  - Hartes – Weiches
  - wirkliche Landschaft – unwirkliche Gegenstände
  - hell/Licht – …
  - realistisch gemalt - …
  - …

  Suche ein Gegensatzpaar aus und schreibe auf, was dir dazu durch den Kopf geht.

- Die folgenden Wörter und Gedanken haben etwas mit „Zeit" zu tun. Ergänze die Wortreihen.
  - Hektik: *Stress, Eile, hastig, Bewegung, zu viel auf einmal, Menschenmenge* …
  - Ruhe: *Entspannung, keine Geräusche, Langeweile* …
  - Zeit: *vergeht, keine Zeit haben, Zeitungsberichte, Zeitreise, Vergangenheit – Gegenwart – Zukunft* …

  Suche dir einige Wörter und Gedanken aus und lasse sie in „Gedankensätzen" vorkommen, die zu dem Bild passen. Daraus kann auch eine kleine Geschichte werden.

- Ergänze weitere Zeit-Redensarten und -Sprichwörter. Wähle dann eine Redensart oder ein Sprichwort aus und schreibe die Bedeutung auf oder denke dir eine kleine Geschichte dazu aus. Dabei musst du durchaus nicht mit der Aussage der Redensarten und Sprichwörter einverstanden sein. Vielleicht siehst du das ja ganz anders.

Zeit ist Geld.
Die Zeit scheint still zu stehen.
Zeit heilt alle Wunden.
Kommt Zeit, kommt Rat.
Die Zeit vergeht wie im Fluge.
…

Gemeinsam Kriminalgeschichten schreiben

Fortsetzungsgeschichten

Ihr könnt gemeinsam Kriminalgeschichten schreiben. Die Regeln dazu sind ganz einfach:

- Bildet an euren Tischen Vierergruppen.
- Jeder schreibt einige typische Sätze auf, mit denen eine Kriminalgeschichte anfangen könnte, zum Beispiel:

Totenstill war es an diesem Abend. Undurchdringlicher Nebel verschluckte alle Geräusche. Rex knurrte beunruhigt die Mauer an ...

Kommissar Kuwalek ahnte, dass dieser Fall nicht leicht zu lösen sein würde. Ein toter Hamster war der einzige Hinweis darauf, dass bei diesem Überfall mit Gas gearbeitet worden war ...

Rektorin Pöpping musste herausbekommen, wer die frisch gestrichene Schulfassade und die Toilettentüren mit Graffitis besprüht hatte. Plötzlich kam ihr eine Idee ...

Bis jetzt war er total cool geblieben. Aber als es jetzt darum ging, die gestohlene Geldbörse wieder in den Umkleideraum zu schaffen, brach Karlo der Schweiß aus ...

- Jede Gruppe wählt nun einen Geschichtenanfang aus. Oder die gesamte Klasse einigt sich auf einen Anfang, der dann in den Vierergruppen für eine Geschichte genutzt wird.
- Diesen Anfang schreibt jedes Gruppenmitglied oben auf sein Blatt und fügt einen passenden Satz hinzu.
- Jetzt gibt jeder sein Blatt im Uhrzeigersinn an den nächsten in der Gruppe weiter. Der liest, was dort steht, und fügt einen weiteren Satz hinzu.
- Wenn das eigene Blatt wieder angekommen ist, schreibt jeder den Schluss. Manchmal reicht ein Satz, häufiger wird man mehrere Sätze oder sogar einen längeren Abschnitt schreiben müssen.
- Nun lesen alle ihre Kriminalgeschichten in der Gruppe oder Klasse vor. Am Ende kann aus den Geschichten ein Buch mit Zeichnungen und Bildern entstehen. Anregungen dazu erhaltet ihr auf den Seiten 15/16.

Gemeinsam Kriminalgeschichten schreiben

Mit Erzählkarten

1 Um gemeinsam Kriminalgeschichten zu erzählen, könnt ihr das Schreiben auch genauer planen. Lest euch die vier Arbeitsschritte zunächst durch:

- **Schritt 1:** Bildet Tischgruppen und einigt euch zunächst auf die Handlung, mögliche Orte, Zeit und Personen. Legt dazu vier Erzählkarten an, auf denen die wichtigsten Vorüberlegungen festgehalten werden: Handlung, Orte, Zeit, Personen.
- **Schritt 2:** Jeder sieht sich die Erzählkarten genau an, wählt aus, was er brauchen kann, und schreibt dazu seine Geschichte auf. Zum Schluss findet jeder eine Überschrift, die neugierig macht und nicht zu viel verrät.
- **Schritt 3:** Wenn die Geschichten fertig sind, tauscht ihr sie untereinander aus. Jeder liest die Texte seiner Gruppe und entscheidet, welche Teile, Ideen oder Sätze er für die Überarbeitung seiner Geschichte verwenden möchte.
- **Schritt 4:** Jeder schreibt seine Geschichte neu. Natürlich kann man seine Geschichte auch sehr gut finden und nur wenig verändern.

2 Plant und schreibt jetzt eure Geschichten. Dabei könnt ihr zunächst das folgende Beispiel zu Ende führen oder sofort eine ganz neue Geschichte erfinden und schreiben.

Für ihre Geschichte hat Ricardas Gruppe die Erzählkarten so vorbereitet:

Handlung

Die Tat:
- Max ist in Geldnot. Er nimmt Hannes' Geldbörse, die ihm aus der Tasche gerutscht ist.
- Karlo bemerkt das, sagt aber nichts.

Nach der Tat / die Ermittlung:
- Hannes vermisst nach dem Sportunterricht seine Geldbörse.
- Sie kann nur von jemandem aus der Klasse aus dem Umkleideraum gestohlen worden sein.
- Ilka hat angekündigt, dass sie ihren Freundinnen in der Pause etwas am Kiosk kaufen will.
- Ilka wird verdächtigt, streitet aber alles ab.
- Frau Brand kündigt eine Untersuchung an.
- Max bekommt Bedenken und bittet Karlo um Hilfe.
- Karlo will die Geldbörse an den alten Platz zurücklegen.

Der Schluss:
a) Alles geht gut. Max ist erleichtert.
b) Karlo wird entdeckt und verdächtigt. Was macht Max?
c) ...

Gemeinsam Kriminalgeschichten schreiben

Ort(e) der Handlung

Schule, Umkleideraum der Sporthalle …

Zeit

Schulmorgen, während der ersten beiden Sportstunden …

Personen und ihre Rollen

Opfer: Hannes, seine Eltern haben nicht viel Geld. Ihm wird das Geld für den Klassenausflug gestohlen …

Täter: Max, hat Schulden bei einer Mitschülerin, nimmt die Geldbörse vom Boden des Umkleideraumes mit …

Aufklärer: Karlo, Max´ Freund, will ihm helfen
Frau Brand, Sportlehrerin, verdächtigt Ilka. …

Weitere(r) Verdächtige(r): Ilka, hat auffallend viel Geld dabei. …

So hat Ricarda ihre Geschichte begonnen:

Besonders lustvoll war die 8b an diesem Morgen nicht in die Sporthalle getrottet. Aber die Umkleide hatte sich inzwischen geleert. Nur Max fummelte noch an seinen Sportschuhen herum. Plötzlich sah er etwas Schwarzes, das unter den Sachen von Hannes auf dem Boden lag. Das war doch … klar: eine Geldbörse! Das Blut schoss Max in den Kopf. Sollte er …? Seine Hand zuckte schon vor. Das wäre die Lösung! Jenny hatte gestern noch mal sehr bestimmt das Geld gefordert, das er ihr schon länger für eine CD schuldete. Er sah sich schnell im Raum um. Niemand da, der ihn beobachten könnte. Fast automatisch griff er nach der Geldbörse, rollte sie in sein Handtuch und legte es in seine Sporttasche. Max versuchte, ganz ruhig zu wirken, als er möglichst unauffällig den anderen in die Halle folgte …

Dies ist ein Teil von Timos Geschichte:

… Karlo hatte verstanden, was Max ihm zuflüsterte. Karlo sah sich um und ging in den Umkleideraum. Er nahm das Handtuch aus Max' Tasche, rollte die Geldbörse heraus und steckte sie schnell in Hannes' Jackentasche. So schnell und so unauffällig wie möglich ging er wieder in die Halle zurück. Max sah ihn fragend an. Da nickte Karlo ihm zu. Max lächelte erleichtert …

Timo möchte von Ricardas Geschichte etwas für seinen Text verwenden. Ihm gefallen die Vorausdeutungen und die Gedanken und Gefühle von Max. Er hat diese Stellen in Ricardas Text unterstrichen.

3 Überarbeite Timos Text und ergänze ihn mit den Angaben der Erzählkarten. Es gibt verschiedene Möglichkeiten, wie die Geschichte enden kann.

4 Stellt eure Ergebnisse in der Gruppe vor und bearbeitet sie nach den Schritten 3 und 4.

Aus anderer Perspektive erzählen

Wenn du diese Einheit bearbeitest, musst du die Geschichte **„Spaghetti für zwei"** auf Seite 42–44 gelesen haben. Erst wenn du sie gut kennst, kannst du sie aus einer anderen Perspektive neu erzählen, etwas weglassen, hinzufügen oder einen anderen Schluss finden.

1 Erzähle die Geschichte aus der Sicht des Schwarzen neu:
- Mach dir zunächst klar, worum es in der Geschichte geht, indem du die Einzelheiten von Stichwortzettel 1 in die richtige Reihenfolge bringst.
- Mach dir dann klar, was der Schwarze als Ich-Erzähler weiß und was nicht, indem du den Stichwortzettel 2 ergänzt.
- Schreibe deine Geschichte. So kannst du beginnen:

Wenn wir in der Möbelfabrik Mittagspause haben, gehe ich immer in mein Stammlokal um die Ecke. Da gibt es reichliche Portionen für wenig Geld. Gestern ist mir da etwas vollkommen Irres passiert. Ich hatte gerade …

Stichwortzettel 1

Darum geht es in der Originalgeschichte:
Heinz verdächtigte im Restaurant einen Schwarzen, dass dieser ihm seine Suppe wegessen wollte. Später stellte sich das als Irrtum heraus.

Wichtige Einzelheiten:
- Heinz holte sich Gemüsesuppe.
- Beide mussten lachen.
- Heinz hatte den Löffel vergessen und holte ihn.
- Heinz ging ins Restaurant zum Essen.
- Heinz setzte sich zu dem Schwarzen und aß mit ihm aus einem Teller.
- Heinz stellte Suppe auf einen Tisch.
- Keiner sagte etwas.
- Ein Schwarzer am Tisch aß Gemüsesuppe.
- Heinz war verwirrt und wütend.
- Beide verabredeten sich für den nächsten Mittag.
- Heinz entdeckte seine Gemüsesuppe auf dem Nachbartisch.
- Beide aßen Spaghetti vom selben Teller.
- Der Schwarze holte Spaghetti und zwei Gabeln.

Stichwortzettel 2

Darum geht es jetzt:
Der Schwarze, jetzt Ich-Erzähler, bemerkte Heinz' Irrtum. Er sagte aber nichts und spielte das „Spiel" weiter.

Wichtige Einzelheiten:
- Ich-Erzähler ging essen und holte sich eine Gemüsesuppe.
- Ich-Erzähler begann zu essen.
- Ich-Erzähler sah Heinz und bemerkte Heinz' Irrtum.
- Ich-Erzähler beschloss, sich nichts anmerken zu lassen.
- Ich-Erzähler …

Aus anderer Perspektive erzählen

2 Uri hat den Text aus der Perspektive des Schwarzen weitergeschrieben. Vieles ist schon gut gelungen. Der Text wirkt aber noch lebendiger und anschaulicher, wenn die Gedanken und Gefühle des Ich-Erzählers deutlicher zum Ausdruck kommen.
An welchen Stellen kannst du die Gedanken, die auf dem blauen Zettel stehen, in den Text einfügen? Schreibe die entsprechende Ziffer in die passende Lücke zwischen den Sätzen (Folie).

1 „Was will der bloß?", dachte ich.

2 Ich beschloss, mir auf keinen Fall etwas anmerken zu lassen.

3 Wollte er mit mir Streit anfangen wegen meiner Hautfarbe?

4 Das fand ich ganz schön cool.

5 Sollte er doch als Erster reden!

■ Der Junge wirkte total unsicher. ■ Da erkannte ich den Grund für seine Unsicherheit: Sein Suppenteller stand einsam auf dem Nebentisch und er hatte wohl etwas die Orientierung verloren. ■ Ich war gespannt, wie es jetzt weitergehen würde. ■ Der Junge räusperte sich, zog den Stuhl zurück und setzte sich mir gegenüber an den Tisch. ■ Ich sah ihn kurz an, aß aber ganz ruhig meine Suppe weiter. ■ Da steckte er doch tatsächlich seinen Löffel in meine Suppe und fing an zu essen. ■ Von meinem Teller! ■ Er glaubte anscheinend, dass das seine Suppe wäre. ■ Ich sah ihn lange an, wollte aber nichts sagen. ■ Ganz ruhig aß ich meine Suppe weiter. ■

3 Schreibe nun Uris Text mit den eingefügten Sätzen neu auf.

4 Vergleicht eure Überarbeitungen. Habt ihr die Gedanken passend eingefügt? Gibt es Unterschiede? Wirkt das anders? Müsst ihr noch etwas ändern?

5 Überprüfe nun deine eigene Geschichte. Hast du genügend Gedanken und Gefühle dargestellt? Wenn du noch etwas einfügen willst, gehe so vor, wie in den Aufgaben oben. Natürlich musst du die Ergänzungen selbst formulieren.

Über Beobachtungen und Eindrücke berichten

Interview auswerten

Die Klasse 8b besuchte während ihrer Berufswahlvorbereitung einen Metall verarbeitenden Betrieb. Sie wollte herausfinden, wie sich das Unternehmen entwickelt hat und wie sich die Berufe dabei verändert haben. Dazu führte sie auch ein Interview mit dem Betriebsleiter.

1 Aus dem Interview soll ein Bericht mit interessanten Einzelheiten über den Wandel in der Firma werden. Lies das Interview. Welche Aussagen sind für dich neu oder interessant? Markiere die entsprechenden Stellen (Folie).

Aus dem Interview mit dem Betriebsleiter

Herr Nießing, welche Berufe gab es am Anfang in Ihrer Firma?
Mein Vater hat bei der Gründung seines Betriebs 1934 als Hufschmied angefangen. Etwas später kam ein Lehrling dazu, so nannte man damals die Auszubildenden.

Der Firmengründer am Amboss

Was mussten die damals machen?
Sie mussten kräftig sein und sich gut in ihrem Handwerk auskennen. Die Bauern der Umgebung ließen in der Schmiede ihre Pferde mit neuen Hufeisen beschlagen. Außerdem wurden die hölzernen Wagenräder mit erhitzten Metallbändern bespannt. Das war harte Arbeit damals.

Wann änderte sich das?
Als die Pferde mehr und mehr durch Traktoren ersetzt wurden, hat mein Vater als erster Händler für den Norden Deutschlands mit dem Verkauf und der Reparatur von Traktoren begonnen. Die Kenntnisse dafür hat er sich selbst angeeignet. Aber er brauchte auch Landmaschinenmechaniker als neue Mitarbeiter.

Landmaschinenmechaniker verstärken die Belegschaft

Wurden alle Mitarbeiter in der Firma ausgebildet?
Nein, das ging natürlich nicht. Vor allem als Anfang der Sechzigerjahre auch noch eine Serienfertigung von Landmaschinenteilen dazukam. In der Zeit gab es einen regelrechten wirtschaftlichen Boom. Man hatte mehr Arbeit als Personal. Der Chef musste damals regelrecht über Land ziehen und geeignete Mitarbeiter anwerben. Die Belegschaft wuchs schnell von 3–4 auf 20 Leute. Als später die Zeiten schwieriger wurden, konnte man ja nicht einfach alle entlassen, wir mussten uns umstellen auf das Bau- und Schlosserhandwerk.

Wir haben im Prospekt und auf den Fotos am Eingang viele Stahlschornsteine gesehen. Seit wann machen Sie die?
Als ich etwa 1978 als Maschinenbauingenieur und Schweißfachingenieur in die Firma kam, konnten wir zusätzlich eine Konstruktions-

Über Beobachtungen und Eindrücke berichten

abteilung einrichten für Planung, Fertigung, Verkauf und Montage von Stahlschornsteinen. Wir beschäftigten dann Monteure, Kaufleute, Technische Zeichner und Statiker.

Computergesteuerter Laserschneider

Was machen Sie jetzt und was planen Sie für die Zukunft?
Ich persönlich werde bald in den Ruhestand gehen. Aber wir haben vor einiger Zeit zusammen mit dem Fraunhofer Institut für Bauphysik einen neuen, schallgedämpften Schornstein für Großanlagen entwickelt. Mit unserem Spezialwissen, mit computergestützter Konstruktion und modernen Maschinen wird er bei uns gefertigt und weltweit verkauft. Ganz nach dem Motto unserer Firma: „Ein Unternehmen mit Tradition und Zukunft".

Welche Ausbildung kann man in Ihrer Firma machen?
Wir haben immer ca. neun Auszubildende als Schlosser, Landmaschinenschlosser oder Bürokaufmann. Sie bewerben sich meistens bei uns, nachdem sie hier ein Praktikum gemacht haben. Wir beschäftigen aber auch Konstrukteure und Techniker, die wir nach Bedarf über Leiharbeits-Firmen einstellen.

Stichwortzettel erstellen

2 Zur Vorbereitung des Berichts haben die Schüler die wichtigsten Informationen auf einem Stichwortzettel zusammengefasst. Sie sind aber noch nicht richtig geordnet. Schreibe die Stichpunkte in einer sinnvollen Reihenfolge auf.

- Traktorenverkauf und -reparatur
- Landmaschinenmechaniker
- Konstruktion, Verkauf und Montage von Stahlschornsteinen
- Monteure, Kaufleute, Technische Zeichner, Statiker
- Sechzigerjahre: Serienfertigung von Landmaschinenteilen
- Personalmangel, Mitarbeiter-Anwerbung, 20 Mitarbeiter
- Betriebsgründung 1934 als Hufschmiede
- Beschlagen von Pferden und Aufziehen von Metallreifen für Wagenräder
- Hufschmiedemeister und ein Auszubildender
- Betriebliche Ausbildung zum Schlosser, Landmaschinenschlosser, Bürokaufmann
- Später Auftragsmangel, Umstellung auf Bau- und Schlosserhandwerk
- Etwa 1978: Herr N. als Maschinenbauingenieur und Schweißfachingenieur in der Firma
- Neueste Entwicklung: schallgedämpfter Schornstein für Großanlagen
- Computergestützte Konstruktion und Fertigung, weltweiter Verkauf
- Bei Bedarf Konstrukteure und Techniker über Leiharbeitsfirmen
- Ruhestand für Herrn N.

Über Beobachtungen und Eindrücke berichten

Bericht schreiben

3 Mithilfe des Interviews und des Stichwortzettels ist der folgende Bericht begonnen worden. Lies den Text und streiche auf deinem Stichwortzettel alle Informationen, die bis dahin in den Bericht aufgenommen wurden.

„Tradition und Fortschritt"
Klasse 8b auf Betriebserkundung

Wie entwickelt sich ein Betrieb im Laufe der Jahre und wie verändern sich dabei die Berufe? Dazu wollten wir, die Klasse 8b, für unsere Berufserkundung einiges erfahren. Unsere ganze Klasse war von Herrn Nießing eingeladen worden. Er ist der Betriebsleiter der Firma Nießing Anlagenbau GmbH und der Sohn des Firmengründers. Außerdem ist er sozusagen Doppel-Ingenieur. „Ich kam um 1978 als Maschinenbau- und Schweißfachingenieur in den Betrieb", erklärte er uns.

Am Anfang unseres Besuches führten wir ein Interview mit ihm und er erzählte uns eine Menge über die Geschichte der Firma. Sie wurde schon im Jahr 1934 von seinem Vater gegründet. Der war aber kein Ingenieur, sondern Hufschmied. Er beschlug die Pferde für die Bauern der Umgebung. Und zwar allein mit einem „Lehrling", so nannte man damals einen Auszubildenden. „Das war eine harte Arbeit", stellte Herr Nießing fest.

Aber die Zeiten änderten sich. Immer mehr Pferde wurden durch Traktoren ersetzt. Aus dem Hufschmied wurde ein Händler und Mechaniker für Traktoren. Und der stellte Landmaschinenmechaniker als Mitarbeiter ein. Stolz erzählte Herr Nießing, dass sein Vater sich damals die notwendigen neuen Kenntnisse selbst angeeignet habe. Anfang der Sechzigerjahre gab es einen starken wirtschaftlichen Aufschwung. Die Firma begann mit der Serienfertigung von Landmaschinenteilen …

4 Eine Information vom Stichwortzettel (bis Anfang der Sechzigerjahre) hielt der Schreiber für weniger wichtig, er hat sie im Text weggelassen. Welche ist es? Unterstreiche sie auf deinem Stichwortzettel.

5 Der Schreiber hat die Stichpunkte nicht alle der Reihe nach verwendet, sondern eine Information vorgezogen, um die Einleitung lebendiger zu machen. Welche ist es? Unterstreiche sie auf deinem Zettel.

6 Der Stichwortzettel dient als „Grundgerüst" für den Bericht. Aber auch aus dem Interview selbst müssen Informationen und Aussagen ergänzt werden. Welche sind das? Notiere die entsprechenden Zeilen des Interviewtextes.

Über Beobachtungen und Eindrücke berichten

Über die indirekte Rede und die Verben im Konjunktiv kannst du dich in der Werkstatt Sprache, S. 232/233, informieren.

7 An einigen Stellen ist der Text durch Redewiedergaben lebendiger und anschaulicher gemacht worden. Zweimal durch Zitate (wörtliche Rede) und einmal durch indirekte Rede. Notiere die Ziffern der entsprechenden Zeilen.

8 Schreibe nun den Bericht zu Ende. Entscheide, welche Informationen du weglassen oder aus dem Interview ergänzen willst. Verwende wörtliche oder indirekte Redewiedergaben. Gliedere den Text in sinnvolle Abschnitte.

9 Lest euch eure Texte vor. Was ist gleich, was ist unterschiedlich?

Bericht überarbeiten

10 Der letzte Teil des Berichtes ist weniger gut gelungen. Welche Mängel fallen beim ersten Lesen auf? Sprecht darüber.

Feinarbeiten am neuen Lamellenschornstein

... In dem Prospekt und auf den Fotos am Eingang waren viele Stahlschornsteine zu sehen. Herr N. kam etwa 1978 als Maschinenbauingenieur und Schweißfachingenieur in die Firma. Sie konnten zusätzlich eine Konstruktionsabteilung einrichten. Sie war für Planung, Fertigung, Verkauf und Montage von Stahlschornsteinen. Herr Nießing plant für die Zukunft, bald in den Ruhestand zu gehen. Er will einen neuen Schornstein entwickeln. Er hat ein Firmenmotto. Er hat in der Firma neun Auszubildende. Er stellt nach Bedarf auch Konstrukteure und Techniker von Leiharbeits-Firmen an.

11 Überarbeite den Text. Beachte dazu die folgenden Tipps:

- Streiche weniger wichtige oder unpassende Informationen (Folie).
- Notiere die Zeilen, in denen eine Information unrichtig wiedergegeben ist. Vergleiche mit der entsprechenden Stelle im Interview.
- Ergänze weitere wichtige Informationen aus dem Interview.
- Füge wichtige Zitate als wörtliche oder indirekte Rede ein. Formulierungshilfen: *erklärte, fügte hinzu, meinte, erwähnte, erzählte, nannte, zählte auf ...*
- Achte darauf, die Sätze abwechslungsreich einzuleiten und zu verbinden: *aber, dann, und, danach, zurzeit, später ...*
- Gliedere den Text übersichtlich in sinnvolle Abschnitte.

12 Lest euch eure Überarbeitungen gegenseitig vor. Nehmt die Tipps und Anregungen zu Textüberarbeitungen von Seite 198 zu Hilfe.

13 In der Lokalzeitung soll ein Kurzbericht über die Betriebserkundung erscheinen. Es ist Platz für ein Foto und einen kurzen Text von etwa 60 Wörtern. Wähle ein Foto aus und schreibe den Bericht auf: *Interessiert erkundeten Achtklässler der Neumühlenschule am vergangenen Montag ...*

Den eigenen Standpunkt formulieren

1 Im folgenden Text aus einer Schülerzeitung geht es um Trends. Welche Meinung wird hier vertreten? Unterhaltet euch darüber.

Trends – Gleichmacher oder Spaßfaktor?

Immer wieder begegnet man in Fernseh-Diskussionen oder Zeitungskommentaren dieser Meinung besorgter Erwachsener: Trends würden durch Jugendzeitschriften, TV-Serien, Teenysender und Werbestrategen gemacht. Sie seien die großen Gleichmacher, die den dummen, armen Jugendlichen dieselbe Meinung und den gleichen Geschmack aufdrängten, nur um ihnen das Geld aus den Taschen zu ziehen.

Wir meinen dagegen: So dumm und angepasst sind die Jugendlichen heutzutage wohl nicht. Jeder ist doch intelligent und frei genug, selbst zu entscheiden, welcher Trend zu ihm passt und welcher nicht. Vielleicht eignet sich zum Beispiel eine neue Haarmode gerade besonders gut dazu, die eigene Persönlichkeit zu unterstreichen. Das hat doch nichts mit dummer Anpassung an eine Mode zu tun.

Andererseits sagen manche, man sei gezwungen, immer dem neusten Markenmoden-Trend hinterherzulaufen, nur weil die Meinungsführer in der Klasse sich damit ausstatten. Das finden wir aber nicht überzeugend. Wer nicht will, muss doch nicht mitmachen. So einfach ist das.

Außerdem kann es auch ein gutes Gefühl sein zu wissen, dass man passend angezogen ist, ein schönes Piercing oder Tatoo trägt und eine trendy Frisur. Dadurch kann man selbstbewusst auftreten und braucht sich nicht zu verstecken.

Um schließlich doch noch einmal auf das Argument „Geld“ zu kommen: Natürlich braucht man ein ziemlich gutes Taschengeld-Konto, wenn man „am Puls der Zeit“ bleiben will. Nur Ladenhüter sind billig. Aber rein statistisch haben die Jugendlichen heute mehr Geld zur Verfügung als je zuvor. Und wir denken, sie geben es gerne aus. Jugend will Spaß. Warum sollte man sie davon abhalten?

Einleiten/Gegenargument aufgreifen:
Häufig wird die Ansicht vertreten …
Man hört oft …
Manche sagen …
…
Eigenen Standpunkt einleiten/bekräftigen:
Ich denke (aber) …
Nach meiner Erfahrung (jedoch) …
Trotzdem bleibe ich dabei …
…
Sätze einleiten – Gedankengänge verknüpfen:
andererseits
aber
schließlich
besonders aber
am wichtigsten ist

2 Untersuche nun die Stellungnahme genauer:
- Markiere die Meinungsäußerung (den Standpunkt) der Redakteure, die Argumente und die angeführten Gegenargumente andersfarbig (Folie).
- Welchen Aufbau stellst du fest?
- Durch welche Formulierungen werden die einzelnen Abschnitte und Gedanken eingeleitet und miteinander verknüpft? Schreibe sie heraus und ergänze mit ihnen die Formulierungsbeispiele des Zettels.

3 Wie stehst du zu den Aussagen des Artikels? Welchen Argumenten kannst du zustimmen, wo bist du anderer Meinung? Schreibe die Zeilenangaben der entsprechenden Stellen in zwei verschiedene Abschnitte unter den Überschriften „Da kann ich zustimmen“ und „Das sehe ich anders“. Du kannst auch mit einem Partner darüber sprechen.

Den eigenen Standpunkt formulieren

Nele ist mit einigen Aussagen, die sie in dem Schülerzeitungs-Artikel gelesen hat, nicht einverstanden. Sie schreibt deshalb einen Leserbrief an die Redaktion:

Liebe BLICK-Redakteure,

zu eurem Artikel über „Trends" in der letzten Ausgabe habt ihr euch wohl nicht richtig informiert. Ich meine, dass es nicht stimmt, dass Jugendliche mehr Geld haben als früher. Dazu muss man nur in meiner Klasse nachfragen. Denn da haben die meisten keine reichen Eltern, von denen sie alles gekauft bekommen. Viele tragen deshalb zum Beispiel auch keine Markenklamotten und wir haben damit untereinander kein Problem. Wenn man alle Extras von seinem knappen Taschengeld bezahlen muss, überlegt man ganz besonders, ob man ein bestimmtes Teil wirklich dringend haben möchte oder nicht.

Außerdem denke ich, dass man ziemlich arm dran ist, wenn man für sein Selbstbewusstsein immer auf den neusten Trend achten muss. Denn man wird doch dadurch nicht zu etwas Besonderem. Ich werde beispielsweise für meine Mitschüler nicht zu einer besseren Klassenkameradin, weil ich eine trendy Jacke trage. Und mit meiner Freundin komme ich nicht besser aus, wenn ich eine flippige Frisur habe. Was im Kopf ist, ist wichtig, nicht was auf dem Kopf ist.

Das wollte ich euch nur mal sagen. Und ich glaube, dass auch noch andere so denken.

Nele Neumann

Das Meinungshaus

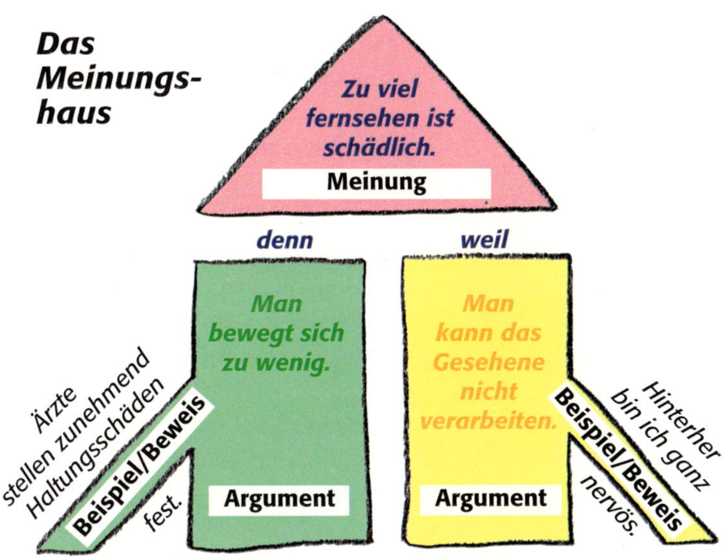

4 Untersuche, wie Nele ihren Leserbrief aufbaut. Unterstreiche Meinungen, Argumente und stützende Beispiele/Belege jeweils verschiedenfarbig (Folie). Vergleiche mit dem Meinungshaus.

5 Schreibe einen eigenen Leserbrief an die BLICK-Redaktion.
- Du kannst darin Neles Argumentation aufgreifen und weiterführen.
- Du kannst aber auch dem BLICK-Artikel zustimmen oder eine eigene, ganz andere Meinung vertreten.

Den eigenen Standpunkt formulieren

6 Stellt selbst Themen zusammen, über die es sich lohnt, schriftlich nachzudenken. Anregungen für Themen findet ihr im Buch. Es gibt natürlich noch viele andere interessante und strittige Themen, z. B.:

- Ist eine rauchfreie Schule möglich?
- Gegen Graffitisprayer muss dringend etwas unternommen werden.
- Viele sehen den Konsum von Alkohol, Tabletten und Drogen nur als eine Modeerscheinung an, irgendwie trendy.
- Werbung sollte im Fernsehen nur noch nach 22 Uhr gesendet werden, damit Jugendliche nicht zu sehr beeinflusst werden.
- Das Internet verbessert das Lernen im Unterricht. Jedem Schüler sollte deshalb in der Schule ein Computer mit Netzzugang zur Verfügung stehen.

7 Besprecht in der Klasse, ob die einzelnen Themen eurer Sammlung sich für eine schriftliche Stellungnahme eignen:

- Gibt es ausreichend Argumente?
- Ist das Thema wirklich kontrovers oder muss man sich Gegenargumente aus den Fingern saugen?
- Kann man das Thema mit dem vorhandenen Wissen behandeln oder braucht man viel Vorwissen und muss Experte sein?
- Ist das Thema schon so abgedroschen, dass das Schreiben und Lesen in gleicher Weise langweilig sein müssen?
- Werden sich interessierte Leser finden?

8 Wähle dir ein Thema aus der Sammlung aus und nimm Stellung. Bevor du mit dem Schreiben beginnst, überlege:

- Um welches Grundproblem geht es?
- Welche Gesichtspunkte (Argumente) gibt es?
- Welche möglichen Standpunkte stehen sich gegenüber? Welchen möchtest du einnehmen?
- Welche Argumente stützen deinen Standpunkt besonders?

Nutze auch die folgenden Schreibtipps:

- Bevor man mit der eigenen Stellungnahme anfängt, ist es häufig nötig, eine kurze **Einleitung** zu formulieren. Durch die Einleitung kannst du Leser für das Problem interessieren, die Fragestellung verständlich machen, zum Thema hinführen. Sie sollte aber nicht die Meinungsäußerung oder Argumente vorwegnehmen.
- Formuliere deinen Standpunkt am besten in einem Satz.
- Wähle überzeugende Argumente aus. Begründe damit deine Meinung.
- Stütze deine Argumente durch Beispiele und Belege.
- Nutze die Formulierungshilfen auf dem blauen Zettel.

Oft hört man …
In letzter Zeit war häufiger die Rede davon …
In unserer Klasse …
In Zeitungen und Fernsehen …
Wissenschaftler haben herausgefunden …
Häufig wird unter Jugendlichen darüber geredet …
Vor kurzem stand wieder einmal in der Zeitung …

Den eigenen Standpunkt formulieren

9 Besprecht eure Textentwürfe. Erstellt zuvor eine Checkliste. Berücksichtigt dabei auch die Anregungen auf der vorigen Seite und auf S. 190.

10 Sprecht zum Abschluss über eure Schreiberfahrungen. Stellt eure Texte zu einer Streitschrift über aktuelle Themen zusammen. Vielleicht gibt es auch die Möglichkeit, sie in einer Schülerzeitung oder auf der Homepage der Schule zu veröffentlichen.

11 An der Pinnwand der Klasse 8a hat Elena den folgenden Text zum Thema „Rauchen" ausgehängt. Sie benötigt noch Tipps und Hilfen für die Überarbeitung. Welche Mängel fallen beim ersten Lesen auf? Sprecht darüber.

Ich meine, es ist für einen Jugendlichen heutzutage gar nicht so einfach, nicht irgendwann zur Zigarette zu greifen und schließlich zum Raucher zu werden. Es ist doch selbst für Kinder überhaupt kein Problem an Zigaretten zu kommen. Viele haben zum Beispiel ältere Geschwister oder Freunde, die ihnen welche besorgen können. Die Eltern sind oft keine guten Vorbilder, wenn sie ständig zur Zigarette greifen. Dadurch lernen die Kinder, dass das Rauchen ganz selbstverständlich ist, und dann rauchen sie später selbst. In der Schule geht es doch auch schon los.

12 Überarbeite den Text. Beachte dazu die folgenden Tipps:
- Formuliere einen passenden Einleitungssatz. Die Beispiele auf dem Zettel (S. 178) helfen dir dabei.
- Ergänze zum ersten Argument ein weiteres Beispiel (Zigaretten-automaten).
- Verknüpfe die Argumente durch einleitende oder überleitende Formulierungen. Hilfen dazu findest du auf S. 176.
- Ergänze zum letzten Gedanken ein passendes Argument. Stütze es mit einleuchtenden Beispielen oder Beweisen.

13 Lest euch eure Überarbeitungen gegenseitig vor. Was ist gleich, was ist unterschiedlich?

14 Wie ist deine eigene Meinung zum Thema „Rauchen"? Nimm selbst Stellung.

15 Du kannst dich auch in unterschiedliche Personen hineinversetzen und Stellungnahmen zum Thema „Rauchen in der Schule" schreiben, zum Beispiel aus der Sicht der Schulleitung, der Eltern, des Hausmeisters, eines jüngeren Schülers oder eines älteren Schülers.

Inhalte zusammenfassen

In der Schule geht es häufig darum, sich gegenseitig über den Inhalt von Geschichten, Büchern oder auch Filmen zu informieren. Das kann durch eine schriftliche Zusammenfassung (Inhaltsangabe) geschehen. Sie soll den Originaltext oder den Film nicht ersetzen, sondern nur sachlich und möglichst kurz wiedergeben, worum es geht. Dabei wird auf Spannung und Ausführlichkeit verzichtet.
Eine schriftliche Zusammenfassung lässt sich meistens nicht so einfach hinschreiben. Wie du z. B. bei erzählenden Texten vorgehst, sollst du an der Anekdote „Der Geizhals" einmal Schritt für Schritt ausprobieren.

1 Zunächst musst du herausfinden, worauf es in der Geschichte ankommt. Lies dazu den Text durch, wenn nötig mehrere Male.

Der Geizhals

Jeremias Gotthelf

Ein Geizhals war schwer erkrankt, lag einsam für sich alleine, und wie er sich um niemand bekümmert hatte, so kümmerte sich auch niemand um ihn. Als der Arzt ihn eines Tages besuchte, fragte ihn der Geizhals auf sein Gewissen um seinen Zustand, ob Rettung möglich sei oder keine, und fragte, ob es noch lange gehen könne. So gefragt, rückte der Arzt offen mit der Sprache heraus und sagte ihm, dass menschlichem Ansehen nach für ihn durchaus keine Rettung sei, dass er höchstwahrscheinlich morgen um diese Zeit eine Leiche sein werde. Dieses Urteil erschreckte den Kranken durchaus nicht; gelassen sah er den Arzt von hinnen ziehen. Sobald derselbe hinaus war, kroch er mühselig aus dem Bette, kroch zu seinem Schreibtisch, nahm ein Päcklein aus demselben, welches aus Kassenscheinen im Wert von hunderttausend Talern bestand, legte dasselbe sachte aufs glimmende Kaminfeuer, setzte sich in den dabeistehenden Armstuhl und sah mit dem innigsten Behagen zu, wie es zu glimmen begann, die Funken hin und her schossen, die Flamme aufloderte und wieder zusammensank, die einzelnen Scheine sich krümmten, schwarz wurden, in Asche zerfielen oder das Kamin aufflogen, und sein Behagen stieg von Schein zu Schein, bis das Häufchen verglommen war. Dann kroch er wieder zu Bette und legte sich zum Sterben hin; jetzt hatte er sein letztes Werk vollbracht, sein Zeitliches bestellt, sein Testament gemacht, und weil er keinem Menschen etwas gönnte, so hatte er die Flammen zu seinem Haupterben gemacht.

Inhalte zusammenfassen

So lag er im Bette, ward bewusstlos, und als ihm, er wusste nicht, wie, seine Augen aufgingen, meinte er, jetzt werde er endlich sehen, wie es im Himmel sei. Aber der Himmel sah akkurat so aus wie sein altes Zimmer, und als er den genau ansah, den er anfänglich für unsern Herrgott genommen, da war es der wohl bekannte Arzt. Der hatte mit Staunen ihn betrachtet, ihm den Puls gefühlt und sagte endlich: „Herr, was bei Menschen nicht möglich war, das hat wieder Gott getan; ein wundertätiger Schlaf hat sich eingestellt, Ihr seid gerettet.“ Es war das wohltätige Gefühl, sein Werk vollbracht, alle Menschen betrogen zu haben, auch seine nächsten Verwandten, was eine wohltätige Krisis herbeigeführt hatte. Aber was er für Augen machte, als der Arzt so sprach, wie er glotzte, wie er stierte! Der Arzt meinte, der Schlaf komme wieder und werde noch länger dauern, er entschuldigte sich daher, dass er ihn geweckt, er sollte sich nur still halten, fortschlafen, er sei gerettet; und somit ging er hinaus, mit bedenklichem Gesichte, erwägend, was es eigentlich heiße, wenn ein Arzt sage, der sei gerettet und der werde sterben, ob man das je könne, je dürfe, je solle.

Am andern Morgen polterte er etwas sorglos die finstere Treppe hinauf, sah gleich nach dem Bette hin, das war leer, sah im Zimmer herum, das war leer; am Fensterhaken hing etwas, aber dort pflegten gewöhnlich die Kleider zu hängen. Doch als der Arzt den Schaden nun sah, hing am Haken der Alte selbst; der hatte seine Genesung nicht überleben wollen, der hatte es nicht übers Herz bringen können, dass er alle habe betrügen wollen, aber am Ende sich allein betrogen. Sein Leben, das nur zu seinem eigenen Betrug gedient, das warf er dem Gelde nach, um welches er andere betrogen.

2 Manche Wörter und Ausdrücke sind vielleicht nicht verständlich. Du kannst sie aus dem Zusammenhang erschließen, sonst musst du in einem Lexikon nachschlagen. Die Bedeutung oder Erklärung kannst du dir am Textrand (Folie) oder auf einem Stichwortzettel notieren.

Tipp 1

Es erleichtert oft den Überblick über den Inhalt eines Textes, wenn man ihn in Abschnitte einteilt:
- Man kann die Absätze, die der Autor gemacht hat, als Abschnitte übernehmen.
- Manchmal ist es günstiger, mehrere Absätze zu einem Abschnitt zusammenzufassen oder auch einen einzelnen Absatz noch weiter zu unterteilen.

3 In der Anekdote sind zwei Abschnitte durch Querstriche markiert. Suche drei weitere Abschnitte und markiere sie ebenfalls (Folie). Du kannst auch die Zeilen angeben.

Inhalte zusammenfassen

Tipp 2

Die schriftliche Zusammenfassung soll sich auf wichtige Informationen beschränken. Dazu musst du dir überlegen, worauf es in den einzelnen Abschnitten ankommt. Die Schlüsselstellen und -wörter stehen oft am Anfang und Ende eines Abschnittes. Du kannst solche Wörter oder Textstellen unterstreichen, mit einem Farbstift kennzeichnen oder herausschreiben. So bekommst du einen guten Überblick über den Textinhalt.

4 Im ersten Abschnitt sind wichtige Textstellen markiert. Bist du mit der Auswahl einverstanden oder möchtest du noch mehr oder andere Textstellen markieren?

5 Kennzeichne auch in den anderen Abschnitten alle Hauptpunkte, auf die es ankommt. (Folie)

Tipp 3

Oft ist es möglich, mit den markierten Textstellen den Inhalt eines Textes sofort zusammenzufassen und eine Inhaltsangabe zu schreiben. In anderen Fällen empfiehlt es sich, zunächst aus jedem Abschnitt die wichtigsten Informationen auf einem Stichwortzettel zusammenzustellen. Auf dem Stichwortzettel werden die Hauptpunkte gesammelt, die Nebenpunkte weggelassen.

Für den zweiten Abschnitt könnte ein Stichwortzettel so aussehen:

- Mann schwer krank
- will über seinen Zustand vom Arzt ehrliche Auskunft
- Arzt macht keine Hoffnung auf Rettung
- sagt Tod für nächsten Tag voraus

6 Lege nun auch zu den anderen Abschnitten Stichwortzettel an.

7 Vergleiche die Stichwortzettel mit deinem Banknachbarn.

Nach diesen Vorarbeiten geht es nun darum, mithilfe der Stichwortsätze den Inhalt der Anekdote möglichst mit eigenen Worten in einem zusammenhängenden Text aufzuschreiben. Angelika hat die ersten beiden Abschnitte der Anekdote so wiedergeben:

Ein schwer kranker Mann erhält von seinem Arzt die Antwort, dass sein Tod unmittelbar bevorstehe. Er erschrickt über diese Nachricht nicht. Nachdem der Arzt sein Haus verlassen hat, verbrennt er in seinem Kamin ein Päckchen mit Kassenscheinen im Wert von hunderttausend Talern. Das Geld will er niemandem als Erbe gönnen.

Inhalte zusammenfassen

8 Vergleiche Angelikas Zusammenfassung der ersten beiden Abschnitte mit der Anekdote:
- Welche Einzelheiten hält sie für unwichtig? Streiche dazu alle Einzelheiten in der Anekdote durch, die Angelika nicht erwähnt. (Folie)
- Angelika schreibt ihre Zusammenfassung natürlich im Präsens. An einer Stelle verwendet sie das Perfekt. Schreibe die Perfektform auf. Damit macht sie deutlich, dass die Handlung schon vor einer anderen stattgefunden hat.

9 Schreibe Angelikas Text jetzt zu Ende. Beachte dabei die Schreibtipps der Checkliste:

Checkliste: Inhalte zusammenfassen
- Auf Einzelheiten wird verzichtet.
- Schriftliche Zusammenfassungen (Inhaltsangaben) informieren im Präsens.
- Wörtliche Rede kommt nicht vor.
- Spannende Formulierungen fehlen.
- Es wird möglichst mit eigenen Worten zusammengefasst.
- Die Ich-Form einer Geschichte wird in die Er-Form umgewandelt.
- Zu Beginn werden der Autor der Geschichte, der Titel, die Art des Textes (Anekdote, Fabel, Ballade …) und das Thema (in ganz allgemeiner Form) angegeben.

10 Vergleicht eure schriftlichen Zusammenfassungen miteinander. Beachte dabei auch die Checkliste.

Zur Inhaltswiedergabe gehören einige einleitende Sätze:

Jeremias Gotthelf erzählt, wie der eigene Geiz einen Mann in den Selbstmord treibt.

In der Anekdote „Der Geizhals“ von Jeremias Gotthelf wird erzählt, wie ein Mann nicht mehr weiterleben will, als er entdeckt, dass er nicht alle anderen, sondern nur sich selbst um sein Geld betrogen hat.

11 Vergleiche die beiden Einleitungen:
- Was kommt in beiden Einleitungen vor?
- Worin unterscheiden sie sich?

12 Welchen Vorteil hat eine Einleitung? Sprecht in der Klasse darüber.

Arbeitsvorgänge aufschreiben

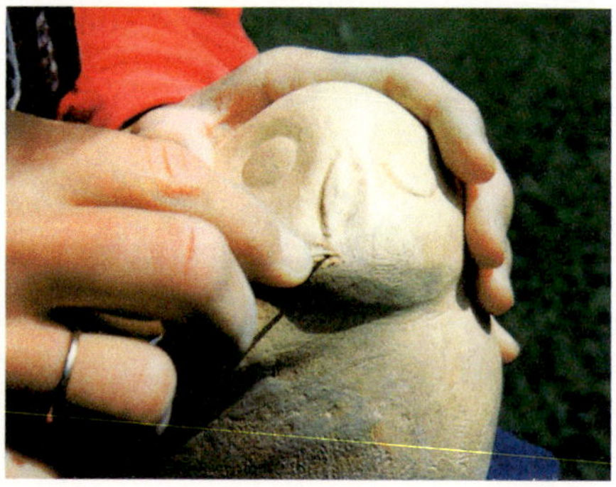

1 Im Kunstunterricht hat die 8c aus Speckstein Figuren gestaltet. Die Lehrerin hat natürlich darauf geachtet, dass asbestfreie Steine verwendet wurden. Sieh dir die Bilder genau an. Nenne die Arbeitsschritte, die du erkennst.

2 Damit du dir die einzelnen Arbeitsschritte, wie aus einem Speckstein Schritt für Schritt eine Figur wird, noch genauer vorstellen kannst, lies, was Karin über ihre Arbeit erzählt (S. 185).

3 Bevor du mit der Beschreibung beginnst, markiere im Text alle wesentlichen Arbeitsschritte und Ausdrücke (Folie). Du kannst sie dir auch stichwortartig notieren.

4 Lege jetzt eine Material- und Werkzeugliste an und beschreibe den Arbeitsvorgang ausführlich. Dabei können dir die folgenden Hinweise helfen:
- Achte auf die richtige Reihenfolge.
- Mache nach einzelnen Arbeitsschritten Absätze.
- Bei der Beschreibung stehen die Verben im Präsens. Du kannst aber zwischen verschiedenen Sprachformen wählen (blauer Zettel) oder sie kombinieren. Probiere einmal aus, welche am geeignetsten ist.
- Für die richtige Reihenfolge und für Abwechslung am Satzanfang kannst du folgende Zeitangaben verwenden: *zuerst, danach, anschließend, nun, im Anschluss daran, zum Schluss, jetzt.*

Zuerst wird der Stein von allen Seiten betrachtet …
Du betrachtest den Stein zuerst …
Den Stein betrachtet man zuerst …
Betrachte zuerst den Stein …

Arbeitsvorgänge aufschreiben

So hat Karin von ihrer Arbeit mit Speckstein erzählt:

Zunächst war es nur ein bräunlicher Klumpen, etwa 20 x 20 x 15 cm im Format und ungefähr 3 kg schwer. Ich habe diesen unförmigen Stein lange von allen Seiten angeschaut. Dann war ich mir sicher: Daraus mache ich ein Käuzchen. Mit einem dicken Filzstift habe ich die Grobform aufgezeichnet. Mit einer Grobraspel ging es nun an die Arbeit. Die Raspel musste ich dabei häufig mit einer Drahtbürste reinigen. Übrigens: Specksteinarbeit ist eine ganz schön staubige Angelegenheit. Am besten bearbeitet man den Stein draußen. Ich habe zusätzlich ein nasses Tuch unter meinen Stein gelegt. Dadurch wurde der Staub ein wenig gebunden. Bei der Grobraspel handelte es sich um eine Feileraspel, bei der eine Seite Raspel und eine Seite Feile ist. Mit dieser Raspel kann man ganz gut die groben Unebenheiten entfernen. Die gewölbten Flächen und auch die nach innen gewölbten Flächen bearbeitet und glättet man am besten mit einer Rundfeile. Störende größere Ecken habe ich einfach abgesägt. Der Stein nimmt durch das Raspeln, Sägen und Feilen schon richtig Gestalt an. Ich konnte die Form der Eule nach den ersten Grobarbeiten schon erahnen. Zwischendurch musste ich immer wieder den Staub vom Stein entfernen, damit die Struktur der Oberfläche zu sehen war. Dazu nimmt man am besten einen Pinsel. Auf die Rohform habe ich immer wieder die Figur genauer aufgezeichnet. Übrigens: Um die Form der Eule nicht zu verfehlen, habe ich mir zu Beginn der Arbeit eine kleine Eule aus Knete geformt. Das Eulenmodell habe ich mir zwischendurch immer mal wieder angeschaut. Nachdem die groben Vorarbeiten abgeschlossen waren, habe ich mich an die Feinarbeiten gemacht. Ich habe mir das Rückgrat der Eule eingezeichnet und dann den gesamten Rücken vom Kopf her einfach tiefer gelegt. Dadurch wurde gleichzeitig die Flügelform angedeutet. Bei dieser Arbeit habe ich für die feineren Arbeiten natürlich eine kleinere Feile genommen. Das gilt auch für die Arbeiten an Augen und Schnabel. Augen mit Augapfel und den Schnabel habe ich sorgfältig mit einem Bleistift eingezeichnet. Die Werkzeuge und Hilfsmittel für die Bearbeitung werden selbstverständlich während der Arbeit immer spitzer, schärfer und feiner. Die nötigen Vertiefungen an den Augen und am Schnabel habe ich mit einem Schnitzmesser hinbekommen. Das Käuzchen hatte jetzt seine Form. Es war nur noch sehr rau. Die größeren Flächen habe ich mit dem Rücken eines alten Küchenmessers vorgeglättet. Für die Feinarbeiten habe ich einen Schmirgelschwamm und auch Stahlwolle benutzt. Die Reste des Steinstaubs habe ich immer wieder weggepinselt. Abschließend habe ich mein Käuzchen mit Ölwachs eingerieben und mit einem weichen Tuch auf Glanz gebracht. Das Käuzchen steht jetzt vor mir auf dem Schreibtisch.

Arbeitsvorgänge aufschreiben

5 Lest eure Anleitungen anschließend vor. Darüber könnt ihr sprechen:
- Alle Arbeitsschritte mit praktischen Tipps?
- Sinnvolle Reihenfolge?
- Vollständige Material- und Werkzeugliste?
- Verständliche Ausdrücke und Formulierungen?
- Präsens als Zeitform?
- Abwechslung am Satzanfang und in der Sprachform?
- Übersicht durch Absätze?

Weitere Schreibanregungen

- Beschreibe, wie man einen Computer, einen Geldautomaten, ein Videogerät, einen CD-Player oder … bedient.

- Besorge dir Bedienungs- oder Bastelanleitungen. Sie sind häufig nur schwer verständlich. Schreibe sie so um, dass man die Arbeiten ohne Schwierigkeit durchführen kann. Schwierige Arbeitsschritte kannst du durch Zeichnungen oder Bilder am Rand neben der Anleitung zusätzlich verdeutlichen.

- Schreibe zu einem Gerät unterschiedliche Beschreibungen, z. B. für jemanden, der ein gebrauchtes Gerät kaufen möchte (Wandzettel, Zeitungsanzeige). Die Aufgabe fällt dir leichter, wenn du eine ausführliche Bedienungsanleitung mit Gerätebeschreibung hinzunimmst.
  Bevor du mit dem Schreiben beginnst, musst du gut überlegen, welche Informationen nötig sind, wie lang der Text sein soll und welche Wortwahl sinnvoll ist, damit du als Schreiberin oder Schreiber deine Absicht durchsetzen kannst.

- Beschreibe den Bau und die Funktion einer Fantasiemaschine, die du natürlich noch erfinden musst. Hier siehst du zwei Ideen.

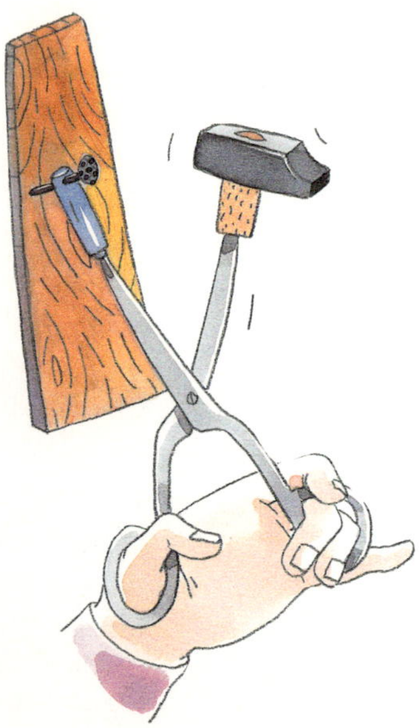

Lest eurem Banknachbarn den Text anschließend vor und überprüft seine Wirkung:
- *Wird der Adressat ausreichend informiert?*
- *Kann noch mehr weggelassen werden oder fehlt Wichtiges?*

Texte in einer Schreibkonferenz vorstellen

Um ihre Texte zu besprechen und zu überarbeiten, treffen sich die Schülerinnen und Schüler der Klasse 8a immer wieder einmal in **Schreibkonferenzen,** wie ihr sie bereits kennen gelernt habt. Manchmal machen sie es auch so:

Jeder, der will, hängt seinen Text an einer Pinnwand aus und bittet seine Mitschülerinnen, Mitschüler und natürlich seine Lehrerinnen und Lehrer, Tipps und Kommentare zu seinem Text aufzuschreiben.
Diesmal hat Andy seine Beschreibung zur Bearbeitung des Specksteins ausgehängt. Zur Überarbeitung hat er einige Tipps bekommen:

Bitte nur ernst gemeinte Tipps für die Überarbeitung anheften! Danke!

Etwas aus Stein herstellen
Für die Bearbeitung des Specksteins besorge dir Raspeln, Feilen, Schmirgelpapier und natürlich einen Speckstein. Entscheide, was aus dem Speckstein werden soll. Nimm dir dazu viel Zeit. Am besten malst du mit einem Filzstift die Figur auf den Stein. Zunächst bearbeite den Stein mit einer Raspel und gröberen Feilen. Größere Ecken und Kanten kannst du auch mit einer Säge entfernen. Für die feineren Arbeiten nimmst du kleinere Feilen oder auch Schnitzmesser. Zum Schluss vergiss nicht, den Stein mit Ölwachs einzureiben und mit einem weichen Tuch zu polieren.

Als Specksteinexperte konnte ich alles gut verstehen. Die Überschrift ist unpassend.
Mein Tipp: Das Material (Speckstein) sollte genannt werden.
Kevin

Alles geht ineinander über. Unsere Tipps:
- Zwischen Überschrift und Materialliste Platz lassen.
- Ebenfalls wenigstens eine freie Zeile zwischen Materialliste und Beschreibung der Arbeitsschritte lassen.

Tobias und Julia

Was du geschrieben hast, kann man gut verstehen. Du beschreibst aber nur die groben Arbeitsschritte.
Mein Tipp:
- Die Feinarbeiten genauer beschreiben.

Sigi

Wer noch nie mit Speckstein gearbeitet hat, dem fehlen genauere Hinweise.
Mein Tipp:
– Praktische Tipps einfügen, so wie sie in Karins Text zu finden sind.

Beate

Texte in einer Schreibkonferenz vorstellen

1 Lies Andys Beschreibung (S. 187) und die Vorschläge zur Überarbeitung. Überlege, ob du sie noch ergänzen oder die Tipps zur Überarbeitung noch genauer formulieren willst. Schreibe alles auf, was du ändern würdest.
Hilfen:
- die Bilder auf Seite 184
- Karins Text Seite 185
- Checkliste Seite 186, Aufgabe 5

2 Vergleiche deine Bearbeitungsvorschläge zu Andys Beschreibung mit denen deiner Mitschülerinnen und Mitschüler.

3 Überarbeite nun Andys Beschreibung. Lege fest,
- welche Tipps du für die Überarbeitung berücksichtigen willst.
- ob du einzelne Überarbeitungsvorschläge zusammenfassen und in einem Arbeitsdurchgang erledigen kannst.
- in welcher Reihenfolge du die einzelnen Vorschläge bearbeitest.

4 Vergleicht eure Überarbeitungen in der Klasse miteinander.

So könnt ihr arbeiten

Probiert einmal in einer kleineren Gruppe oder mit der ganzen Klasse die Methode der 8a aus. Dabei geht am besten so vor:

- Kopiert den Text eines Mitschülers oder einer Mitschülerin, den ihr gemeinsam besprechen und kommentieren wollt. Hängt ihn in der Klasse aus.
- Jeder, der will, notiert auf „Tippzettel“, was ihm gefällt und wie er es berichtigen würde. Die Zettel werden zu der Beschreibung geheftet.
- Wenn euch nichts mehr einfällt, werden die einzelnen Vorschläge in der Klasse besprochen.
- Der Text wird vom „Autor“ des Textes überarbeitet. Der Autor entscheidet und teilt mit, welche Anregungen zur Überarbeitung er aufgreifen möchte.

Texte überarbeiten

Peter hat eine Zusammenfassung zu dem Text „Schülerjobs" auf S. 252 geschrieben. Seine Lehrerin hat sie mit Korrekturzeichen und Anmerkungen versehen und Peter zur Überarbeitung zurückgegeben.

Zunächst muss man sich entscheiden, ob man sich rechtzeitig um einen gut bezahlten Ferienjob bemühen oder ob man sich regelmäßig etwas dazuverdienen will.
Wichtig ist nur, dass die Arbeit wirklich als „Nebenjob" erledigt werden kann und nicht zu viel Freizeit und Schularbeitszeit in Anspruch nimmt. Man kann bei der Auswahl der Jobs zwar nicht allzu wählerisch sein, aber man sollte darauf achten, dass man angemessen bezahlt wird. ⌈
⌊Wenn du nicht 18 bist, stehst du ohne die Erlaubnis der Eltern im Regen. Du musst dir deshalb gut überlegen, wie du sie überzeugen kannst. Die Eltern haben nämlich Angst, dass die Schule unter dem Job leidet und dass du kaum noch zu Hause bist.⌋1

Zunächst kann man versuchen, über Anzeigen in Zeitungen oder Pinnwände von Supermärkten einen Job zu finden. Wer mutig ist und etwas Zeit aufwendet, hat aber oft mehr Erfolg, wenn er ⌈nachfragt.⌊Beschränkt man die Jobsuche auf die unmittelbare Nachbarschaft der Wohnung, hat das mehr Nachteile als Vorteile.⌋2

Die Einleitung und der Anfang deiner Zusammenfassung sind dir besonders gelungen. Ich finde es prima, dass du Absätze machst. Einzelne Teile deiner Zusammenfassung kannst du durch Überarbeitung noch verbessern. Tipps findest du am Rand.

Buschmann

Randnotizen:

⌈ Ergänze hier einen wichtigen Gesichtspunkt.

⌊ ⌋1 Zu wörtlich übernommen:
1. mit eigenen Worten zusammenfassen!
2. Das „du" vermeiden!

⌈ Wo soll er nachfragen? Ergänze!

⌊ ⌋2: Die Wiedergabe ist falsch: Neu formulieren!

1 Was meinst du zum Kommentar und zu den Randnotizen?

2 Überarbeite Peters Text. Dazu musst du
- den Originaltext auf S. 252 genau lesen,
- den Inhalt Schritt für Schritt mit Peters Text vergleichen,
- die markierten und fehlerhaften Stellen in Peters Text berichtigen.

3 Schreibe den Text in überarbeiteter Fassung vollständig auf.

4 Vergleicht eure Ergebnisse miteinander.

Texte überarbeiten

Tipps und Anregungen Wenn du einen Text für andere Leserinnen und Leser schreibst, musst du ihn häufig so überarbeiten, dass er leserfreundlicher wird.

Einige Tipps, die das Überarbeiten erleichtern:

1. *Den Text, bevor man ihn überarbeitet, wenn möglich einen oder mehrere Tage zur Seite legen. Man kann ihn dann mit fremden Augen lesen und entdeckt Schwächen und Fehler, die man sonst leicht übersehen würde.*
2. *Wenn man mit dem Computer schreibt, kann man das Schriftbild verändern und so erreichen, dass man den Text mit „fremden Augen lesen" kann. Außerdem ist die Korrektur leichter.*
3. *Das Papier so aufteilen, dass Platz für Veränderungen bleibt: breite Ränder und/oder Leerzeilen lassen.*
4. *Den Text gemeinsam in Partnerarbeit oder Kleingruppen überarbeiten.*

Korrekturzeichen, *mit denen du auf Schwächen und Veränderungen im Text hinweisen kannst:*

 *= streichen*

 *= anders ausdrücken*

 *= einfügen*

 *= ersetzen*

Fragen, die du an deinen Text stellen solltest:

1. *Habe ich wirklich geschrieben, was ich meinte und mitteilen wollte oder sollte? Trifft es die Sache? Oder ist es angebracht, einzelne Textstellen oder den gesamten Text neu zu schreiben?*
2. *Hat der Text einen roten Faden oder sollte man Sätze oder Textteile umstellen?*
3. *Wird der Leser mich verstehen oder muss ich Ausdrücke, Formulierungen oder Sätze austauschen?*
4. *Ist mein Text ausführlich genug oder muss ich etwas hinzufügen, damit er verständlicher wird?*
5. *Ist der Text weitschweifig und enthält unnötige Informationen, die ich besser streichen sollte?*
6. *Kann ich dem Leser das Verständnis noch erleichtern, z. B. durch Satzzeichen, Unterstreichungen und Abschnitte?*
7. *Wird der Leser durch Rechtschreibfehler unnötig abgelenkt?*

1 Nimm zu deinen Textüberarbeitungen die Tipps und Anregungen dieser Seite zu Hilfe. Wähle passende aus und probiere sie aus.

2 Tausche dich immer wieder in der Klasse mit deinen Mitschülerinnen und Mitschülern aus und sprecht darüber, welche Tipps besonders hilfreich sind, welche hinzukommen sollten oder gestrichen werden können.

Wichtig: In der Werkstatt Sprache (Seite 240/241) könnt ihr drei wichtige Techniken der Textüberarbeitung wiederholen und trainieren:
- einen Text kürzen und überflüssige Wörter streichen,
- unnötige Wiederholungen entdecken und vermeiden,
- einen Text durch Umstellen von Satzteilen lesbarer machen.

WERKSTATT Rechtschreiben

Für die aktuelle Seite der Schul-Homepage haben die Redakteurinnen und Redakteure einen Text entworfen. Bevor er auf die Seite übernommen wird, müssen noch einige Rechtschreib- und Zeichensetzungsprobleme geklärt werden. Dazu führen sie ein **Rechtschreibgespräch.**
Den Text haben sie dazu ausgedruckt und Rechtschreib- und Zeichensetzungsfehler gekennzeichnet. Das Rechtschreibprogramm ihres Computers hatte sie nicht als Fehler markiert:

Trends sind ein Thema, **welches** *alle Menschen interessiert.* Also nicht *dass*, sondern *das!*

Genau! *das* **bezieht** sich auf *Thema* … *das* ist Relativpronomen

… fühlen, dass … meinen, dass … glauben, dass … Im **zweiten Satz** muss *dass* stehen!

Nehmt Stellung!

Trends sind ein Thema, dass alle Menschen interessiert. Jeder will im neusten Trend sein oder ihm angehören, weil man glaubt, das man dazugehört. Wieso ist es wichtig, dass man im Trend ist? Braucht man das für sein Selbstbewusstsein? Was ist das für eine Welt, in der man, wenn man keine Markensachen trägt, von Einigen oft gehänselt oder bedroht wird. Bist du der Meinung, dass Trends schöner machen? Machen sie einen Menschen zu etwas besonderem oder was ist es, das einen zum Trend zieht? Da wir auf der aktuellen Seite unserer Schulhomepage auf diese Fragen gerne eingehen möchten, bitten wir euch um kurze Stellungnahmen hierzu.

1 Führt das Rechtschreibgespräch weiter, auch über die anderen markierten Textstellen und berichtigt sie (Folie). Gebt für eure Meinung immer auch eine Begründung an.

Eine E-Mail überarbeiten – Fehler berichtigen

Auch ein **Brief per E-Mail** will gelernt sein. E-Mail-Schreiber verwenden manchmal eine unpassende Ansprache zu Beginn des Briefes, vergessen am Schluss eine Grußformel oder machen in längeren Texten keine Absätze. Damit der Briefempfänger auch auf anderem Weg Kontakt knüpfen kann, ist es ratsam eine Anschrift mit Telefon-, Faxnummer und E-Mail-Adresse anzufügen. Die Anschrift steht bei einer E-Mail häufig am Ende nach der Grußformel.

1 Schreibe den folgenden E-Mail-Brief neu. Achte dabei auf Übersicht und Vollständigkeit. Berichtige auch alle Rechtschreib- und Zeichensetzungsfehler:

- Die Anredepronomen in der Höflichkeitsform sind kleingeschrieben.
- In den Sätzen 2, 4, 5 und 6 fehlt jeweils ein Komma.
- In Satz 4 und Satz 6 ist jeweils ein Nomen kleingeschrieben.

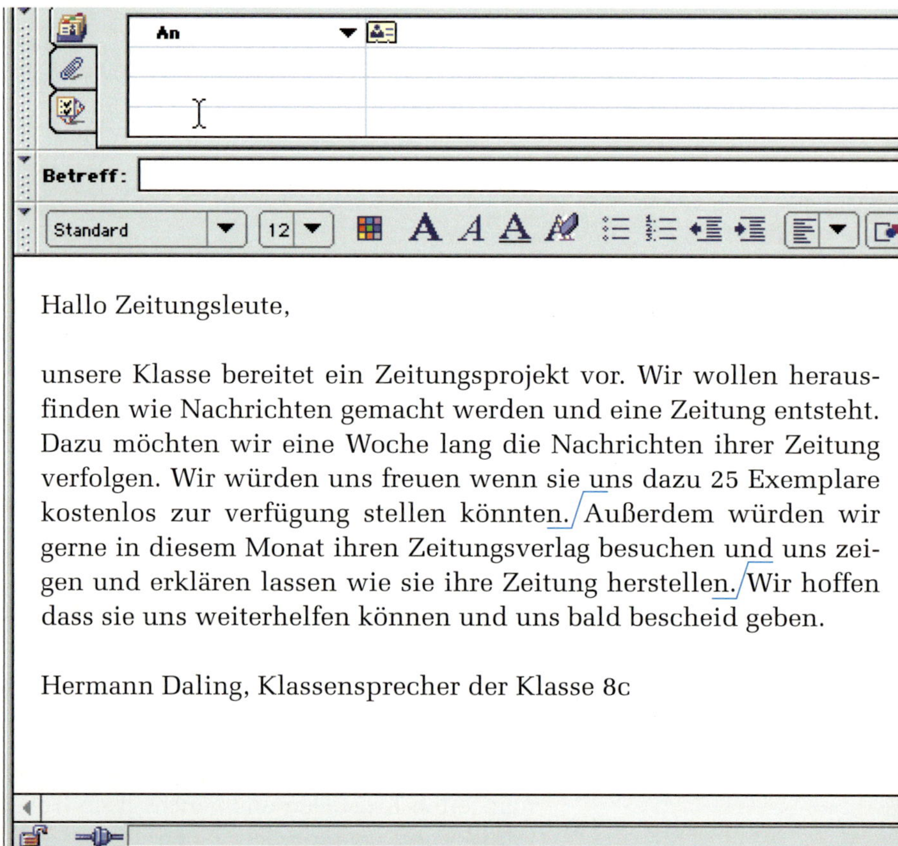

Anrede ändern — Hallo Zeitungsleute,

unsere Klasse bereitet ein Zeitungsprojekt vor. Wir wollen herausfinden wie Nachrichten gemacht werden und eine Zeitung entsteht. Dazu möchten wir eine Woche lang die Nachrichten ihrer Zeitung verfolgen. Wir würden uns freuen wenn sie uns dazu 25 Exemplare kostenlos zur verfügung stellen könnten./ Außerdem würden wir gerne in diesem Monat ihren Zeitungsverlag besuchen und uns zeigen und erklären lassen wie sie ihre Zeitung herstellen./ Wir hoffen dass sie uns weiterhelfen können und uns bald bescheid geben.

Hermann Daling, Klassensprecher der Klasse 8c

Absatz machen

Absatz machen

Grußformel ergänzen

Genaue Anschrift mit Telefonnummer ergänzen

Mit dem Wörterbuch arbeiten

Beim Schreiben selbst bist du erst einmal an den Inhalten interessiert, die du aufschreiben möchtest. Deswegen wirst du nicht gleich im Wörterbuch nachschlagen, wenn du dir gerade einen Satz ausdenkst. Vielleicht bist du aber manchmal unsicher, wie ein Wort geschrieben wird. Dann könntest du deinen Zweifel notieren, indem du das entsprechende Wort auf zweierlei Weise aufschreibst oder mit einem Fragezeichen versiehst. Am Ende schlägst du die Zweifelswörter im Wörterbuch nach.

1 Schlage in dem folgenden Text die Wörter, bei denen die Schreiberin unsicher war, im Wörterbuch nach und schreibe sie richtig auf, wenn sie falsch geschrieben sind. Manchmal findest du im Wörterbuch mehrere Möglichkeiten!

Ein unvergessliches Erlebnis

Zu dem Openair-Festival(?) hatte ich gerade noch eine Eintrittskarte ergattert. Es waren bestimmt tausende(?) von Fans, die sich am Eingang vor der Westtribühne(?) drengelten(?). Es war schlimmer als bei einem Fußballspiel. Endlich fanden wir unsere Plätze im Stadion(?). Die Athmosphäre(?) war heiß! Als die Stars zu ihrem Auftritt herauskamen, schrie das Publikum(?) auf. Neben mir fiel sogar irgend(?)einer in Ohnmacht. Ich glaube, ich war die einzige(?), die nicht vor Begeisterung jolte(?). Die Musik fand ich dann Spitze(?). Endlich hatte ich meine Lieblingsstars einmal in einer Lifeshow(?) erlebt! Das ist doch etwas ganz Anderes(?) als im Fernsehen. Diesen Sonntag(?)abend werde ich nie vergessen. Er gehört zu meinen schönsten Erlebnissen.

2 In der folgenden Liste findest du in bunter Mischung Wörter, die immer großgeschrieben werden, die immer kleingeschrieben werden oder die man groß- oder kleinschreiben darf:

Aufgepasst: Wenn man die Wörter klein schreibt, werden manche zusammengeschrieben!

das seine die einen und die anderen im grunde die deinen ein bisschen (wenig) mehrere dutzend auf grund die vielen von seiten unter anderem das wenige der einzelne zur not im übrigen zu grunde viele hunderte auf seiten der letzte bis ins letzte die anderen

Schreibe die Wörter in einer Tabelle geordnet auf. Nimm zur Lösung dieser Aufgabe unbedingt ein Wörterbuch zu Hilfe!

immer groß	immer klein	groß oder klein
...	...	das Seine, das seine

3 Bilde mit einigen Ausdrücken Sätze.

WERKSTATT Rechtschreiben

Rechtschreibstrategien wiederholen

Übungsschwerpunkte erkennen

In jedem der folgenden Wörter ist eine Rechtschreibschwierigkeit markiert:

abbrechen Abgas ängstlich Anfänge auffüllen Ausbildung beenden Betttuch Beweis Bissstelle bläst bleibt Fälle Geduld Genusssucht Kennnummer mitteilen (er) rät richtig sagt säubern schärfer sooft Schlusssatz Stoffflicken träumen vielleicht Vorrat weggehen zähmen zerreißen

1 Überlege dir, wie du einen Fehler an diesen Stellen vermeiden kannst. Ordne dazu die Wörter den folgenden Rechtschreibhilfen zu:
- Wörter verlängern: *Abgas – Abgase …*
- Wörter ableiten: *Anfänge – anfangen …*
- Wörter in Wortbausteine zerlegen: *abbrechen – ab + brechen …*

2 Sammle die Fehlerwörter aus deinen Texten und überprüfe wie in Aufgabe 1, ob du Fehler mit den Rechtschreibhilfen vermeiden kannst.

So kannst du weiterarbeiten

- Übe die Rechtschreibhilfe, die für dich besonders wichtig ist. Übungen findest du auf den folgenden Seiten.
- Achte beim Kontrolllesen deines Textes auf das Rechtschreibproblem, das du von dir kennst.

Achtung: Buchstabenauslassungen und -vertauschungen vermeidest du, wenn du deinen Text Wort für Wort von hinten nach vorne liest. Dazu kannst du eine eingeschnittene Karteikarte verwenden, wie du sie hier siehst.

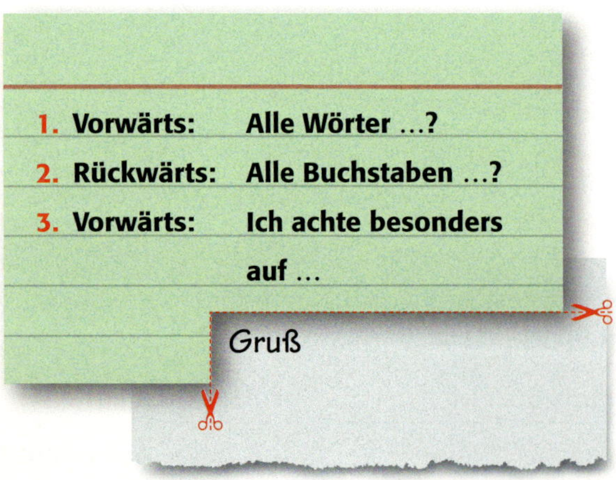

Rechtschreibstrategien wiederholen

Wörter in Wortbausteine zerlegen

abblitzen mit bb, weil es aus *ab* + *blitzen* besteht

Betttuch mit ttt, weil es aus *Bett* + *Tuch* besteht

Rechtschreibprobleme lassen sich manchmal lösen, wenn man in einem Wort überprüft, aus welchen einzelnen Bausteinen es besteht.

1 Zerlege die folgenden Wörter in ihre Wortbausteine.
Beispiel: *abblitzen* – ab + *blitzen.* Begründe so die markierte Rechtschreibschwierigkeit in den Wörtern.

abblitzen annehmbar auffordern aussprechen beeinflussbar Betttuch Bissstelle Brennnessel enttäuschen erringen Flusssand Gänseeier Genusssucht gesundheitsschädlich Gewinnnummer hinnehmen mitteilsam Pappplakat Schlammmasse Schlusssatz Schritttempo Seeerfahrung Teeernte überraschen Unterrichtsstunde unnütz verrechnen vorrangig weggeben zerreißen

2 Durch einen Bindestrich kannst du bessere Lesbarkeit erreichen. Überlege, ob du einzelne Wörter mit einem Bindstrich schreiben möchtest. Beispiel: *See-Elefant* statt *Seeelefant, Brenn-Nessel* statt *Brennnessel,* … statt *Flusssand.* Schreibe einzelne Wörter in dieser Form auf. Begründe deine Schreibweise in einem Rechtschreibgespräch.

3 In drei Zusammensetzungen taucht zwischen Wortbausteinen ein s als Fugenelement auf. Es erleichtert die Aussprache. Schreibe diese Wörter auf und kennzeichne jeweils dieses s besonders. Sprich die Wörter abwechselnd mit und ohne das Fugen-s.

4 Die folgenden Wörter haben als Wortbaustein *ent* oder *end:*

entschließen Endspurt singend endlich lobend endlos laufend entleeren endgültig entscheiden pfeifend

Übernimm die Wörter in eine Tabelle:

End-/end- hängt mit *Ende* zusammen	*Ent-/ent-* ist Vorsilbe	*-end* ist Endung des Partizip Präsens
Endspurt	entschließen	singend

5 Ergänze die drei Spalten mit weiteren Wortbeispielen:
- Verbinde die Nomen *Kampf, Lauf, Spurt, Ergebnis* mit dem Baustein *End.*
- Verbinde die Verben *schärfen, schweben, täuschen, springen, zünden* zunächst mit der Vorsilbe *ent-* zu neuen Verben, anschließend mit der Endung *-end* zu Partizipien Präsens.
- Suche eigene Beispiele für die Spalten. Kontrolliert die Lösung gemeinsam.

6 Bilde mit den Übungswörtern der Tabelle Sätze.

Rechtschreibstrategien wiederholen

Verwandte Wortformen bilden – Wörter ableiten

Oft kann man die richtige Schreibweise eines Wortes sofort finden, wenn man an die Herkunft der Wörter denkt.

ändern kommt von *anders*, deshalb mit *ä*. *Gebäude* kommt von *bauen*, deshalb mit *äu*.

7 Überprüfe, ob es für die folgenden Wörter mit ä und äu ein verwandtes Wort mit a oder au gibt, und schreibe es in Klammern dazu.
Beispiel: *trägst (tragen).*

ärmer behältst bräunlich fällen färben Gämse Gebäude gebräuchlich Gelächter Geräusch glätten gläubig lässt mäßig nachlässig nämlich rätseln räumen säen schädlich stärken Tätigkeit trägst träumen verstärken wächst wählen wäre wäscht zählen zähmen

8 Diese Wörter mit *ä* oder *äu* lassen sich nicht oder nur schwer ableiten:

Ärger Bär Gerät Käfer Käse Märchen Lärm Mädchen März sägen schräg spät Träne vorwärts während

Bilde mit ihnen Sätze.

Langformen bilden – Wörter verlängern

Mit der Verlängerungsprobe kannst du Laute hörbar machen und oft besser entscheiden, wie die Wörter geschrieben werden.

In den folgenden Wörtern ist der Problembuchstabe schon markiert:

Abgas angeblich anstrengend Ausweis Bad Betrugsversuch beweglich Beweismittel biegsam Diebstahl empfindlich Endlauf eng erheblich erlaubt Falschgeld fängt Felsbrocken fremd freundlich Geduldsfaden gelb getrübt gibt Glasscheibe Grashalm Halswirbel Handtasche hängt hebt klebt Kleid kreisförmig lesbar Lobrede Losbude Radwechsel Schadstoff Schlagloch sorgfältig Sprungtuch Staubtuch unerträglich Urlaubsfahrt vergeblich zeigt

Abgas mit s, weil *Abgase*. *angeblich* mit b, weil *angeben*.

9 Suche zu jedem Wort eine Wortform, die die Schreibweise begründet, und schreibe sie in Klammern dazu.

- In einigen Wörtern musst du das Wort nur um eine Silbe verlängern.
  Beispiel: *Bad (Bäder)*
- Oft musst du das Wort mit dem Problembuchstaben zunächst abtrennen.
  Beispiel: *Diebstahl (Diebe)*
- In vielen Wörtern sind Verben versteckt. Schreibe dann den Infinitiv dieses Verbs auf. Er macht den Laut hörbar.
  Beispiel: *angeblich (angeben)*

Rechtschreibstrategien wiederholen

schnell mit *ll*,
weil *schnel-ler*

schmal mit *l*,
weil *schma-ler*

Wenn du unsicher bist, ob in einsilbigen oder zusammengesetzten Wörtern der Buchstabe für den Konsonanten verdoppelt wird oder nicht, dann bilde eine Langform.
Um die Wortform zu finden, mit der du die Schreibweise erklären kannst, musst du in einigen Wörtern das Wort mit dem Problembuchstaben zuerst abtrennen: *Wa?ross – Wal (Wa-le).*

10 Schreibe die folgenden Wörter vollständig ins Heft. Begründe in Klammern die Schreibweise. Beispiel: *Pfi? - Pfiff (Pfif-fe).*

f oder ff? *Pfi? o?t scha?t Schie?ergebirge schlä?t Schi?sschraube*
l oder ll? *schri? pra?vo? Wa?ross kna?t fie? to? Sta?tür*
m oder mm? *ka? kru? Schwi?flosse Fil?rolle gli?t Schwar? Schwa?*
n oder nn? *dü?häutig Re?stall Erke?tnis Bra?dherd Spi?rad Sa?d*
p oder pp? *ki?t wi?t kla?t Pa?schachtel pie?t kna? Pum?werk*
t oder tt? *tra? Rei?pferd Mu?probe fe? We?büro spiegelgla?*
ss oder ß? *Flo?fahrt go? Klo? Ma? na? Nu?knacker Ru? schlie?t*

Orangensalat für vier Personen

700 Gramm saftige Orangen, 1 Esslöffel Orangenblütenwasser oder Rosenwasser, 1 Esslöffel Zucker, 8 Datteln, 1 Esslöffel Mandelstifte, 1 Teelöffel Zimtpulver, 1 Esslöffel gehackte Pfefferminzblätter
1. Eine Orange auspressen. Die anderen von Hand oder mit einem scharfen Messer schälen. Auch die weiße Haut entfernen. Dann die geschälten Orangen in 1/2 cm dicke Scheiben schneiden und sie auf vier Suppenteller verteilen. **2.** Das Orangenblüten- oder Rosenwasser und den Orangensaft gut mit dem Zucker verrühren, bis er sich aufgelöst hat. Die Orangenscheiben mit dem Saft beträufeln. Die Teller mit Klarsichtfolie abdecken und eine Stunde kalt stellen. **3.** Die Datteln entkernen und sie in kleine Würfel schneiden. Dann die Mandelstifte in einer beschichteten Bratpfanne ohne Fett hellbraun rösten. **4.** Vor dem Servieren den Orangensalat mit den Datteln, den Mandelstiften, dem Zimt und der gehackten Pfefferminze bestreuen.

So könnt ihr mit dem Text üben

Ü 1 Erkläre die Schreibung der unterstrichenen Wörter so, wie du es geübt hast.

Ü 2 Suche weitere Wörter im Text mit schwieriger Rechtschreibung und schreibe sie auf. Erklärt die Rechtschreibung in einem Rechtschreibgespräch.

Presst eine Orange aus.
Die anderen schält ihr von
Hand oder …

Ü 3 Suche zu einzelnen Wörtern mit dem Wörterbuch verwandte Wörter.

Ü 4 Schreibe das Rezept noch einmal übersichtlich mit Absätzen auf. Benutze jetzt statt des Infinitivs den Imperativ oder die ihr-Form.

Wörter mit besonderen Rechtschreibschwierigkeiten

paar oder Paar?

Ein **Paar** Schuhe – zwei Schuhe, die zusammengehören
Ein **paar** Wochen – es können zwei, drei oder mehrere Wochen sein

1 Setze richtig ein und schreibe die Sätze ins Heft:
Ich habe mein neues ?aar Handschuhe verloren.
Fritz gab mir ein ?aar gute Ratschläge.
Auf dem Weg zur Schule pflückten wir uns ein ?aar Kirschen.
Dieses neue ?aar Sportschuhe gab es gestern zum Sonderpreis.

2 Finde weitere Beispielsätze und schreibe sie ins Heft. Formuliere dann eine Rechtschreibhilfe und schreibe sie mit einem Beispiel auf.

-mal oder Mal?

Wörter mit dem Wortbaustein **-mal/-mals** werden kleingeschrieben.
Es sind Adverbien. Beispiel: *einmal, viermal, vielmals.*
Wird das Wort **Mal** als Nomen gebraucht, wird es großgeschrieben.
Beispiel: *das erste Mal, zum letzten Mal, letztes Mal.*

3 Wende die Rechtschreibregel an und schreibe die Sätze richtig ins Heft:
Er sagte, EINMAL ist KEINMAL.
DAS EINE?MAL will er es noch durchgehen lassen.
Er hat MEHR?MALS versucht dich zu erreichen.
Beim LETZTEN?MAL hat es mir besser gefallen.
Er hat sich MEHRERE?MALE bei mir gemeldet.
Das werde ich NIE?MALS vergessen.

4 Finde weitere Beispiele und schreibe sie ins Heft.

Wörter mit wider und Wider

5 Finde zu den folgenden Wörtern mit *wider* und *Wider* sinnverwandte Wörter und schreibe sie auf. Beispiel: *widerlich – abscheulich.*

widerlich widerspenstig Widersacher widerlegen Widersprüchlichkeit erwidern widerwillig widerrufen widersprüchlich zuwider widerstandslos Widerhall widerstandsfähig Widerwille

6 Suche im Wörterbuch weitere Wörter mit *wider/Wider* und notiere sie. Bilde dann mit möglichst vielen dieser Wörter Sätze.

7 Finde eine Rechtschreibhilfe zu Wörtern mit *wider* und *Wider* und ergänze den Merksatz in der Randspalte.

Wider wird mit ***i*** geschrieben, wenn …

Fach- und Fremdwörter

1 Auf dem blauen Zettel findest du die Bedeutung der Fremdwörter, die auf dem grünen Zettel stehen. Übernimm die Fremdwörter mit ihrer Bedeutung ins Heft. Beispiel: *Adresse (Anschrift).*

Adresse Argument
Dekoration Diskussion
Funktion Konstruktion
Korrektur Operation

Begründung Aufgabe
Eingriff Entwurf
Meinungsaustausch Schmuck
Berichtigung Anschrift

2 Leite von jedem Nomen ein Verb ab und schreibe es ins Heft. Beispiel: *Argument – argumentieren, Dekoration – dekorieren.*

3 Markiere nun alle Endungen der Verben. Beispiel: *argument<u>ieren</u>.* Welche Rechtschreibbesonderheit entdeckst du?

In vielen Fremdwörtern wird nach dem betonten kurzen Vokal nur k und nicht wie üblich ck geschrieben. Beispiel: *Arti**k**el.*

4 Sprich die folgenden Wörter und überprüfe die Angabe im Regelkasten:
Hektik Akustik Rektor Doktor defekt Takt Aktion Lektion perfekt Physik

5 Schreibe zu den Nomen den Artikel und zu jedem Wort eine Kurzerklärung in Klammern. Benutze das Wörterbuch.
Beispiel: *die Hektik (fieberhafte Aufregung).*

6 Fremdwörter kann man häufig an ihren Endungen (Suffixen) erkennen. Finde die Schreibbesonderheit der Wörter in der folgenden Wörtersammlung und stelle sie in vier Wörterlisten zusammen:

Adjektiv Aktion aktiv Amateur Blamage Etage Friseur Garage Kontrolleur Konzentration kreativ Masseur Motiv Multiplikation Negativ Operation Produktion Rage Redakteur Reportage

So kannst du üben

Ü 1 Schreibe zu jedem Wort eine Kurzerklärung. Benutze das Wörterbuch.

Ü 2 Suche im Wörterbuch nach der Herkunftssprache.

Ü 3 Finde noch mehr Wörter, die in deine Listen passen.

Ü 4 Suche mit dem Wörterbuch zu einigen Wörtern verwandte Wörter.

Ü 5 Bilde Sätze, in denen du jeweils eines der Fremdwörter benutzt.

Groß oder klein?

Auf Begleiter achten

Dortmund. Die europäische jugendmesse schloss gestern die pforten bis zum nächsten jahr. Wie beim letzten mal war die messe wieder ein treffpunkt für die sportbegeisterte jugend. Der besuch und zuspruch war riesig. Es gab kaum ein durchkommen beim rundgang durch die messehallen. Gefragt war das mitmachen beim inlineskating und für die besonders wagemutigen beim freeclimbing. Publikumsmagnet aber waren die skaterampen und geschicklichkeitskurse der hochleistungsbikes. Mitmachen hieß überhaupt dieses mal das zauberwort. Es gab kaum einen stand, der nicht zur aktion und zum ausprobieren einlud. Auch beim töpfern oder mit dem siebdruck konnte man sich in den messehallen die zeit vertreiben. Die veranstalter setzten aber auch auf die konsumfreude der finanzkräftigen kundschaft. Praktisch jeder stand war mit einem entsprechenden firmenlogo zugepflastert. Für jeden geschmack gab es ein passendes utensil* zu kaufen. So mancher nutzte die gelegenheit für einen schnäppchenkauf und nahm sich etwas passendes zum günstigen messepreis mit nach hause.

1 Welche Wörter in dem Zeitungsbericht können nur Nomen sein und müssen großgeschrieben werden?
- Kennzeichne die Nomen in dem Text (Folie).
- Unterhalte dich mit einem Partner darüber, woran du die Nomen erkannt hast. Sucht nach besonderen Hinweiswörtern für Nomen. Wenn ihr unsicher seid, benutzt auch die Schreibhilfen im Regelkasten auf S. 201.

2 Schreibe den Zeitungsbericht nun richtig ins Heft. Suche eine passende Schlagzeile.

das beim im vom
zum ins aufs mein
dein sein unser
euer

laut gut hastig
häufig lang
sorgfältig neu

3 Gebrauche die Verben *schnarchen, trinken, üben, lesen, schreiben* als Nomen, indem du sie mit den Wörtern des grünen Zettels und einem Adjektiv des blauen Zettels in kurzen Sätzen aufschreibst.
Beispiel: *Ich höre <u>das</u> Schnarchen. Ich höre <u>lautes</u> Schnarchen.*
Beachte die Großschreibung!

4 Gebrauche die Adjektive von dem blauen Zettel nun als Nomen, indem du *alles, etwas, nichts, viel, wenig, manches* und *nur* davor setzt. Das Nomen erhält dann als Endung ein -es oder e: *gut – alles <u>G</u>ute, etwas <u>G</u>utes.* Wenn die Endung fehlt, schreibt man klein.

5 Bilde nun Sätze nach folgendem Muster:
Er schuf viel neu. – Er schuf viel <u>N</u>eu<u>es</u>.
Sie macht alles gut. – Sie wünscht alles <u>G</u>ut<u>e</u>.
Markiere beim Nomen Endung und Anfangsbuchstaben.

Groß oder klein?

Wörter anderer Wortarten, die als Nomen gebraucht werden, schreibt man groß. Sie werden wie andere Nomen auch häufig angekündigt durch:
a) einen Artikel: ***eine* Eins schreiben, *das* Richtige tun** …
b) ein Possessivpronomen: ***ihr* Schreiben bewerten** …
c) eine Präposition mit verstecktem Artikel: ***beim* Lügen ertappen** …
d) ein Adjektiv: ***hastiges* Trinken vermeiden** …
e) eine Mengenangabe: ***wenig* Schönes mitnehmen** …

6 **Setze mit den folgenden Wortgruppen die Wörterreihen zu den Rechtschreibhilfen a)–e) fort und schreibe sie richtig auf:**

eine eins schreiben ihr schreiben bewerten beim lügen ertappen
hastiges trinken vermeiden wenig schönes mitnehmen
allerlei schreckliches lesen das richtige tun mein lesen loben
lautes schnarchen ertragen dein nörgeln aushalten
fürs erste genug haben das beste mitnehmen aufs reiten freuen
häufiges waschen vermeiden euer vorlesen verbessern
bis ins kleinste planen nichts neues erfahren
aufmerksames zuhören üben das folgende bedenken
unser wandern genießen viel wichtiges behalten

7 **Ergänze die Wörterreihen zu den Rechtschreibhilfen a)–e) mit eigenen Wortgruppen.**

Nicht immer werden Nomen durch einen Begleiter angekündigt. Zur Probe kannst du dann ein Erkennungswort einfügen.

8 **Schreibe die folgenden Sätze richtig auf. Setze zu den Nomen in Klammern ein mögliches Erkennungswort.**
Beispiel: *Wir haben (viel) Erfreuliches erlebt.*

Denke daran: Auch durch ein Adjektiv lässt sich ein Nomen gut bestimmen!

wir haben erfreuliches erlebt. jeder hat sich zeit genommen.
alles wurde mit genuss und appetit verspeist. ich habe vertrauen zu ihr.
es gab bücher in hülle und fülle. mir macht arbeit spaß.
was ich gut kann, ist auswendiglernen und zuhören.
das würde mir aber kummer bereiten. manche haben zu nichts lust.
sie kam als letzte an. oft folgt auf lachen weinen.
du musst nur folgendes beachten und wichtiges von unwichtigem unterscheiden.

Groß oder klein?

Auf ausgesparte Nomen achten

> Caroline ist die Größte.
> Caroline ist die größte und lustigste Schülerin.
> Caroline ist die größte Schülerin und die lustigste.

1 Vergleiche die drei Sätze auf dem Zettel und schreibe dann die nächsten Sätze richtig auf.

Klaus ist inzwischen der GRÖSSTE UND STÄRKSTE SCHÜLER in unserer Klasse, aber der FLEIẞIGSTE ist er schon seit langem nicht mehr.
Sie erzählt LANGE GESCHICHTEN; sie sind aber nicht unbedingt die SPANNENDSTEN.

> Adjektive und Verben können trotz eines Begleiters kleingeschrieben werden. Der Begleiter bezieht sich dann auf ein vorhergehendes Nomen. Das Nomen ist dann nur ausgespart!

2 Schreibe die folgenden Sätze in dein Heft. Vermeide dabei die unschönen und störenden Wiederholungen. Beachte die Hinweise zur Groß- und Kleinschreibung im Regelkasten.

Dieses Hemd ist das schönste Hemd.
Sie trägt hübsche Sachen, aber nicht die teuersten Sachen.
Marion hat eine neue rote Jeans bekommen. Jetzt möchte sie noch eine schwarze Jeans.
Von den Weintrauben esse ich am liebsten die kleinen Weintrauben. Die großen Weintrauben isst meine Schwester.

Achtung: trotz Begleiter immer klein!

3 Die folgenden Wörter werden trotz ihres Begleiters immer kleingeschrieben. Bilde mit einigen Wörtern Sätze.

die vielen   in vielem
ein wenig   das wenige   die wenigen
das meiste   die meisten
der andere   die anderen   das andere   die anderen
alles andere   unter anderem   die einen und die anderen
ein bisschen

Groß oder klein?

Wörter mit besonderen Wortbausteinen

Wörter mit den Wortbausteinen **-heit, -keit, -nis, -ung** und **-schaft** sind Nomen. Beispiele: *Krankheit, Sauberkeit, Erlebnis, Überraschung, Freundschaft.*

1 Wähle aus den folgenden Wörtern Verben und Adjektive aus und bilde mit ihnen Nomen, indem du die Wortbausteine *-heit, -keit, -nis, -ung* oder *-schaft* anfügst. Beachte die Großschreibung der Nomen.

aufmerksam ehrlich erinnern erklären erlauben erleben finster frei gemein heiter herrschen krank ordnen sauber sicher wagen wissen zeichnen

2 Bilde Sätze, in denen die neugebildeten Nomen der Aufgabe 1 vorkommen. Beispiel: *Im Straßenverkehr ist große Aufmerksamkeit nötig.*

Zeitangaben

Groß schreibt man
- Wochentagsnamen: ***Montag, Dienstag*** ...
- zusammengesetzte Zeitangaben: ***am Montagabend*** ...
- Tageszeiten nach den Adverbien heute, gestern, vorgestern, morgen, übermorgen: ***heute Mittag, gestern Abend*** ...

Klein schreibt man
- Zeitangaben mit s: ***morgens, montags morgens, montagmorgens*** ...
- Zeitadverbien: ***heute, gestern, früh, morgen, übermorgen, spät*** ...
- Uhrzeitangaben: ***um halb zwölf, viertel nach sechs*** ...

3 Schreibe die folgenden Wortbeispiele richtig auf. Überprüfe die Rechtschreibung mit den Regeln im Merkkasten.

AM MITTWOCH SPÄT VON GESTERN HEUTE MORGEN BIS HEUTE ABENDS IN DER NACHT ZU MITTAG DONNERSTAGMORGENS SPÄT ABENDS AB MORGEN AM SAMSTAGABEND AM MORGEN ZU MITTAG NACHTS FÜR ÜBERMORGEN HALB ZEHN JEDEN ABEND FRÜH AM MORGEN ÜBERMORGEN GEGEN MITTAG AB DIENSTAG GESTERN VORGESTERN UM VIERTEL VOR ZEHN SAMSTAGS AM KOMMENDEN MONTAGNACHMITTAG DREI NACH ZWÖLF HEUTE VORMITTAG GESTERN MORGEN EIN SONNTAG DIENSTAGS MORGENS AB MORGEN MITTAG DER MONTAG

4 Verwende einzelne Zeitangaben in kurzen Sätzen.

Groß oder klein?

So kannst du üben

Ü 1 Schreibe den Text richtig auf. Überprüfe anschließend die Großschreibung der Nomen: Markiere die Begleiter oder setze fehlende zur Probe hinzu.

Mathematik zum Einparken

Eine frau hat eine mathematische formel zum perfekten einparken entwickelt. Die komplizierte gleichung der britischen mathematikerin rebecca hoyle verrät dem einparkenden autofahrer immer schon vor dem einparken, ob ein einparkversuch die mühe wert ist. Das ausrechnen dürfte für den laien allerdings so viel zeit in anspruch nehmen, dass die ersehnte parklücke anschließend weg sein könnte.

Ü 2 Schreibe den Brief richtig auf. Achte dabei auf die richtige Briefform.

Hallo Mike! Heute beginnt meine reise ins blaue. Alles wichtige ist gepackt. Jetzt hoffe ich, dass ich viel überraschendes erleben und manches neue kennen lernen werde. Etwas erfreuliches hat sich noch heute morgen ereignete: Opa drückte mir noch einen dicken schein in die hand. Jetzt kann ich mir noch manches zusätzlich leisten. Ich hoffe, dass ich dir nach der reise viel erzählen kann. Bis bald Martin

Ü 3 Lass dir einen der Texte von einem Partner diktieren.

Ü 4 Schreibe die folgenden Ausdrücke in normaler Rechtschreibung. Überprüfe deine Lösung anschließend mit dem Wörterbuch:

die Farbe ROT einen Fehler ROT anstreichen die Ampel steht auf ROT
das ROT steh ihr gut jemandem die ROTE Karte zeigen ROT werden …
die Farbe BLAU mit einem BLAUEN Auge davonkommen
einen BLAUEN Brief erhalten ein leuchtendes BLAU eine Fahrt ins BLAUE
das BLAUE vom Himmel lügen …
die Farbe GRÜN ihm steht GRÜN die Fahrt ins GRÜNE der GRÜNE
die GRÜNE Welle auf der GRÜNEN Wiese …

Ü 5 Stelle für deinen Banknachbarn ähnliche Ausdrücke mit anderen Farben zusammen. Nimm das Wörterbuch zu Hilfe.

Ü 6 Überprüfe die Rechtschreibung der folgenden Wörter in Großbuchstaben mit dem Wörterbuch und schreibe die Sätze richtig ins Heft.

Mit dem Geschenk trafen seine Eltern ins SCHWARZE. Für sie ist das ein SCHWARZER Tag. Von dem günstigen Angebot erfuhr er am SCHWARZEN Brett. Seine Freundin ist SCHWARZHAARIG. Das SCHWARZ steht ihr besonders gut. An das SCHWARZ gefärbte Haar muss man sich erst gewöhnen. Er gönnt ihm nicht das SCHWARZE unter dem Fingernagel.

Groß oder klein?

Graffiti an Hallenwänden

Borken. unbekannte täter besprühten am letzten wochenende eine turnhallenwand der grundschule an der velener straße mit mehreren schwarz-weißen graffiti. mehrere zerschlagene bierflaschen in tatortnähe lassen auf ein trinkgelage schließen. ebenso wurden zwei borkener gewerbehallen am südring im gleichen tatzeitraum durch graffitis verunstaltet. hier wurden blaue und silberbronzefarbene sprühfarbe sowie ein schwarzer sprühstift verwendet, ein roter wurde in einem abfallbehälter gefunden. die polizei ermittelt in allen fällen wegen sachbeschädigung und bittet zeugen sich bei ihr zu melden.

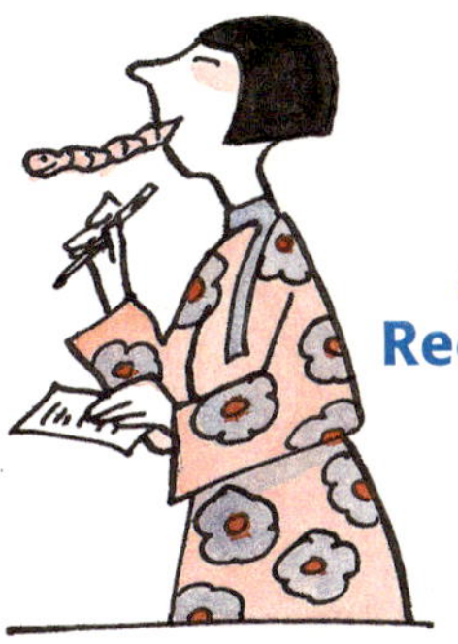

Wurm auf der Rechnung

Hongkong. nach der beschwerde eines restaurant-gastes in südchina über einen wurm im essen hat die geschäftsführerin des lokals das tier kurzerhand verschluckt. der gast hatte den wurm im vegetarischen gericht entdeckt. die restaurant-chefin habe das tier daraufhin hinuntergeschluckt und auf der rechnung vermerkt: „wurm war genießbar. habe ihn gegessen."

Klarer 3 : 0 Erfolg für unsere Mannschaft!

ohne ihren torschützen vom dienst, der wegen einer knieverletzung passen musste, fehlte unserer parallelklasse die entscheidende anspielstation. edelreservist denne und der lange verletzte pahlke, der nach seinen achillessehnenbeschwerden ins team unserer gegner zurückgekehrt war, konnten die lücken nicht schließen. ihre einzige chance resultierte aus einem freistoß, den unser keeper bakmaz reaktionsschnell über die latte lenkte. wenn sich die mannschaft der 8b in den nächsten wochen nicht erheblich steigert, wird es für sie in nächster zeit kaum möglich sein, dass sie unsere mannschaft besiegen kann.

So kannst du mit den Texten üben

Ü 1 Schreibe die Nomen mit ihren Erkennungszeichen auf.

Ü 2 Schreibe die Texte in richtiger Schreibweise ab.

Ü 3 Einige Nomen haben keine Erkennungszeichen. Suche sie heraus und füge in Klammen ein Erkennungszeichen hinzu.

Ü 4 Suche Wörter mit schwieriger Rechtschreibung und schreibe sie auf. Erkläre die Rechtschreibung in einem Rechtschreibgespräch.

Ü 5 Suche zu einzelnen Wörtern der Übung 4 mit dem Wörterbuch verwandte Wörter.

Ü 6 Lass dir ganze Texte, Sätze, Wörter oder Wortgruppen diktieren.

Schreibung von Straßennamen

*Am Alten Sportplatz   Am Alten Wehr   An der Alten Burg   An der Post
Auf der Hohen Hardt   Auf der Ziegenheide   Bogenstegge   Brinker Weg
Burgplatz   Grenzweg   Hebbelstraße   Im Esch   In der Düsteren Stiege
In der Flur   Innsbrucker Ring   Isselburger Landweg   Jenaer Straße
Meppener Landstraße   Römerweg   Schlossallee   Schulstraße
Velener Straße   Weimarer Allee   Zum Neuen Industriepark
Zur Alten Schmiede   Zur Eisenhütte   Zur Rennbahn   Up de Welle*

1 Setze die folgenden Wortreihen mit den Straßennamen oben fort:
- *Ulmenstraße, Sternweg, Grenzring, Mozartstiege, Kirchplatz …*
- *Leipziger Straße, Frankfurter Ring, Hamburger Weg …*
- *Im Dornbusch, Unter den Erlen, Auf dem Brink …*
- *Am Neuen Forsthaus, An der Alten Fabrik, In der Kleinen Hütte …*

2 Vergleiche die folgenden Wortpaare. Suche dazu weitere Beispiele in Stadtplänen und Telefonbüchern:

Neuer Markt	**Neu**markt	**Kaiser**straße	**Kaiser-Wilhelm**-Straße
Krumme Gasse	**Krumm**gasse	**Heine**ring	**Heinrich-Heine**-Ring

3 Formuliere Regeln für die Schreibweise der Straßennamen:
- Wann schreibt man Straßennamen zusammen? Wann auseinander?
- Wie werden Artikel, Adjektive und Präpositionen geschrieben?
- Wann stehen Bindestriche?

So kannst du üben

Ü 1 Sammle alle Straßennamen, denen du auf dem Schulweg begegnest. Schreibe sie auf und begründe ihre Schreibweise.

Ü 2 Erstelle ein kurzes Wortdiktat mit einigen Straßennamen für deinen Banknachbarn.

Ü 3 Erfinde mit den Wörtern der drei Zettel möglichst viele neue Straßennamen. Manchmal muss man wegen der leichteren Aussprache ein n oder ein s einfügen: nicht *Kastanieweg,* sondern *Kastanienweg.*

Allee Berg
Busch Feld
Garten
Gasse
Hof Park
Platz Ring
Straße Tor
Wall Weg

Goethe Hamburg
Kastanie
Kolumbus
Konrad Adenauer
Mozart Nelken
Schiller Stein
Wilhelm Busch
Willy Brandt

am
an den
grün
klein
groß
zum
zur

das oder dass?

Sätze mit ***dass*** wollen vor allem einen Gedanken fortführen und den Satz vervollständigen. Beispiel: ***Ich traue mich nicht zu sagen (was denn?), dass mir auch andere Musik gefällt.***
Die Konjunktion ***dass*** steht häufig nach Verben des Denkens, Fühlens und Sagens: ***meinen, denken, glauben*** …

Ich finde, dass …
Ich wünsche mir, dass …
Manche glauben, dass …
Man zeigt damit, dass …

1 Ergänze die folgenden Teilsätze mit den Satzmustern auf dem Zettel. Unterstreiche anschließend die Verben, nach denen *dass* steht.
… viele nur auffallen wollen.
… ich hin und wieder anders aussehe als die anderen.
… sie immer nach der neusten Mode angezogen sein müssen.
… man jeden Modetrend auch mitmachen muss.
… man auf der selben Wellenlänge ist.

2 Ergänze, was du über Mode weißt. Beginne die Sätze so, dass sich dass-Sätze anschließen. Unterstreiche anschließend die Verben, nach denen *dass* folgt. Überprüfe die Sätze mit einem Partner.

3 Schreibe einige Sätze der vorhergehenden Aufgaben so auf, dass der dass-Satz an erster Stelle steht. Das Komma nicht vergessen!

Dass ist eine Konjunktion. Du kannst nie die Pronomen *dieses* oder *welches* dafür einsetzen.

Als zusätzliche Hilfe kannst du mit der **Ersatzprobe** überprüfen, ob du *dass* oder *das* schreiben musst. Mit der Ersatzprobe probiert man aus, ob anstelle von **das/dass** *dies(es)* oder *welches* eingesetzt werden kann. Klappt das nicht, muss man *dass* schreiben.
Beispiel: *Ich möchte nicht, dass/das für Zigaretten geworben wird.*
Ersatzprobe: *Ich möchte nicht, dieses/welches für Zigaretten geworben wird.*
Beides geht nicht – also: *dass.*

4 Schreibe die folgenden Sätze ab und entscheide, ob du *dass* oder *das* schreiben musst. Vergiss nicht die Kommas zu setzen!

Rauchfreie Schule – ist dass/das möglich?
Gegen dass/das rücksichtslose Besprühen ganzer Häuserzeilen mit Graffiti muss etwas unternommen werden. Ich bin dafür dass/das die Sprayer dass/das entfernen, was sie gesprüht haben.
Ich finde dass/das das Internet dass/das Lernen im Unterricht bereichert. Es sollte selbstverständlich sein dass/das jedem Schüler in der Schule ein Computer zur Verfügung steht.

5 Formuliere Meinungen zu anderen Themen oder nimm Stellung dazu. Verwende möglichst viele Sätze mit *dass*.

Getrennt oder zusammen?

Die Getrenntschreibung ist der Normalfall. Die folgenden Wortgruppen werden getrennt geschrieben:

1. **Verb + Verb.** Das gilt auch, wenn ein Verb oder beide Verben zu Partizipien werden: ***kennen lernen, liegen gelassen, verloren gegangen*** ...
2. **Nomen + Verb.** Das gilt auch, wenn aus dem Verb ein Partizip wird: *Angst haben, Krebs erregend* ...
3. **Wörter mit sein:** *da sein, freundlich sein* ...

1 Vervollständige die folgenden Sätze mit passenden Wortverbindungen von dem blauen Zettel. Schreibe in Klammern die Ziffer der Regel, die jeweils zutrifft.

Fußball spielen
da sein
laufen lassen
liegen lassen
Fahrrad gefahren
sitzen geblieben
empfindlich sein
spazieren gehen

Wie konntest du nur deinen neuen Schirm im Bus ▬?.
Wollten wir nicht schon lange ▬?
Heute Nachmittag wollen wir auf dem Sportplatz ▬, gestern sind wir stundenlang ▬.
Bei diesem miesen Wetter werden wir nicht ▬.
Bist du in der Schule schon einmal ▬?
Bei Tätigkeiten auf Baustellen oder im Wald arbeitet man im Freien und darf nicht so ▬.
Du solltest beim Zähneputzen das Wasser nicht einfach ▬.

So kannst du üben

Ü 1 Welche Verbpaare lassen sich mit den Wörtern der beiden Wörterzettel bilden? Schreibe sie auf und gebrauche sie in Sätzen. Vielleicht gelingt dir dabei eine kurze Mitteilung für einen Freund oder eine Freundin.

kennen schwimmen fallen
sitzen stecken liegen

bleiben lernen
lassen gehen

Ü 2 Verbinde je ein Nomen und ein Verb zu einer Wortgruppe:

Angst Schlittschuh
Not Auto Schlange
Rat Maß Diät Feuer

suchen halten stehen
laufen fahren fangen
leiden halten haben

Überprüfe immer alle Lösungen mit einem Partner. Beachte dabei die Angaben im Regelkasten.

Ü 3 Vervollständige die folgenden drei Sätze mit passenden Wortverbindungen aus Ü 2:

An der Kinokasse mussten wir ▬.
Während des nächsten Wandertages wollen wir ▬.
Aus Gesundheitsgründen muss ich ▬.

Getrennt oder zusammen?

Verbindungen aus einem Adjektiv und einem Verb werden getrennt geschrieben, wenn das Adjektiv gesteigert oder erweitert werden kann, zum Beispiel durch ***sehr*** oder ***ganz.*** Das Wort ***nicht*** gilt nicht als Erweiterung. Beispiel: *(sehr/ganz) laut sprechen, laut(er) sprechen.*

2 Schreibe die folgenden Sätze auf. Erweitere oder steigere dabei die Adjektive in den Verbindungen mit einem Verb:

Damit man dich gut verstehen kann, musst du laut und betont reden.
Wenn ihr geübt habt, dürfte euch die Klassenarbeit leicht fallen.
Du solltest meine Ratschläge ernst nehmen und genau befolgen.
Maike kann schnell schwimmen und auch tief tauchen.
Solches Verhalten sollte dir fern liegen.
Mein Referat kann ich bis morgen nicht fertig stellen.
Ich habe gehört, dass es ihm schlecht gehen soll.

bereit?halten
froh?locken
gut?gehen
lang?ziehen
lang?weilen
schwarz?fahren
schwer?nehmen
voll?fressen
voll?bringen

3 Entscheide mit den Hinweisen im Regelkasten, ob du die Adjektive und Verben auf dem Zettel getrennt oder zusammenschreiben musst.

4 Verwende die Wortverbindungen zusammen mit Wörtern wie *lassen, dürfen, können, sollen* … in Sätzen. Beispiel: *Lass es dir gut gehen.* Überprüfe die Rechtschreibung mit einem Partner.

5 Welche der folgenden Wörter werden getrennt, welche zusammengeschrieben?

frei?sprechen (einen Angeklagten)
gut?schreiben (auf ein Konto)
dicht?machen (ein Loch)
klein?schreiben (Anfangsbuchstaben)

frei?sprechen (ein Referat)
gut?schreiben (einen Text)
dicht?machen (ein Geschäft)
klein?schreiben (kleine Schrift)

Prüfe mit der Erweiterungs- bzw. Steigerungsprobe, ob die Erweiterung oder Steigerung sinnvoll ist. Ist dies nicht der Fall schreibt man Adjektiv und Verb zusammen.

Im Zweifelsfall hilft nur eins: im Wörterbuch nachschlagen!

6 Schreibe die Wortpaare in Sätzen auf. Benutze das Perfekt. Beispiel: *Sie haben den Angeklagten freigesprochen. Er hat während des Referats frei gesprochen.*

So kannst du üben

Ü 1 Verwende die Wortverbindungen in kurzen Sätzen. Es dürfen auch witzige Sätze sein. Lass dir die Sätze diktieren.

Ü 2 Suche gezielt nach Wortverbindungen aus Nomen + Verb, Verb + Verb, Nomen + Adjektiv und schlage im Wörterbuch nach.

Werkstatt Rechtschreiben

Zeichensetzung in der wörtlichen Rede

Wenn der Begleitsatz vorn steht, folgt immer ein Doppelpunkt!

Wenn mit wörtlicher Rede begonnen wird, wird sie immer mit einem Komma vom Begleitsatz abgetrennt. Bei einer Frage und einem Befehl bleiben Frage- und Rufzeichen erhalten.

Vor und hinter der wörtlichen Rede steht jeweils ein Anführungszeichen. Die wörtliche Rede kann von einem Begleitsatz eingeleitet, abgeschlossen oder unterbrochen werden.

Der Begleitsatz leitet die wörtliche Rede ein:

Begleitsatz: „Aussagesatz."	*Er sagte: „Ich fahre."*
Begleitsatz: „Fragesatz?"	*Sie fragte: „Wann fährst du los?"*
Begleitsatz: „Aufforderungssatz!"	*Er rief: „Fahre sofort los!"*

Der Begleitsatz schließt die wörtliche Rede ab:

„Aussagesatz", Begleitsatz.	*„Ich fahre", sagte er.*
„Fragesatz?", Begleitsatz	*„Wann fährst du los?", fragte sie.*
„Aufforderungssatz!", Begleitsatz.	**„Fahre sofort los!", rief er.**

Der Begleitsatz unterbricht die wörtliche Rede:

„Aussagesatz", Begleitsatz, „Aussagesatz."
„Ich fahr jetzt los", antwortete er, „und bring den Hund mit."

„Fragesatz", Begleitsatz, „Fragesatz?"
„Willst du etwa", fragte sie, „den großen Hund mitbringen?"

„Aufforderungssatz", Begleitsatz, „Aufforderungssatz!"
„Lass den Hund da", befahl sie, „und bring Kuchen mit!"

1 **Überprüfe die Aussagen in den Sprechblasen mit den Beispielen im Regelkasten.**

2 **Schreibe die folgende Fabel ab und trage die fehlenden Satzzeichen ein. Unterstreiche die Begleitsätze und unterschlängele die Redesätze.**

Der Löwe und die Füchse

James Thurber

Gerade hatte der Löwe dem Schaf, der Ziege und der Kuh auseinander gesetzt, dass der von ihnen erlegte Hirsch einzig und allein ihm gehöre, als drei Füchse erschienen und vor ihn hintraten. Ich nehme ein Drittel des Hirsches als Strafgebühr sagte der erste Fuchs du hast nämlich keinen Jagdschein. Und ich sagte der zweite nehme ein Drittel des Hirsches für deine Witwe, denn so steht es im Gesetz. Ich habe gar keine Witwe knurrte der Löwe. Lassen wir doch die Haarspaltereien sagte der dritte Fuchs und nahm sich ebenfalls seinen Anteil. Als Einkommenssteuer erklärte er. Das schützt mich ein Jahr lang vor Hunger und Not. Aber ich bin der König der Tiere brüllte der Löwe. Na, dann hast du ja ein Krone und brauchst das Geweih nicht bekam er zur Antwort, und die drei Füchse nahmen auch noch das Hirschgeweih mit.

Moral: Heutzutage ist es nicht mehr so leicht wie in früheren Zeiten, sich den Löwenanteil zu sichern.

3 **Begründe die Zeichensetzung mit den Angaben im Regelkasten.**

Zeichensetzung in der wörtlichen Rede

3 **Mache den folgenden Zeitungsbericht verständlich, indem du den Text abschreibst und die wörtlichen Zitate des Berufsberaters mit allen fehlenden Satzzeichen an den markierten Stellen im Text einfügst.**

1 verrät Bernd Müller, Berufsberater beim Arbeitsamt. Und es gebe sie ja, die Berufe, in denen Auszubildende gesucht werden. 2 erklärt er die geringen Bewerbungen auf bestimmte Azubi-Stellen. Von manchen Berufen hätten die Jugendlichen auch ein ganz falsches Bild. 3 so der Berufsberater, der auf Anhieb 15 Stellen in dieser Richtung im Computer findet. Von denen sind zwölf noch unbesetzt, für die es bisher nur vier Bewerber gibt.

4 erklärt Bernd Müller, hält kurz inne und fügt hinzu 5 Peter Müller weiß, dass gerade in diesem Bereich Azubis gesucht werden. Wenige Nachwuchskräfte gibt es auch in den Bereichen Landwirtschaft, Fleischerei, Hotellerie und Gastronomie sowie Dienstleistungen. 6 so Müller. Aber auch Exoten* unter den Berufen brauchen Nachwuchs: Fachkräfte für Süßwarentechnik, Mechatroniker, Brunnenbauer, Orthopädieschuhmacher, Textilmaschinenführer, Siebdrucker, Pferdewirtin oder Feinwerkmechaniker.

7 rät der Berufsberater. Es sei alles eine Sache der Motivation. Ein Praktikum müsse man mit offenen Augen machen. 8 gibt Müller zu bedenken. 9 rät Müller.

1. Ganz so schlimm sieht es für die Azubis, was den Arbeitsmarkt angeht, nicht aus
2. Manche Berufe sind allerdings nicht so bekannt oder so beliebt
3. Beim Fleischer gibt es zum Beispiel verschiedene Fachrichtungen. Das weiß aber oft keiner
4. All diese Informationen haben die Jugendlichen ja auch
5. Immer noch ganz weit oben auf der Beliebtheits-Skala stehen Büro- und IT-Berufe, Arzthelferin, Floristin, Tischler, Kfz- oder Industriemechaniker oder Jobs im Groß- und Einzelhandel. Aber bitte ohne Lebensmittel
6. Gute Chancen haben Azubis zurzeit zum Beispiel im Metallhandwerk oder im Heizungs- und Straßenbau.
7. Oft müssen die Leute Praktika machen, um zu sehen, was wirklich in dem Beruf gemacht wird
8. Schlüsselqualifikationen wie etwa Pünktlichkeit oder Teamgeist werden immer wichtiger
9. Wichtig ist, dass es immer ähnliche Berufe gibt. Es lohnt sich, rechts und links zu gucken. Man sollte nicht auf eine Sache versteifen

4 **Überprüfe die Zeichensetzung mit einem Partner. Beachtet dabei die Angaben zur wörtlichen Rede auf der vorhergehenden Seite.**

Das Komma bei Aufzählungen

> Das Komma steht bei Aufzählungen zwischen gleichrangigen Wörtern und Wortgruppen, wenn sie nicht durch Wörter wie ***und*** oder ***oder*** verbunden sind.

1 **Schreibe die folgenden Sätze ab. Unterstreiche, was aufgezählt wird, und setze die Kommas.**

Während des Besuchs in der Ausbildungswerkstatt sahen wir zunächst einen Informationsfilm besuchten in kleinen Gruppen die Ausbildungswerkstatt und die verschiedenen Werkstattbereiche. Dort schraubten bohrten löteten prüften und schweißten die Azubis.

Stefanie: 14 Jahre Schülerin 170 cm groß braune Augen blonde Haare immer gepflegt immer in Bewegung singt gern und laut kombiniert die tollsten Farben.

Bernd: 15 Jahre Schüler 160 cm groß rundlich mit Doppelkinn große Nase rötliche Wangen Fußballer und Autonarr lutscht ständig Süßigkeiten macht gerne flotte Sprüche lässt sich gern bitten.

Der Schüler versprach am Elternsprechtag fleißig zu lernen seine Hausaufgaben zu machen ordentlich zu schreiben nicht den Unterricht zu stören und konzentriert zu arbeiten.

2 **Mache die folgenden Sätze leserfreundlicher, indem du einzelne Sätze miteinander verbindest. Dabei sollst du Satzteile einsparen und Sätze verkürzen, den Sinn aber nicht verändern. Setze die Kommas und die Punkte.**

- Auf dem Bahnsteig warten viele Reisende. Sie führen Gespräche. Sie schauen immer wieder zur Uhr. Die Reisenden steigen in den Zug. Sie drängen sich an den Türen. Sie schieben sich durch die Gänge. Sie suchen einen Sitzplatz.
- Eine Führung durch den Zeitungsverlag findet am Montag statt. Sie beginnt um 14 Uhr. Sie führt auch durch die einzelnen Abteilungen. Alle Schüler sollen sich Fragen überlegen. Sie sollen die Fragen während des Rundganges stellen. Sie sollen sich die Antworten in Kurzform notieren.
- Unbekannte Täter sind in der Nacht zum Freitag in eine Gaststätte am Nordring eingedrungen. Über einen Lichtgitterschacht verschafften sie sich Zutritt zum Keller. Sie gelangten dann in die Schankräume. Sie brachen dort einen Geldspielautomaten auf. Sie rissen einen Sparkasten von der Wand. Sie schlugen einen Zigarettenautomaten ein. Den Sparkasten nahmen sie mit. Sie nahmen eine unbekannte Geldsumme mit. Die genaue Schadenshöhe ist noch unbekannt.

3 **Schreibe die folgenden Sätze ab und setze die Kommas. Zwischen Adjektiven, von denen das erste das folgende näher bestimmt, steht kein Komma!**

In dem Geschäft finden wir ein reichhaltiges preiswertes Angebot.
In den nächsten großen Ferien verreisen wir.
Viele mutige hilfsbereite Menschen waren sofort zur Stelle.

Das Komma zwischen Haupt- und Nebensatz

Nebensätze erkennt man an den Konjunktionen *(wenn, weil, als …)*, durch die sie eingeleitet werden. In Nebensätzen steht das Prädikat am Ende.
Beispiel:
Damit ich über alle Sportereignisse in meiner Stadt informiert bin, lese ich regelmäßig die Zeitung.
Ich lese regelmäßig die Zeitung, damit ich über alle Sportereignisse in unserer Stadt informiert bin.

1 Schreibe die folgenden Sätze ab. Unterstreiche in den Nebensätzen die Konjunktionen und das Prädikat. Setze anschließend die Kommas (Folie).

In einer Zeitungsdruckerei

Damit am Morgen die neuesten Nachrichten in der Zeitung zu lesen sind arbeiten viele Menschen in der Zeitungsredaktion und in der Druckerei.

Sobald die Druckplatten mit den Zeitungstexten und Bildern fertig gestellt sind nimmt der Drucker sie in der Rotationshalle in Empfang.

Ehe mit dem eigentlichen Druck der Zeitung begonnen werden kann müssen riesige Papierrollen in die Rotationsmaschine gelegt werden.

Weil die Rollen zum Tragen viel zu schwer sind werden sie über Schienen zu den Maschinen transportiert und automatisch eingespannt.

Wenn der Drucker die Druckplatte mit den Zeitungsberichten und Bildern in der Druckmaschine befestigt hat beginnt der Druck der Zeitung.

Nachdem in der Rotationsmaschine die einzelnen Zeitungsseiten fertig gedruckt worden sind laufen sie über Transportketten in die Packerei.

Bevor die Zeitungen zum Abtransport an die Leser verpackt werden wählt ein Mitarbeiter probeweise eine Zeitung aus und überprüft den Druck.

2 Welche der gekennzeichneten Konjunktionen kannst du durch andere ersetzen, ohne das sich der Sinn des Satzes wesentlich verändert?
Mache die Ersatzprobe mit den folgenden Konjunktionen. Schreibe die Sätze ins Heft. Vergiss nicht die Kommas zu setzen.

dass damit sodass indem weil da nachdem bevor während
ehe als indem obwohl obgleich ob falls

3 Forme einige Sätze so um, dass der Nebensatz an zweiter Stelle steht. Unterschlängele den Nebensatz. Kennzeichen auch die Konjunktion und das Prädikat. Kommas nicht vergessen!

Das Komma zwischen Haupt- und Nebensatz

4 Nebensätze können auch mit Relativpronomen eingeleitet werden. Lies den Regelkasten zum Relativsatz in der Werkstatt Sprache, S. 238.

5 Erweitere im folgenden Text die unterstrichenen Nomen durch Relativsätze. Bilde die Relativsätze aus den Angaben in den Klammern.
Das passende Relativpronomen musst du noch finden.
Wenn der Relativsatz eingeschoben ist, musst du zwei Kommas setzen: *Ein Beruf, der für mich in Frage kommt, muss mir vor allem Freude bereiten.*

Gedanken an die Zukunft

Ich mache mir in letzter Zeit immer mehr Gedanken über die Berufsausbildung (ich in etwa drei Jahren beginnen werde). Ein Beruf muss mir vor allem Freude bereiten (für mich in Frage kommt). Das Thema „Traumberufe – Berufsträume" haben wir uns für das zweite Schulhalbjahr aufgespart (auch zur Vorbereitung auf das Berufspraktikum dient). Für mein Praktikum habe ich mich in einer großen Lebensmittelfabrik beworben (im nächsten Jahr stattfindet). Die Erwartungen sind mir noch nicht klar (ich mit meinem Berufspraktikum verbinden sollte). Ich habe zu allen Tätigkeiten Lust (etwas mit Technik zu haben).

6 Die Sätze in den folgenden Texten stehen zu unverbunden nebeneinander. Verbinde jeweils zwei Sätze zu einem Satzgefüge aus Haupt- und Nebensatz:
- Aus dem zweiten Hauptsatz soll dabei immer ein Nebensatz werden.
- Benutze die in Klammern angegebenen Konjunktionen oder Relativpronomen.
- Suche für jeden Text eine passende Schlagzeile.

Spürhunde sind für die Bergung von verschütteten Menschen unerlässliche Helfer. Die Tiere sind besonders trainiert. (weil)
Die Hunde schlagen auf verstärkten Buttersäuregeruch an. Menschen dünsten ihn in Not oder extremen Stresssituationen aus. (den)
Den Hunden macht nur der Staub auf dem Trümmerfeld zu schaffen. Dieser beeinträchtigt die Riechorgane. (da)

Zwei Tage lang hat ein 78-jähriger Mann aus Hamburg in seiner Wohnung gelegen. Er wurde von der Feuerwehr gefunden. (bevor)
Eine Nachbarin hatte die Rettungskräfte gerufen. Sie hatte den Mann nach Polizeiangaben seit Tagen nicht mehr gesehen. (weil)

Gestern begann das Stadtfest. Es geht heute und morgen weiter. (das)
Man kann mit einem Helikopter über die Gemeinde fliegen. Man hat keine Angst. (wenn)
Besonders für Kinder bieten die Veranstalter viele Mitmach-Aktionen. Die Besucher können malen und basteln. (bei denen)

Das Komma zwischen Haupt- und Nebensatz

Du kannst mit den Texten auch experimentieren, wie du es in wortstark 6 und 7 gelernt hast:
1. Verben markieren
2. Sinneinheiten finden und einklammern
3. Satzzeichen setzen
4. Ergebnisse vergleichen und begründen

7 Setze in die Texte auf den Zetteln die Kommas ein. Du kannst so vorgehen:
- Schreibe den Text ab, den du bearbeiten willst.
- Suche die Konjunktionen und Relativpronomen und markiere sie.
- Versuche die Nebensätze bis hin zum Verb zu überschauen. Unterstreiche sie.
- Setze dann die Kommas ein.
- Überprüfe dein Ergebnis mit einem Partner.

Düsseldorf. Ohne ihren Torschützen vom Dienst der wegen einer Knieverletzung passen musste fehlte der VfL-Mannschaft die entscheidende Anspielstation. Edelreservist Buzov und der lange verletzte Kuncic der nach seinen Achillessehnenbeschwerden ins Team zurückgekehrt war konnten die Lücke nicht schließen: Ihre einzige klare Chance resultierte aus einem Freistoß den der Keeper von Viktoria reaktionsschnell über die Latte lenkte. Wenn sich die VfL-Mannschaft in den nächsten Wochen nicht erheblich steigert wird es für sie in nächster Zeit kaum möglich sein dass sie den Klassenerhalt sichert.

Frankfurt. Der Schüler Alex A. war auf dem Weg zur Schule als ihm von einem Auto die Vorfahrt genommen wurde. Er verlor die Kontrolle über sein Mofa sodass er kopfüber in einen Straßengraben stürzte. Weil Alex einen Helm trug kam er mit leichten Verletzungen davon. Auf den Unfallwagen den ein Zeuge per Handy alarmiert hatte musste nicht lange gewartet werden. Da man im Krankenhaus nach eingehender Untersuchung außer einigen Prellungen keine weiteren Verletzungen feststellte konnte Alex noch am selben Tag das Krankenhaus wieder verlassen. Ob ein wenig Schmerzengeld für ihn herausspringt steht noch nicht fest.

Berlin. Viele befreien sich von der Nikotinsucht aus gesundheitlichen und finanziellen Gründen indem sie von einem Tag auf den nächsten mit dem lästigen ungesunden Rauchen einfach aufhören.

Lüneburg. Mit drei Jahren sang sie ihrer Familie vor mit elf Jahren hatte sie ihren ersten öffentlichen Auftritt. Jetzt eroberte Jana Rodrigues bei einem Talentwettbewerb in Bienenbüttel zu dem auch Vertreter einer Schallplattenfirma erschienen die Herzen des Publikums. Obwohl eine fiebrige Erkältung sie quälte ging sie auf die Bühne und stimmte kraftvolle Popsongs und gefühlvolle Balladen an. Das Publikum honorierte den Auftritt der Nachwuchskünstlerin mit kräftigem Beifall sodass das „Applausometer" das entscheidend für den Erfolg ist kräftig nach oben stieg. Demnächst wird Jana zu einer überregionalen Endausscheidung eingeladen bei der die Abstimmung durch das Publikum und durch ein Fachjury durchgeführt wird. Wenn sie diese Ausscheidung gewinnt bekommt sie einen Plattenvertrag. Jana ist überglücklich weil sie den Traum von einer Gesangskarriere schon fast aufgegeben hatte.

Tipps für Berichtigungen und individuelles Üben

1 Sammle eine Zeit lang Wörter, die du falsch schreibst:
- Übernimm dazu die folgende Tabelle ins Heft. Entscheide, ob du für dich weitere Spalten einfügen willst oder eine Spalte wegfallen kann.
- Trage die richtige Schreibweise in die richtige Spalte ein.
- Markiere, wo du einen Fehler gemacht hast.

d/t, g/k, b/p verwechselt:	
a/e, äu/eu verwechselt:	
ss/ß verwechselt:	
mm/m, nn/n … verwechselt:	kam
Nomen nicht großgeschrieben:	Angst
weitere Fehler:	

Einen Übungsplan erstellen

Wenn du deine persönliche Rechtschreibschwäche genauer kennst, kannst du versuchen durch kurze tägliche Übungen deine Rechtschreibung zu verbessern. Wähle dazu Aufgaben für deine täglichen Übungen aus:

Ü 1 Bilde zu einsilbigen Wörtern eine zweisilbige Wortform und schreibe sie mit Silbentrennstrich auf. Beispiel: *bremst – brem-sen.*

Ü 2 Zerlege zwei- und mehrsilbige Wörter in Silben: *die Hütte – die Hüt-te.*

Ü 3 Zerlege Wörter in einzelne Wortbausteine und erkläre ihre Schreibweise: *zerreißen – zer-reißen.*

Erfinde für deinen Übungsplan auch eigene Such- und Übungsaufgaben

Ü 4 Suche zu Wörtern mit ä und äu Formen mit *a* und *au: Rätsel – raten.*

Ü 5 Erstelle Wortfamilien. Benutze dazu das Wörterbuch.

Ü 6 Bestimme Nomen mit Adjektiven näher: *Schuld – große Schuld.*

Ü 7 Ordne die Nomen eines Textes nach ihren Erkennungswörtern: Nomen mit Artikel, Nomen mit Präposition (und verstecktem Artikel), Nomen mit Possessivpronomen, Nomen mit Demonstrativpronomen.

Ü 8 Übe dass-Sätze in typischen Satzmustern: *Er glaubt/meint/wünscht/fühlt …, dass es stimmt.*

Ü 9 Verwende deine Übungswörter in kurzen Sätzen.

Ü 10 Suche gezielt nach Wörtern mit besonderen Rechtschreibproblemen.

Ü 11 Mache mit Wörtern und Sätzen ein Eigendiktat oder lass dir Übungswörter, Übungssätze oder Texte diktieren.

WERKSTATT Sprache

WERKSTATT Sprache

Fremde Wörter: „Einwanderer" aus anderen Sprachen

In der deutschen Sprache gibt es viele Wörter, die in Texten immer wieder nebeneinander vorkommen und deswegen allmählich zusammenwachsen. So ist aus ***Montag*** und ***Abend*** der ***Montagabend*** geworden und aus dem ***Kapitän,*** der das ***Dampfschiff*** auf der ***Donau*** leitete, der berühmte ***Donaudampfschiffskapitän.***

Wörtern aus fremden Sprachen, besonders aus dem Englischen, passiert dasselbe: Sie werden im Englischen getrennt oder mit Bindestrich geschrieben, im Deutschen wachsen sie rasch zu einem einzigen Wort zusammen. Manche Schreiber in Zeitschriften aber bleiben eine Zeit lang bei der englischen Schreibweise, und so gibt es oft zweierlei Schreibweisen: ***Bluejeans – Blue Jeans.***

1 Schau dir die Wörter auf der vorigen Seite an: Wie würdest du es beim Schreiben halten? Und wie würdest du es lieber lesen? Entscheide dich für jeweils eine der beiden Schreibweisen.

HIPPIE	SCHUHE
KAPUZEN	ROCK
PLATEAU	KLAMOTTEN
RADLER	ROLLI
RIPPEN	WESTE
SATIN	JEANS
LACK	SHIRT
HEMD	BLOUSON
STRETCH	HOSE
STRUMPF	JACKE

2 Setze die Nomen auf dem blauen Zettel zusammen, sodass zusammengesetzte Nomen entstehen. In den meisten Fällen wirst du sie in einem einzigen Wort schreiben; aber vielleicht möchtest du das eine oder andere doch mit Bindestrich schreiben.
Wenn du möchtest, kannst du dir auch witzige Fantasiewörter zusammenstellen und sie in einen kleinen Modetext verpacken.

3 Wenn man unmittelbar nacheinander zwei zusammengesetzte Nomen verwendet, dann kann man sich manchmal etwas kürzer fassen. Man schreibt dann nicht *Mittagessen und Abendessen,* sondern *Mittag- und Abendessen.* Für den ausgelassenen Teil setzt man einen so genannten **Ergänzungsstrich.**

Schreibe die Wörter auf dem gelben Zettel einmal in kurzen Sätzen in dieser Form auf.

Musikkultur und Popkultur
Tennisfan und Fußballfan
Sportzeitschrift und Modezeitschrift
Sportmode und Freizeitmode
Modetrends und Freizeittrends
Kinderliteratur und Jugendliteratur

Trend-Sprache

Ein wirklich überlegener Junge!

Als der Neue zum ersten Mal in die Klasse kam, richteten sich alle Blicke auf ihn. Der Junge sah wirklich aufregend aus. Vollkommen selbstsicher, wie er da in der Tür stand und uns ansah! Er war sehr modisch gekleidet. Seine gesamte Kleidung sah großartig aus, vollendet modern. Vor allem seine gut frisierten Haare fielen auf. Einige Mädchen sahen ihn mit herausfordernden Blicken an. Ich fand das etwas unangemessen. Doch es schien so, als ob ihm das alles gleichgültig war. Er stand einfach da in seinem farbenfrohen T-Shirt, stemmte selbstbewusst die Fäuste in die Hüften und sagte, obwohl er noch gar keinen Platz in der Klasse hatte: „Na, wer will neben mir sitzen?“

Dieser Text entspricht nun wirklich nicht der Sprache, mit der ihr einen solchen Typ beschreiben würdet! Er ist aus der Sicht eines Erwachsenen geschrieben und nicht aus der von Jugendlichen.

1 Schreibt den Text doch einmal so um, dass er eurer Jugendsprache gerecht wird und so klingt, wie ihr ihn ohne Scheu vor umgangssprachlichen Ausdrücken geschrieben hättet. Einige Wörter, die ihr dabei verwenden könnt, sind hier abgedruckt. Keine Angst! Es geht nicht um guten oder schlechten Ausdruck, sondern um die Echtheit eurer Ausdrucksweise.

absolut bescheuert cool echt egal geil gestylt in klasse kultig out Outfit schrill super toll top-aktuell total trendy Typ

Ein ______ Typ

Als der Neue zum ersten Mal in die Klasse kam, richteten sich alle Blicke auf ihn. Der …

Viele Wörter der Trend-Sprache haben wir aus dem Englischen übernommen. Einige von ihnen sind aber auch Wörter, die in der deutschen Sprache eine lange Geschichte haben. Und einige von ihnen stammen aus anderen Sprachen.

2 Kannst du an äußeren Merkmalen oder an der Aussprache erkennen, welche der Wörter oben englischer oder deutscher Herkunft sind?

Und wie ist es mit diesen Wörtern:

Bluse Fashion Gürtel Hemd Hit Hose Kleid News Rap Sound T-Shirt Trend Typ

Wenn du unsicher bist, schlage in einem Wörterbuch nach!

Sprachbilder – Metaphern

SCHLANKE FIGUR

Verlockende Lippen

Unwiderstehlicher Charakter

GEKLEMMTE NADELN

Flotte Lotte

GETÖNTE FLAMMEN

Getönte Flammen

Intelligentes Glas

Trinkt *nicht* und raucht *nicht*

Stoff gewordener Traum

1 Wenn man sich diese Werbeslogans anschaut, denkt man zuerst wohl an etwas anderes als an das, was sie meinen. Notiert euch auf einen Zettel, woran ihr denkt, wenn ihr das lest. Zum Beispiel:
Bestechende Stacheln: blühende Rosen, Kakteen, Disteln …

2 Auf der nächsten Seite findet ihr Bilder und kurze Texte, die euch die Bedeutung dieser Werbeslogans verraten. Könnt ihr sie richtig zuordnen?

Wörter und Wortgruppen, die etwas anderes sagen, als sie eigentlich bedeuten, nennt man **Metaphern.**
Man **überträgt** die **ursprüngliche Bedeutung** des Wortes, wie ***Rad*** (runder Gegenstand, der rollt) auf ein Fahrrad und nennt es dann auch ***Rad,*** obwohl es doch zwei Räder hat. Oder man überträgt die eigentliche Bedeutung von ***cool*** (kühle, kalte Temperatur) oder ***ätzend*** (durch Säure verletzend) auf das Aussehen von Menschen oder ihren Charakter und nennt dann einen Typen oder eine Sache ***cool*** oder ätzend.

3 Schreibt auf, was ihr *cool* oder *ätzend* findet, und notiert euch dann, was ihr unter *cool* und *ätzend* versteht.

4 Sucht aus Zeitschriften Ausdrücke heraus (einzelne Wörter oder Wortgruppen), die in übertragener Bedeutung gebraucht sind. Gebt euch gegenseitig zum Raten auf, was mit ihnen gemeint sein könnte, – so wie in den Beispielen oben.

Sprachbilder – Metaphern

Tradition in der Küche

Dieses Küchengerät, das schon unsere Großeltern kannten, leistet Ihnen beim Durchsieben immer wieder gute Dienste.

Blüten locken Insekten

Stellen Sie sich diese wunderhübschen Lippenblütler auf den Balkon und Sie werden ein Heer von Hummeln beobachten können.

Hippe Bluse

Ohne Ärmel, mit rotem Reißverschluss und kleinem Guckloch im Dekolleté ist diese Jeansbluse ein …

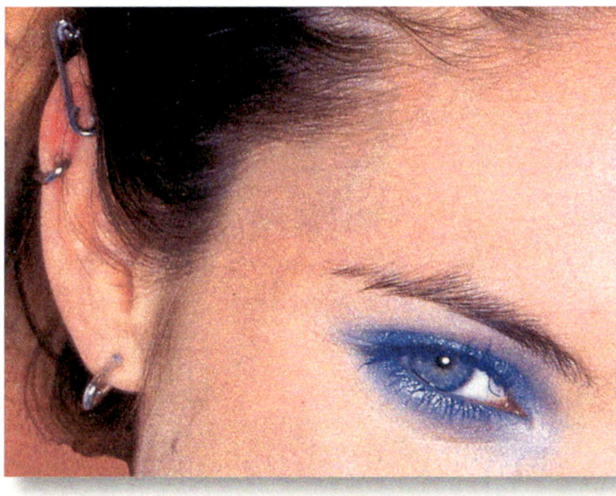

CLIPP DEINE PIERCING-NADEL ANS OHRLÄPPCHEN

Das neue Superauto

Es verbraucht wenig Kraftstoff und gibt ein Minimum von Abgasen an die Umwelt ab.

Badische Weine

Der Rote hat einen Charakter, dessen Temperament unwiderstehlich ist.

Brille für jedes Licht

Ihre Gläser passen sich den Lichtverhältnissen intelligent an. Im Schatten erscheinen sie hell, im Licht färben sie sich dunkel ein.

FLACHBILDSCHIRME

S. 222, Aufgabe 3: jemandem den Buckel runterrutschen können: über jemanden verärgert sein; jemandem einen Bären aufbinden: jemanden anlügen; Mächtig Staub aufwirbeln: für viel Aufsehen/Unruhe sorgen; Ins kalte Wasser springen: etwas ohne Vorbereitung tun

WERKSTATT Sprache

Redewendungen – Metaphern

Wasser und Wind

a Bis dahin läuft noch viel Wasser den Rhein hinunter.
b Er hat mir das Wasser abgegraben.
c Sie ist ein stilles Wasser.
d Sie kann kein Wässerchen trüben.
e Es wird überall nur mit Wasser gekocht.
f Er ist mit allen Wassern gewaschen.
g Er hat Wind davon gekriegt.
h Sie macht viel Wind um nichts.
e Ich rede zu euch wie in den Wind.

Redewendungen sind **bildliche Ausdrücke,** die etwas anderes bedeuten als sie sagen. Wenn jemand sagt ***Das ist ein Sprung ins kalte Wasser,*** dann meint er nicht, dass er ins Wasser springt, sondern dass er etwas riskiert, wovon er nicht genau weiß, wie es ausgehen wird.
Man benutzt solche bildlichen Redewendungen, weil man sie sich leicht merken kann und weil sie sehr anschaulich sind.

1 Hier stehen die wirklichen Bedeutungen der Redewendungen oben. Kannst du sie richtig zuordnen?

a Jemandem Schaden zufügen.
b Jemand, der aufschneidet und viel Unsinn redet.
c Jemand, der heimlich von etwas erfahren hat.
d Jemand, der viel in der Welt herumgekommen ist – oder der raffiniert ist.
e Jemand, der seine Gefühle nicht zeigt und immer cool bleibt.
f Es wird noch eine Menge Zeit vergehen, bis etwas passiert.
g Jemand, der niemandem etwas zuleide tun kann.
h Eine Sache sieht schlimmer aus, als sie in Wirklichkeit ist.
i Jemand, der etwas vergeblich sagt, das niemand hören will.

2 Kennst du noch andere Redewendungen? Auch in der heutigen Jugendsprache gibt es viele davon – und immer wieder entstehen neue: *Abflug, Alter! Schieb die Kohle rüber! Tickst du noch richtig?*

3 Was bedeuten wohl die gezeichneten Redewendungen? Schreibe sie wörtlich auf und schreibe dazu, was sie in Wirklichkeit ausdrücken wollen. (Die Lösungen stehen auf S. 221.)

4 Zeichne selbst einmal eine Redewendung in ihrer wörtlichen (nicht in der übertragenen!) Bedeutung auf. Daraus könnt ihr ein Ratespiel machen.

Wortfeldarbeit

Alles Lüge?

Für das Wort *lügen* gibt es viele ähnliche Wörter:

> Wörter, die eine völlig **gleiche** Bedeutung haben, gibt es in unserer Sprache nur wenige: ***Samstag – Sonnabend, Fleischer – Metzger – Schlachter*** …
> Wörter aber, die eine **ähnliche** Bedeutung haben, gibt es viele:
> ***lügen, schwindeln, aufschneiden, flunkern*** …
> Solche Wörter heißen **Synonyme.** Sie bilden ein **Wortfeld.**

Die Wörter im Wortfeld *lügen* haben alle ein gemeinsames Merkmal:
„Etwas sagen, das nicht der Wahrheit oder der Wirklichkeit entspricht."
Aber sie unterscheiden sich auch voneinander. Aber worin?

übertreiben
lügen
flunkern
schwindeln
täuschen
betrügen

1 Ordne die Wörter auf dem Zettel: Wie wird die „Lüge" bewertet:
a eher schlimm: …
b nicht so schlimm: …

2 Es gibt eine Fülle von Redewendungen und bildlichen Ausdrücken, mit denen wir das Lügen umschreiben:

jemanden hinters Licht führen   jemanden übers Ohr hauen
eine Schau abziehen   sich wichtig tun   dick auftragen
große Töne spucken   jemanden aufs Glatteis führen   sich aufplustern
Sprüche machen   aus einer Mücke einen Elefanten machen
die Wahrheit verdrehen   jemanden hintergehen

Welche dieser Redewendungen passen zu den folgenden Verben?
Manchmal passen sie zu zwei Verben:
a bluffen, übertreiben: …
b lügen, betrügen: …
c prahlen, angeben: …

3 Es gibt grundsätzlich zwei Arten, nicht die Wahrheit zu sagen:
Aussagen oder Texte, bei denen
a der Hörer oder Leser merken soll, dass hier etwas Falsches gesagt wird;
b der Hörer oder Leser dies gerade nicht merken soll.

Bei welchen Sätzen handelt es sich um „Lügen" der Sorte **a** oder **b**:

Münchhausen erzählt Lügengeschichten.
Der Angeklagte macht eine Falschaussage.
Der Angler erzählt uns nichts als Jägerlatein.
Der Zeuge schwört einen Meineid.

Sprachliche Höflichkeit

Manche bezeichnen Höflichkeit als „Öl im Getriebe der Gesellschaft". Manche meinen, in seiner Sprache nett und freundlich zu sein gehöre einfach zu den normalen Umgangsformen.

Am Telefon

1 Stell dir vor, du möchtest mit Lena telefonieren, die in deine Klasse geht. Am Telefon meldet sich aber ihr Bruder Niklas. Wie würdest du sprachlich reagieren?
Notiere zuerst einmal auf einem Zettel, 1. welchen der Sätze **a** – **d** du selbst auswählen würdest, und 2. welchen du auf keinen Fall sagen würdest:

a Hallo, Niklas! Hier ist … Würdest du mir bitte mal deine Schwester ans Telefon holen!
b Hier ist … Ich möchte gerne mal deine Schwester sprechen.
c Hier … Gib mir mal Lena!
d Hi! Eh du, schaff Lena ran! Ich will sie sprechen.

2 Spielt zu zweit die vier Möglichkeiten durch. Niklas nimmt den Hörer ab und meldet sich – und du redest.

3 Ihr solltet auch noch andere Möglichkeiten ausprobieren, die euch einfallen, und dann darüber sprechen.

4 Und nun stell dir vor, es meldet sich nicht Niklas, sondern die Mutter von Lena. Schreibe auch jetzt auf einen Zettel, welchen Satz du 1. wählen würdest und welchen du 2. nie und nimmer sagen würdest:

a Guten Tag, Frau Müller! Hier ist … Ich hätte gern mal Ihre Tochter gesprochen. Würden Sie sie bitte mal ans Telefon holen?
b Hier ist … Ich möchte gern Lena sprechen. Holen Sie sie doch bitte mal!
c Hier … Geben Sie mir mal Lena!
d Hi! Ich wollte eigentlich Lena sprechen. Holen Sie sie mal ans Telefon!

5 Spielt auch diese Szene zu zweit durch und wählt weitere Formulierungen, mit denen ihr die Mutter von Lena ansprechen würdet.

bitte
mal
würdest du
…

6 Vergleicht jetzt miteinander, was ihr auf euren Zetteln notiert habt.

7 Sucht aus den Sätzen oben einzelne Wörter oder Ausdrücke heraus, mit denen der Sprecher Höflichkeit oder Freundlichkeit signalisiert.

8 Diskutiert miteinander über Fragen wie:
- Sollte man zu Erwachsenen höflicher sein als untereinander?
- Braucht man bestimmte Höflichkeitsformeln? Und wozu?
- Braucht man Wörter wie *bitte, mal, doch* usw. Oder genügt es, nur mit der Stimme freundlich zu sein?

Sprachliche Höflichkeit

Beschwerdebrief

1 Stell dir vor: Ihr habt in der Schule von verschiedenen Lehrern sehr viele Hausaufgaben aufbekommen, obwohl ihr am Freitag eine schwierige Arbeit schreibt. Du fasst dir also ein Herz und schreibst einen Beschwerdebrief an deine Klassenlehrerin Frau Schmücking. Hier sind zwei Möglichkeiten. Würdest du eine von ihnen wählen?

Hey, Frau Schmücking,

ich fasse es einfach nicht! Obwohl wir am Freitag die Mathearbeit schreiben und noch üben müssen, kriegen wir von den anderen Lehrern so viel auf, dass man fast durchdreht. Ich mache jedenfalls keine Hausaufgaben. Ich nicht! Und die meisten von uns denken auch so. Man muss doch wenigstens ein bisschen Rücksicht nehmen, finde ich. Eine Arbeit geht einfach vor!!! Sagen Sie das Ihren Kollegen! Okay? Danke!

Dora

Sehr geehrte Frau Schmücking,

ich wende mich mit einer großen Bitte an Sie. Wir schreiben am Freitag eine ziemlich schwierige Mathearbeit, für die wir noch üben müssen. Nun haben wir aber von Ihren Kollegen zum Freitag so viele Hausaufgaben aufbekommen, dass wir wahrscheinlich nicht alles schaffen können. Ich möchte Sie, auch im Namen einiger Mitschülerinnen und Mitschüler, herzlich darum bitten, Ihren Kollegen mitzuteilen, dass Sie Verständnis für unsere Situation aufbringen möchten. Ich danke Ihnen sehr für Ihre Bemühungen.

Mit freundlichen Grüßen

Dora Minimal

2 Sprecht über diese beiden Briefe:
- Welche Ausdrücke in ihnen kommen euch vielleicht übertrieben höflich oder sehr unhöflich vor?
- Welche Formulierungen würdet ihr in einem Brief eventuell auch verwenden? Welche würdet ihr auf keinen Fall wählen?
- Vor allem: Welche Formulierungen würden eine Klassenlehrerin vielleicht dazu bringen, sich für euch einzusetzen? Welche aber wohl kaum?

3 Schreibe jetzt selbst einmal einen solchen Brief.

4 Vergleicht eure Briefe und sprecht über die Formen sprachlicher Höflichkeit und Freundlichkeit, die ihr gewählt habt.

5 Schreibe einen Beschwerdebrief an die Gemeinde, in dem du dich über den unhaltbaren Zustand der Fahrradwege oder über einen anderen Mangel beklagst. – Vergleicht eure Briefe miteinander: Wie deutlich kommt euer Ärger zum Ausdruck? Wie höflich oder unhöflich sind eure Briefe?

Adjektive

> Du hast es bereits gelernt:
> **Adjektive** sind Wörter, mit denen wir ausdrücken können, wie etwas ist. Doch dieser Hinweis reicht nicht ganz aus! Am sichersten erkennst du ein Adjektiv daran, dass es **zwischen** einem **Artikel und** einem **Nomen** stehen kann.

1 Probiere einmal aus, welche der folgenden Wörter Adjektive sind. Du musst nur feststellen, ob sie jeweils einzeln in eine der Lücken dieses Satzes hineinpassen oder nicht:

Ein ________ Typ in einem ________ Outfit von ________ Klasse

absolut cool echt egal entzwei furchtbar gern gestylt gleichgültig glücklich glücklicherweise groß heiß kaputt klasse lieb lila modern out prima rot schrill sehr super toll

Wenn du dieses Experiment durchgeführt hast, hast du festgestellt, dass es Adjektive gibt, die sich beim Einsetzen in die Lücken verändern. Sie erhalten eine Endung: *Ein toll-er Typ* …
Aber es gibt auch einige, die eine solche Endung nicht erhalten:
ein prima- Typ …
Und es gibt Wörter, die in keine der Lücken passen. Das sind dann keine Adjektive!

2 Fertige eine Tabelle an:

Adjektive mit Endung	Adjektive ohne Endung	keine Adjektive
toll-er	prima-	…

3 Wenn du an die folgenden Wörter einen Wortbaustein wie *-ig, -lich, -isch, -haft, -bar* anfügst, dann werden sie zu Adjektiven – und passen in den Satz oben hinein. Beispiel: *Furcht → furchtbar: ein furchtbarer Typ.*

Schreibe Sätze mit diesen Wörtern auf. Natürlich werden Adjektive kleingeschrieben!

FURCHT SCHRECK KIND WUNDER JAMMER FREUND EKEL HEUTE WITZ ITALIEN RUHE EHRE SPANIEN

Adjektive kann man steigern – aber alle?

dick dumm lang warm blass viel hoch schön alt jung groß gut flach hell kalt nass nahe

1 Bilde von diesen Adjektiven die Steigerungsform (den Komparativ) und die Höchstform (den Superlativ), – und zwar in drei Gruppen:
- Steigerungsform mit -er: *dicker, am dicksten* …
- Steigerungsform mit -er und Umlaut: *dümmer, am dümmsten* …
- besondere Steigerungsform: …

Schlagt im Zweifelsfalle in einem Wörterbuch nach!

2 Vergleicht eure Lösungen. Wahrscheinlich habt ihr die Adjektive nicht alle in die gleichen Reihen eingeordnet.

3 Ob man die folgenden Adjektive steigern kann, darüber kann man streiten: ob es einen Sinn macht oder ob es überhaupt möglich ist:

tot lebendig rund weiß rot eckig schwanger viereckig gestreift kariert schwarz nackt schriftlich ledig rosa leer voll

Schreibe die Adjektive in zwei Gruppen auf:
- Könnte man steigern: …
- Kann man nicht steigern: …

Vergleiche

a Er ist größer … ich.
b Sie ist genauso alt … ich.
c Der Baum ist fast doppelt so groß … unser Haus.
d Meine Uhr ist dreimal so teuer … deine.
e Die Arbeit heute war schwieriger … die letzte.
f Sie sieht ganz anders aus … ihre Mutter.
g Du hast das ja genau umgekehrt gemacht … ich!

Auch hier solltet ihr im Zweifelsfall in einem Wörterbuch nachschlagen!

4 Setze in diese Vergleiche *wie* oder *als* ein. Habt ihr es alle gleich gemacht?

Grundsätzlich lassen sich Adjektive **steigern.**
Die Grundform heißt **Positiv:** ***lieb, groß*** …
Die Steigerungsform heißt **Komparativ:** ***lieber, größer*** …
Die Höchstform heißt **Superlativ:** ***am liebsten, am größten*** …
Steht ein Adjektiv in der Steigerungsform (Komparativ), so heißt es:
größer als …, ***lieber als*** …
Steht es in der Grundform (Positiv), so heißt es: ***genauso lieb wie*** … ,
dreimal so groß wie …
Bei vielen Adjektiven ist eine Steigerung **nicht sinnvoll**, weil sie etwas ausdrücken, was sich nicht steigern lässt: ***viereckig, täglich, kariert*** …

Verben: Die Zeitformen wechseln

Die Schriftstellerin Lena Christ schreibt in ihrem Buch „Erinnerungen einer Überflüssigen" über ihre schwere Kindheit und Jugend.
In der folgenden Episode erzählt sie, wie ihre Großmutter einmal am Bach Wäsche spülte. Die Kleine saß neben ihr auf einem Steg und stocherte mit einem Stecken im Wasser herum …

Eine gefährliche Situation

Lena Christ

Kaum hatte ich mit meinem Stecken einen Stein zur Seite gerückt, als schon ein großer Dollen herausfuhr. Ich ziele und steche mit der Gabel zu; aber die war nicht festgebunden und rutscht ab. Inzwischen war der Fisch zur Seite geschnellt und blieb nahe dem Ufer über dem Sand stehen. Mir schien die Stelle seicht genug, um ihn jetzt mit der Hand fangen zu können. Ich stülpe also meinen Ärmel auf, strecke den Arm aus und will den Fisch fassen, versinke aber mit der Hand tief in den weichen Ufersand; dabei verliere ich das Gleichgewicht und stürze in den Bach, jedoch so, dass die Füße noch auf der Waschbank blieben. Den Kopf unter Wasser zerre und zapple ich so lange, bis ich die Füße nachziehen konnte. Derweilen hatte mir aber das Wasser schon alle Kraft genommen und trieb mich nun unter der Waschbrücke hindurch grad unter die Hände meiner Großmutter. […] Darauf zogen sich mich heraus und führten mich heim.

1 In welchen Zeitformen stehen die unterstrichenen Verben?

2 Eigentlich sollte man die Zeitformen in einem fortlaufenden Text nicht wechseln. Sprecht darüber, warum Lena Christ wohl die Zeitformen an einigen Stellen gewechselt haben mag.

Kleiner Unfall

Gestern fuhr ich auf dem Fußweg vor unserem Haus mit meinen Inline-Skates auf und ab. Ich rollte den Weg hinunter und kam gerade so richtig in Fahrt. Da kommt doch ein großer Hund daher und rennt mir zwischen die Beine. Ich falle mit Karacho auf das Hinterteil. Und der Hund – was macht der? Der steht über mir und guckt mich mit großen Augen an. Ich rappele mich wieder auf. Und als ich auf den Beinen stand, preschte der Köter wie angestochen davon. Ich sah nur noch, wie er mit eingezogenem Schwanz um die Ecke flitzte.

3 Auch in dem kurzen Erlebnisbericht hat die Schreiberin die Zeitformen gewechselt. Stellt fest, an welchen Stellen das der Fall ist. Sicher könnt ihr euch gegenseitig Auskunft darüber geben, was ein solcher Wechsel beim Lesen bewirkt.

Verben: Die Zeitformen wechseln

Für das, was man aus der Erinnerung aufschreibt, wählt man die Vergangenheitsform. Aufgeschriebene Erlebnistexte stehen deshalb in der Regel in der Zeitform des **Präteritum.**

Man kann aber hin und wieder auch ins **Präsens** wechseln, – und zwar an einer besonders aufregenden Stelle. Auf diese Weise wird das Geschehen näher an die Gegenwart herangeholt. Es wird für die Leserinnen und Leser dadurch **spannender.**

4 Schreibe den folgenden Text ab und setze dabei die Verben in einer der beiden Zeitformen Präsens oder Präteritum ein:

Noch einmal Glück gehabt!

Gestern (fahren) ich mit dem Rad zur Schule. Da (beobachten) ich, wie eine Katze gerade noch einmal mit dem Leben (davonkommen). Vor mir (fahren) ein Auto. Am Rand der Straße (stehen) eine kleine Katze. Auf einmal aber (laufen) sie doch quer vor das Auto. Der Fahrer (hupen). Dann (bremsen) er, dass die Reifen nur so quietschen. Die Katze (drehen) sich mit einem Sprung mitten auf der Straße um und (fliegen) in den Straßengraben. Ich (denken) noch: Die ist bestimmt verletzt oder gar tot! Als ich mit dem Rad an die Stelle (kommen), (sehen) ich aber keine Katze mehr. Ich (schauen) mich um und (sehen), wie sie putzmunter über die Wiese (rennen). Sie hatte noch einmal Glück gehabt!

5 Lest euch gegenseitig eure Texte vor. Achtet dabei darauf, an welchen Stellen ihr ins Präsens gewechselt seid – und wann ihr wieder ins Präteritum zurückgekehrt seid.

6 Schreibe selbst einmal einen kurzen Erlebnistext über ein Sportereignis, ein Erlebnis mit einem Tier, eine gefährliche Situation oder etwas anderes, woran du dich erinnerst. Wechsle dabei an einer besonders spannenden Stelle die Zeitform.

Die Zeitformen: Futur I, Futur II

Joggen

a Heute Abend werde ich wieder einmal einige Runden joggen.
b Die erste Runde wird mir bestimmt leicht fallen.
c In der zweiten wird mir sicher wieder die Puste ausgehen.
d Aber ich werde wie immer durchhalten!
e Wenn ich dann wieder zu Hause angekommen sein werde,
f werde ich mich duschen.
g Die Anstrengungen werde ich sicher schon bald danach wieder vergessen haben.
h Aber ich werde stolz auf mich sein!

1 Sieh dir die Formen der Verben in diesem Text genau an und schreibe sie heraus: *ich werde joggen* …

Das **Futur I** wird mit dem Hilfsverb ***werden*** und dem Infinitiv des Verbs gebildet: ***Ich werde joggen.***
Mit dieser Zeitform können wir sagen, dass etwas in der **Zukunft** geschieht.

Das **Futur II** wird mit ***werden,*** dem Partizip II und mit ***haben*** oder ***sein*** gebildet:
Ich werde vergessen haben. – Ich werde angekommen sein.
Mit dieser Zeitform können wir sagen, dass etwas in der **Zukunft abgeschlossen** ist.

2 Schreibe jetzt einmal den Text oben so auf, wie *du* ihn formulieren würdest. Dabei soll alles erhalten bleiben! Doch für das Futur I und das Futur II kannst du manchmal andere Zeitformen verwenden.

3 Lest euch eure Texte gegenseitig vor und vergleicht sie:
Wer hat in welchem Satz die Futur-Formen beibehalten? Welche anderen Zeitformen sind manchmal stattdessen gewählt worden?

4 Ergänze die beiden Sätze im Merkkasten. Welche der folgenden Begriffe musst du einsetzen: *Präsens, Präteritum, Perfekt?*

Futur I und Futur II werden in unserer Sprache sehr selten verwendet.
Statt des Futur I gebrauchen wir in unserer Sprache meistens eher ___ .
Statt des Futur II gebrauchen wir eher ___ .

Aktiv – Passiv

Mal leicht, mal schwer!

Im Schulbus wurde mir ___ auf die Füße getreten.
Auf dem Schulhof wurde ich ___ angerempelt.
In Sport wurde mir im Hockeyspiel zuerst ___ zugejubelt.
Dann wurde ich ___ auf die Strafbank gesetzt.
Nach der Pause wurde ich ___ getröstet.
In der Mathestunde wurde ich dann ___ gelobt.
In Englisch wurde ich aber wegen meiner Aussprache ___ ausgelacht.
In Deutsch wurde mein Gedichtvortrag ___ beklatscht.
Mir wurde es heute ___ mal leicht und mal schwer gemacht.

1 „Wer hat denn um Himmels Willen das alles mit dir in der Schule gemacht?" fragte der Vater zu Hause.
Ja, wer wohl? – Setze in den Text Personen ein, die getan haben könnten, wovon hier die Rede ist. Das kannst du tun, indem du Ausdrücke mit *von* … einsetzt: *Im Schulbus wurde mir von einem Typen auf die Füße getreten …*

2 Mündlich kann man auf diese Weise schon einmal erzählen.
In geschriebener Sprache liest sich ein solcher Text aber nicht sehr gut, weil immerzu *wurde* … *wurde* … wiederholt wird. Schreibe den Text einmal auf, indem du Passiv und Aktiv abwechselst:

Auf dem Schulhof wurde ich (von jemandem) angerempelt. Oder:
Auf dem Schulhof hat mich jemand angerempelt.

Mit Passivsätzen kann man etwas tun, was im Aktiv nicht so gut möglich ist:
Man kann weglassen, wer etwas tut:

Aktiv: *Auf dem Schulhof hat mich ein Junge angerempelt.*
Passiv: *Auf dem Schulhof wurde ich angerempelt.*

Wenn wir etwas ausdrücken wollen, ohne einen Täter zu nennen, verwenden wir gern das Passiv.

3 Forme die folgenden Sätze ins Passiv um – und lasse dabei weg, wer etwas tut:

Genervt!

Manchmal redet meine Oma unentwegt auf mich ein.
Meine Schwester lässt mich keine Minute in Ruhe.
Meine Freundin nutzt mich ständig aus.
Sie nerven mich ständig!

Die indirekte Rede und die Verben im Konjunktiv

Jara erzählt ihrer Freundin

1 Stell dir vor, der Alice soll in der Sportstunde ihr kostbarer Ring weggekommen sein! 2 Sie hat mir gesagt, 3 dass sie ihn vor dem Volleyballspiel in ihre Hosentasche gesteckt habe. 4 Als sie sich dann wieder umgezogen habe, sei der Ring nicht mehr in der Tasche gewesen. 5 Sie sei ganz sicher, dass sie ihn vorher abgemacht habe. 6 Sie habe das immer so gemacht. 7 Ich weiß ja nicht, ob das alles so stimmt. 8 Sie sei jedenfalls ziemlich sicher, dass ihn jemand gestohlen habe. 9 Sie habe das Ganze jedenfalls dem Hausmeister gemeldet. 10 Vielleicht hat sie den Ring ja auch einfach verloren – oder gar nicht angesteckt! 11 Manchmal ist sie ja ein bisschen schusselig.

1 Nachdem du diesen Text gelesen hast, solltest du zuerst einmal notieren: Welche der Aussagen stammen von Alice und welche stammen von Jara? Schreibe die Satzziffern auf: *Jara: Satz 1 … – Alice: Satz …*

2 An welchen sprachlichen Merkmalen kann man eigentlich erkennen, welche Aussagen von Alice stammen? Sprecht darüber.

Wenn man etwas in **direkter Rede** (wörtlicher Rede) erzählt, sagt man es meistens im **Indikativ:**
Sie sagte: „Mein Ring ist weg. Ich finde ihn nicht. Er ist mir gestohlen worden."

Wenn man etwas erzählt, was ein **anderer** gesagt hat, dann gebraucht man die **indirekte Rede.** Für eine solche indirekte Wiedergabe verwenden wir oftmals den **Konjunktiv I:**
Sie sagte, ihr Ring sei weg. Sie finde ihn nicht. Er sei ihr gestohlen worden.

Das Wichtigste aber ist: Man lässt die Person **nicht** in der **Ich-Form** sprechen, sondern in der **Er-** oder **Sie-Form.**

3 Unterstreiche die Merkmale der indirekten Rede, die im Merkkasten genannt sind, in dem Text oben auf der Folie.

4 Was könnte Alice wirklich gesagt haben? Forme ihre Sätze in direkte Rede um:
„Ich habe den Ring vor dem Volleyballspiel in meine Hosentasche gesteckt. Als …"

Die indirekte Rede und die Verben im Konjunktiv

Die Mutter zum Vater:

Du, ich muss dir etwas erzählen!
Alice hat mir vorhin gesagt:
„Ich habe heute in der Schule Pech gehabt.
Ich habe meinen Ring verloren."
Sie sagte:
„Das ist in der Sportstunde passiert.
Ich habe den Ring in der Umkleidekabine abgemacht."
Das ist vielleicht ein Ding! Alice hat noch gesagt:
„Beim Hausmeister hat ihn auch niemand abgegeben."
Ich weiß auch nicht, was ich davon halten soll.
Zum Schluss meinte sie:
„Bestimmt hat ihn jemand gestohlen!
Ich werde mich morgen noch einmal darum kümmern."
Eigentlich schade um den schönen Ring!

Das hat die Mutter am Abend dem Vater von Alices Pech berichtet. Doch so wird sie es sicherlich nicht gesagt haben. Sie wird doch nicht alles in direkter Rede erzählen, was Alice gesagt hat. Wahrscheinlich wird sie das meiste in indirekter Rede sagen. Und dabei hätte sie mehrere Möglichkeiten:

Alice hat mir erzählt, *sie habe heute Pech gehabt ...*
.........................., *dass sie heute Pech gehabt habe ...*
.........................., *dass sie heute Pech gehabt hätte ...*
.........................., *dass sie heute Pech gehabt hat ...*

5 Erzählt mündlich, was die Mutter dem Vater erzählt hat.

6 Schreibe es jetzt einmal auf. Du musst dabei unbedingt unterscheiden: Was die Mutter aus Alices Mund wiedergibt – und was ihre eigenen Worte sind!

7 Vergleicht eure Formulierungen miteinander.

Wenn du **mündlich** etwas in indirekter Rede wiedergibst, dann stehen dir viele Möglichkeiten zur Verfügung. Wenn du aber etwas **schriftlich** wiedergibst, dann ist die Form des **Konjunktiv I** die eleganteste:
Alice hat mir erzählt, sie habe heute in der Schule Pech gehabt.

Der Konjunktiv II: Wünsche und Vorstellungen

Ich wär so gerne Millionär

Ich stelle mir vor, ich wäre Millionär. Ich würde in einem Schloss wohnen. In dem Park gäbe es eine riesige Anlage für Inline-Skating und eine Weide voller Pferde. Natürlich wäre da auch eine Gokartbahn, auf der man Rennen ausrichten könnte. Ich würde dann alle meine Freundinnen und Freunde einladen. Wir liefen Inline-Skates, ritten auf unseren Pferden und würden mit den Gokarts auf der Bahn rund um den Park fahren. Wir …

Eine normale Schule gäbe es für mich nicht. Die Lehrerinnen und Lehrer kämen zu uns aufs Schloss und würden mir und allen meinen Freunden Unterricht geben. Der Unterricht dauerte natürlich nur so lange, wie wir Lust hätten. Vor allem würden nur unsere Lieblingsfächer unterrichtet. In Mathematik müsste ich allerdings eine Menge lernen, damit ich lernte, wie man mit dem vielen Geld umginge. Aber wenn man wüsste, wozu es gut ist, nähme man das in Kauf.

1 In diesem Wunschtext gibt es eine Reihe von Verbformen, an denen immer wieder deutlich wird, dass das Ganze leider nur ein Wunschtraum ist:
wäre, würde, gäbe …
Unterstreicht sie auf der Folie und schreibt sie an die Tafel.

2 Schreibe ein oder zwei Sätze auf, die in die Lücke im Text hineinpassen.

3 Lest euch eure Sätze gegenseitig vor. Auch die darin verwendeten Verbformen sollte einer oder eine von euch an die Tafel schreiben.

Hielte, ginge, bliebe, zöge, fühlte, schriebe, schliefe …

Verbformen wie diese nennt man Formen im **Konjunktiv II.**
Solche Verbformen gebraucht man besonders dann, wenn man **Wünsche** äußert oder **Fantasievorstellungen** zum Ausdruck bringt.

4 Schreibt in Gruppen den ersten oder zweiten Absatz des Textes einmal im Indikativ auf. Ihr dürft also keinen Konjunktiv verwenden!

Ich stelle mir vor, ich bin Millionär. Ich wohne in …

5 Lest euch eure Lösungen vor und sprecht darüber, an welchen Stellen ihr auch jetzt noch herausfinden könnt, dass alles nur Wünsche und Fantasien sind, – und an welchen nicht.

Der Konjunktiv II: Wünsche und Vorstellungen

Ich wär so gerne Nationalspieler/in

Ich bin Spieler(in) der deutschen Nationalmannschaft. Mein Name steht in allen Zeitungen. In jedem Spiel schieße ich mindestens ein Tor. Der Trainer hält große Stücke auf mich und beruft mich in jedes Spiel unserer Mannschaft. Wenn ich den Platz in einem großen Stadion betrete, jubelt mir alles zu. Man ruft meinen Vornamen im Chor. Ein Schauer des Glücks läuft mir über den Rücken. Natürlich strenge ich mich immer besonders an. Ich laufe mir die Lunge aus dem Leib. Keiner ist schneller als ich. Die Verteidiger der ganzen Welt fürchten meine Flankenläufe. Doch kaum einer kann mich stoppen. Ich bin trickreich und flink. Oft bekomme ich Aufmunterungsrufe. Sie dröhnen durch das ganze Stadion. Nach dem Spiel umdrängen mich die Reporter und jeder kann im Fernsehen sehen, wie ich clever auf ihre Fragen antworte. Ich komme viel in der Welt herum. Die größten Stadien der Welt sind meine Heimat.
Das ist ein Leben! – Oder besser gesagt: Das wäre ein Leben! Denn leider ist das alles nur ein Wunschtraum.

bekäme
beriefe
beträte
hielte
könnte
liefe
riefe
schösse

6 In diesem Text wird so getan, als ob alles Wirklichkeit ist. Zum Schluss heißt es aber: *Leider ist das alles nur ein Wunschtraum.*
Wie müsste der Text aussehen, damit man merkt, dass es nur ein Fantasietext ist?
Schreibe ihn um. Du kannst dabei Formen mit *würde* verwenden. Du solltest aber auch hin und wieder Verben im Konjunktiv II gebrauchen. Auf dem Zettel stehen einige von ihnen.

7 Die Formen des Konjunktiv II sind manchmal recht ungewöhnlich – und nicht immer leicht zu bilden. Schreibe zu den folgenden Verben diese Formen auf:

bleiben bringen finden fliegen gewinnen kommen laufen lesen nehmen rufen schießen schreiben sehen treffen treten trinken verlieren

Infinitiv	Indikativ	Konjunktiv II
bleiben	ich bleibe	ich bliebe

Denke dir dabei Sätze wie: *Wenn ich könnte, bliebe ich noch …*
Wenn du unsicher bist, schau in einem Wörterbuch nach!

Beifügungen (Attribute)

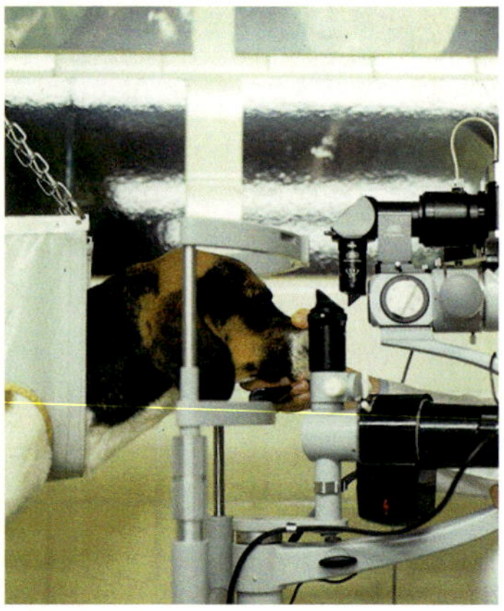

Tierkauf erst mit 16 Jahren

Der Verkauf (1) an Jugendliche (2) wird verboten. Dies sieht die Änderung (3) vor. Bislang lag die Altersgrenze bei 14 Jahren. Weiter müssen Züchter und Transporteure eine Qualifikation (4) nachweisen. Das bislang auf die Entwicklung (5) beschränkte Verbot (6) soll EU-weit auf (7) Kosmetika ausgedehnt werden. Bei der Einfuhr (8) werden die Anforderungen verschärft. Nach Ansicht (9) bringt der Entwurf (10) Forschritte. So werde nichts gegen die (11) Zustände (12) unternommen, erklärte Präsident Wolfgang Apel.

1 Wenn ihr euch diese Zeitungsnachricht gegenseitig vorlest, werdet ihr sicher den Kopf schütteln. Obwohl die Sätze vollständig klingen, sind sie doch unverständlich.

2 Was hier fehlt, sind die folgenden Wörter und Wortgruppen:

(1) *von Hunden, Katzen und anderen Wirbeltieren*
(2) *unter 16 Jahren*
(3) *des Tierschutzgesetzes*
(4) *für das Betäuben und Töten von Tieren*
(5) *von Make-up*
(6) *für Tierversuche*
(7) *sämtliche*
(8) *von Tieren*
(9) *des Deutschen Tierschutzverbandes*
(10) *keinerlei*
(11) *unhaltbaren*
(12) *in der Massentierhaltung*

Setze sie beim Lesen in die Lücken im Text ein.

Wörter und Wortgruppen wie diese nennt man **Attribute (Beifügungen).** Attribute gehören immer zu Nomen. Sie sagen etwas Genaueres über Nomen aus. Attribute können vor oder nach dem Nomen stehen, zu dem sie gehören.

Attribute können **Adjektive** sein: *unhaltbare Zustände.*

Es können auch Beifügungen im **Genitiv** sein:
die Änderung des Tierschutzgesetzes.

Es können Wortgruppen mit **Präpositionen** sein: *der Verkauf von Hunden.*

Beifügungen (Attribute)

Tierverkaufsverbot

Mit dem Tierschutzgesetz sollen Jugendliche, die unter 16 Jahre sind, daran gehindert werden, ohne die Erlaubnis, die sie von ihren Eltern erhalten haben, Tiere zu kaufen. Die Verantwortung, die für die Tierhaltung übernommen wird, liegt nämlich bei den Eltern von Kindern, die noch nicht mündig sind. Es wurde festgestellt, dass besonders Tiere, die sehr klein sind, oftmals von Kindern gekauft wurden und dann nicht mit der Sorgfalt, die ausreichend ist, behandelt werden. Unter einer Versorgung, die mangelhaft ist, leiden vor allem Schildkröten, die von Kindern gekauft wurden, ohne eine Kenntnis, die Eltern davon hatten. Deswegen werden durch das Tierschutzgesetz Händler, die in Tierhandlungen tätig sind, dazu verpflichtet, Tiere nur an Käufer abzugeben, die erwachsen sind.

3 Zu diesem Artikel eines noch etwas unerfahrenen Volontärs* meinte die verantwortliche Redakteurin: „Kürzen Sie den Text bitte noch etwas! Die vielen Relativsätze, die ich Ihnen unterstrichen habe, sind mir zu umständlich!“ Da machte sich der Volontär daran, jeden der unterstrichenen Relativsätze in knappere Attribute umzuformen: *Mit dem Tierschutzgesetz sollen Jugendliche unter 16 Jahren …*

4 Auch dieser Leserbrief ließe sich noch kürzen, indem man die etwas umständlichen Relativsätze in knappere Attribute umformt. Diesmal sind einige Nomen unterstrichen, zu denen die Attribute gehören:

Ich finde es ungerecht, dass wir von dem Taschengeld, das wir gespart haben, nicht mehr selbständig ein Tier, das unser eigenes ist, kaufen dürfen. Wie sollen wir denn zur Verantwortung, die wir gegenüber einem Tier haben sollen, erzogen werden, wenn wir nicht mehr mit unserem Taschengeld, das unser eigenes ist, entscheiden dürfen, welches Haustier wir kaufen wollen? Damit will man uns doch nur unsere Selbstständigkeit, die eh schon begrenzt ist, noch weiter einschränken. Das ist eine Ungerechtigkeit, die erschreckend ist!

Relativsätze sind Beifügungen zu **Nomen:** *Ich möchte für ein Tier, das mein Eigen ist, die Verantwortung übernehmen.*
Auch Relativsätze sind also eine besondere Art von **Attributen.**
Viele von ihnen lassen sich in kürzere Attribute umformen, zum Beispiel in **Adjektiv-Attribute:** *Ich möchte für ein eigenes Tier die Verantwortung übernehmen.*

Relativsätze

Relativsätze sind in der Regel Beifügungen (Attribute) zu einem **Nomen.** Sie werden durch **Kommas** vom übrigen Satz abgetrennt:
Ich besitze ein Haustier , das nur mir allein gehört.

Manchmal sind Relativsätze in einen Satz **eingeschoben.** Dann werden sie durch ein **Doppelkomma** (durch zwei Kommas also) vom Satz abgegrenzt:
Dieses Tier , das ein Pony ist , versorge ich selbst.

1 **Schreibe den folgenden Text auf. Erweitere die unterstrichenen Nomen durch Relativsätze. Diese Relativsätze kannst du aus den Wortgruppen in den Klammern selbst herstellen. Setze auch die Kommas ein!**
Beispiel: … *und ein Hund, der die Ohren spitz aufgestellt hat, kommt* …

Feinde von Joggern und Skatern?

Wer hätte es nicht schon einmal erlebt? Da fährt man, nichts Böses ahnend, auf seinen Inline-Skates am Baggersee entlang und ein Hund *(Ohren spitz aufgestellt)* kommt einem entgegen. Sein Frauchen *(von der Leine losgelassen)* spaziert gemütlich hinter ihm her. Man selbst überlegt: Will dieses vor sich hinschnaufende Ungetüm etwas von mir? Am besten ist in einer solchen Situation *(man plötzlich hineingerät)* wenn man sich ruhig verhält. Das Frauchen ruft einem dann in aller Regel zu, dass das Hündchen ein ganz liebes Tier sei und einem absolut nichts tut. Glaubt solchen Frauchen bitte niemals! Ein Hund *(vom Jagdinstinkt angestachelt)* vergisst seine ganze Erziehung. Er rennt allen Lebewesen *(sich bewegen)* hinterher. Deswegen gehören Hunde zu den größten Feinden von Joggern und Skatern *(nur ihren unschuldigen Sport treiben).* Nehmt euch vor ihnen in Acht!

2 **Der folgende Satz lässt sich ohne Kommas wirklich schwer verstehen:**

Satzungetüm mit Relativsätzen

Herr Beinhart dem der Hund gehört der den Jogger gebissen hat der am Baggersee entlang gerannt ist musste auf Anordnung des Gerichts das ihn dazu verpflichtete von nun an seinen Liebling der die Freiheit so sehr liebte auf seinen Spaziergängen die er täglich machte stets an einer Leine führen die sehr kurz ist damit er nie mehr Menschen die am Baggersee joggen beißt.

Ihr seht also: Kommas erleichtern durchaus das Lesen! Schreibe den Satz ab und setze die Kommas ein.

Nebensätze mit Konjunktionen

1 Verbinde jeweils die beiden Sätze einer Zeile. Setze eine der Konjunktionen von dem Zettel ein, sodass aus dem unterstrichenen Satz ein Nebensatz wird. Füge zwischen Hauptsatz und Nebensatz ein Komma ein.

Wenn man durch eine Stadt geht, begegnen einem überall Graffiti.

Graffiti – Kultur oder Sachbeschädigung?

dass
weil
da
sodass
wenn
obwohl
obgleich
damit
ob
falls

a Durch eine Stadt gehen – überall begegnen einem Graffiti.
b Ich bin der Meinung – Graffiti sind nichts als Schmierereien.
c Solche Wandschmierer müssten bestraft werden – sie betreiben Sachbeschädigung.
d Ich bin nicht sicher – ist das Graffitispritzen nicht vielleicht eine Art Jugendkultur.
e Sie können ihre Kunst ausüben – man sollte Jugendlichen Wände zur Verfügung stellen.
f Graffiti sind – ich finde sie sehr interessant – sicher Sachbeschädigungen.
g Manche Jugendliche spritzen Graffiti – sie finden es aufregend.
h Viele Betonwände sähen öde aus – es gäbe keine Graffiti.
i Ich kann mir gar nicht mehr vorstellen – es gibt die bunten Graffiti nicht mehr.
j Ich kann andererseits Hausbesitzer gut verstehen – sie erstatten Anzeige.

Nebensätze erkennt man an den **Konjunktionen**, durch die sie eingeleitet werden: *dass, weil, da, wenn* …

Nebensätze können einem Hauptsatz **vorausgehen**, sie können ihm **nachfolgen** oder in ihn **eingeschoben** sein:
Wenn man durch eine Stadt geht, begegnen einem überall Graffiti.
Überall begegnen einem Graffiti, wenn man durch eine Stadt geht.
Überall begegnen einem, wenn man durch eine Stadt geht, Graffiti.

2 Kannst du beschreiben, was mit dem Verb des Nebensatzes geschieht, wenn er durch eine Konjunktion eingeleitet wird? Versuche eine Regel zu formulieren.
Überall begegnen einem Graffiti – man geht durch eine Stadt.
Überall begegnen einem Graffiti, wenn …

In **Nebensätzen** steht das **Verb**…

Umstellen, erweitern, verkürzen

Umstell-, Erweiterungs- und Verkürzungsproben sind euch aus den vorhergehenden Schuljahren sicherlich noch bekannt. Es sind grammatische Experimente, mit denen man Satzglieder näher bestimmen kann. Es sind aber auch Experimente, die zur Bearbeitung von Texten beitragen.
So verwendet man
- das **Umstellen,** um das Wichtige an die richtige Stelle zu setzen;
- das **Erweitern,** um Texte anschaulicher und genauer zu machen;
- das **Verkürzen,** um Texte von Überflüssigem, das zur Information nichts beiträgt, zu befreien.

1 In den folgenden Textanfang könnten der Reihe nach die Wörter vom Zettel eingefügt werden, um den Text anschaulicher und genauer zu machen. Schreibe den erweiterten Text auf oder füge die Wörter beim Vorlesen ein.

Eiskunstlauf-training

verflixt – immer wieder – immer wieder – einige Meter weiter – mit zäher Hartnäckigkeit – groß – des Eiskunstlaufens – knüppelhart – unabdingbar

Diese Kombination will einfach nicht klappen! Maja versucht es. Aber das Mädchen landet beim Sprung auf den Knien. Aline feilt an ihrer Schlusspirouette*. Zwischen ihnen wiederholt Shirin eine Schlusskombination. Die drei Mädchen gehören zu den Eiskunstlaufhoffnungen des EC. Von Glanz und Glamour* aber ist im Eisstadion während des Trainings nichts zu spüren. Der Sprung ins Rampenlicht ist nämlich Arbeit. Selbstdisziplin ist Voraussetzung dafür.

2 Der folgende Textabschnitt könnte um mindestens zwölf Wörter gekürzt werden, ohne dass dabei Anschaulichkeit und wichtige Informationen verloren gehen.
Lege eine Folie über den Textausschnitt und streiche die überflüssigen Wörter. Die meisten sind Adjektive!

… Dick vermummt steht die Trainerin an der Bande der glänzenden Eislauffläche. Sie beobachtet, korrigiert und tröstet manches Mal auch ihre trainierenden Schülerinnen. Auch sind die hübschen Mädchen nicht in glitzernde Paillettenkostüme* gekleidet, sondern dicke Handschuhe und wärmende Pullis bestimmen das betriebsame Bild. Für wenig glänzende Atmosphäre sorgen schon die äußerst niedrigen Temperaturen im Stadion, in dem immer und immer eisige Kälte herrscht, auch wenn es draußen vor dem Stadion wärmer erscheinen mag. Das zugige Eisstadion ist nicht das einzige Problem der trainierenden Läuferinnen. Vergleichbar mit der internationalen Konkurrenz sind bei ihrem täglichen Training eigentlich nur der spiegelglatte, rutschige Untergrund und die schmerzhaften Landungen bei ihren neu einzustudierenden Sprüngen und den neu einzustudierenden Figuren.

Umstellen, erweitern, verkürzen

3 Auch der folgende Abschnitt ist noch nicht ganz geglückt. Durch Umstellungen von Satzgliedern in einigen Sätzen kannst du ihn so verbessern, dass einige Sätze nicht immer gleich (mit *sie*) anfangen – und dass er sich dann besser liest. Schreibe den Text um, – ohne allerdings etwas wegzulassen.

... Die Trainerin der Mädchen ist Katja Tulimann. Sie koordiniert alles und bereitet es vor. Bei der 36-jährigen Frau laufen alle Fäden zusammen. Sie war vor Jahren in Berlin tätig. Sie hat dort ihr Handwerk als Trainerin gelernt. Sie kümmert sich seit einigen Jahren beim EC besonders um den Nachwuchs. Sie kann sich über mangelnden Zulauf beim Verein nicht beklagen. Sie wird unterstützt von mehreren Übungsleiterinnen. Sie könnte ohne ihre Hilfe ein geordnetes Training nicht durchführen. Sie hat im letzten Jahr regen Zulauf von begabten jungen Eisläuferinnen bekommen. Sie ist sich aber ganz sicher, dass nach den Olympischen Spielen wieder eine Fülle von Anfragen kommt. Sie will sich mit großem Nachdruck in der kommenden Saison dafür einsetzen, dass die Hallenverhältnisse verbessert werden ...

4 In dem letzten Textabschnitt musst du alle drei Verfahren anwenden, um ihn so umzugestalten, dass er überzeugend wirkt: das Verkürzen oder Wegstreichen, das Umstellen und das Einfügen oder Erweitern, denn zumindest zwei Wörter müssten ergänzt werden, damit die Informationen vollständig sind: *begrenzt, bestimmt.*

... Sie muss bisher das anstrengende Training leider in durchaus noch sozusagen unbefriedigenden Verhältnissen durchführen. Sie beklagt insbesondere die Öffnungszeiten, die es kaum möglich machen, über Zeiten hinaus zu trainieren. Sie findet das besonders in den sonnigen Sommermonaten unzumutbar, in denen das schöne Stadion geschlossen bleibt. Sie muss mit ihren trainingswütigen Schützlingen dann in eine Ballettschule umziehen, um dort das Eislauftraining durchzuführen.

5 Wer auf einem PC schreiben kann, sollte alle vier Textabschnitte zu einem überzeugenden und gut lesbaren Zeitungsartikel umschreiben. Das wird bei den einzelnen Schreiberinnen und Schreibern sicher etwas unterschiedlich aussehen!

Eiskunstlauftraining
Diese verflixte Kombination will einfach nicht klappen! Maja versucht es ...

Die Fähigkeit der Kommasetzung überprüfen

1 Lies dir den folgenden Text zuerst einmal durch, ohne gleich an das Problem der Kommasetzung zu denken!

Die Feuerwehr kommt!

Mit großer Spannung (1) erwarteten die Schülerinnen und Schüler (2) die Männer von der städtischen Feuerwehr. Es war schon sehr aufregend (3) als die rot uniformierten Männer (4) mit Atemmasken vor den Gesichern (5) in der Turnhalle eintrafen. Doch die ganze Aufregung war schnell verflogen (6) und die Aufmerksamkeit richtete sich auf das (7) was die Feuerwehrleute zu erzählen (8) und zu berichten hatten. So erläuterten sie (9) wie man sich zu verhalten habe (10) wenn es brennt (11) und welche Notrufnummer dann gewählt werden muss. Rollenspiele vertieften (12) was die Schülerinnen und Schüler bisher über die Arbeit der Feuerwehr (13) vor allem im Fernsehen (14) schon kennen gelernt hatten. So wurde zum Beispiel klar (15) dass in jede Wohnung ein Feuerlöscher gehört. Im Anschluss an den Vortrag (16) die Diskussion (17) und die Rollenspiele (18) folgte ein Besuch im Feuerwehrhaus. Dort wurden die Fahrzeuge (19) die technische Ausstattung (20) und die Räume besichtigt. Was bei einem Brand einer Waschmaschine passiert (21) wurde jetzt ganz realistisch vorgeführt (22) indem man einen solchen Brand inszenierte. Von außerhalb des Demonstrationsraumes (23) konnten die Schüler sehen (24) wie die Rauchabzugsgeräte funktionierten (25) und der Brand gelöscht wurde. Die Feuerwehrleute gaben den Schülern den Rat (26) dass man bei einem Brand in der Wohnung auf jeden Fall schnell ins Freie laufen sollte (27) da die meisten tödlichen Unfälle nicht durch Verbrennen (28) sondern durch Rauchvergiftungen passieren. Auf keinen Fall sollte man sich irgendwo in der Wohnung verstecken (29) da man dann von der Feuerwehr nur schwer gerettet werden kann.

2 Lies nun den Text Satz für Satz. Schreibe auf einen Zettel:
Ein Komma muss stehen bei: (3) …
Ein Komma kann, aber muss nicht stehen bei: (4) und (5) …
Kein Komma darf stehen bei: (1) …

3 Sprecht über eure Lösungen. Eine Reihe von ihnen solltet ihr auch begründen!

4 Zur Kontrolle sind hier die Lösungen abgedruckt. Lest sie aber nicht vorher durch, sonst lernt ihr dabei wirklich nichts! Und ihr bekommt auch nicht heraus, wie gut ihr in der Kommasetzung schon seid. Auf jeden Fall: Wer mehr als 27 richtige Lösungen hat, ist sehr gut! Wer weniger als 20 hat, muss noch eine Menge üben!

Ein Komma muss stehen bei: 3, 7, 9, 10, 11, 12, 15, 16, 19, 21, 22, 24, 26, 27, 28, 29
Ein Komma kann, aber muss nicht stehen bei: 4 und 5, 6, 13 und 14
Kein Komma darf stehen bei: 1, 2, 8, 17, 18, 20, 23

Das Lesen und Verstehen von Texten gehört zum Wichtigsten, das man in der Schule lernen muss. Wer nicht gut lesen kann und Texte nicht richtig versteht, hat in allen Schulfächern Nachteile. Daher ist es so wichtig, den Umgang mit Texten regelmäßig zu trainieren: das orientierende Lesen, das genaue Lesen, das Lesen mit dem Stift, das Nachschlagen unbekannter Wörter, das Markieren ganz bestimmter Textstellen. Wenn du dir einen Text sorgfältig erarbeitest, kannst du ihn richtig verstehen und das Gelesene wiedergeben.

Auf den folgenden Seiten kannst du das an interessanten Themen üben – es geht um „Süchte und Sehnsüchte“, um Schülerjobs und um ein spannendes Experiment mit schwierigen Jugendlichen.

1 Lies den folgenden Text.

Drogen: Der schnelle Weg zur Sucht

Ein Zug aus der Zigarette, ein Schluck Bier – was kann daran schon schädlich sein? Am Anfang wirken Drogen oft herrlich harmlos. Doch die Suchtmittel arbeiten mit fiesen Tricks. Sie locken mit schönen Gefühlen und verändern das Gehirn – bis die Menschen nicht mehr ohne sie auskommen.

Joint – den Namen hat Julia das erste Mal vor einem Jahr gehört. Damals hatte einer ihrer Freunde Marihuana auf eine Party mitgebracht, getrocknete Cannabis-Pflanzen. Die hatte er in ein Blättchen gerollt wie eine Zigarette, angezündet und den anderen angeboten.

Die 13-Jährige nahm auch ein paar Züge. Sie atmete ein. Aus. Noch mal ein. Der Joint schmeckte nicht toll, war aber ganz entspannend, und so rauchte das Mädchen öfter mit ihrer Clique: nachmittags, wenn es mal wieder megalangweilig war. Oder in der Schulpause.

Dass ihre Noten wie auf einer Treppe nach unten purzelten – zwei, drei, vier, fünf – bekam Julia gar nicht mit. Okay, das Denken fühlte sich schon ein bisschen neblig an. Und auf Mathe konzentrieren konnte sie sich auch nicht mehr. Aber das war echt egal, fand sie.

Fragen beantworten, orientierend lesen

Irgendwann waren Julias Eltern wegen der miesen Noten sauer. Richtig entsetzt waren sie dann aber, als sie dahinter kamen, dass ihre Tochter Drogen nahm. Sie brachten sie gleich in das SuchtPräventionsZentrum in Hamburg, wo Schüler mit Drogenproblemen beraten werden. Und das sind eine ganze Menge: Mehr als 25 Prozent der Jugendlichen in Deutschland haben schon Marihuana oder Haschisch* probiert.

Voll cool, total ungesund – einige Kinder rauchen schon mit sieben Jahren ihre erste Zigarette, weil sie das schick finden. Viele kommen dann nie wieder von den Glimmstängeln los. Bei den 12- bis 15-Jährigen raucht jeder Fünfte regelmäßig Zigaretten. Viele Mädchen und Jungen trinken auf Feten auch noch Bier, Wein, Sekt oder Schnaps dazu, bis sie völlig berauscht sind.

So verschieden die Drogen sind, alle wirken ähnlich: Einige ihrer Bestandteile schwimmen mit dem Blut ins Gehirn (bei Cannabis ist es ein Stoff namens THC). Dort regen sie das Belohnungszentrum an. Sobald es eingeschaltet ist, funkt es die Botschaft: „Du fühlst dich wohl!“ Ja, manchmal sind wir dann sogar richtig glücklich.Weil sich Drogen im Gehirn lieb Kind machen, werden viele Leute danach süchtig: Wenn sie sich erst einmal an Schnaps, Zigaretten, Kokain und andere Dinge gewöhnt haben, wollen sie nicht mehr darauf verzichten.

2 Beantworte die folgenden vier Fragen in eigenen Worten. Gib die Zeilen an, in denen du die Antworten gefunden hast.
- Was sind die ersten Schritte auf Julias Weg zum Drogenkonsum?
- Warum greifen schon Kinder zur Zigarette?
- Welche Angaben macht der Artikel über die Anzahl junger Raucher von Zigaretten und Joints?
- Was macht Drogen so gefährlich?

3 Lies den folgenden Text zuerst durch. Orientiere dich, worum es geht.

Alkohol

Jürgen Bongers

Fast jeder zweite Deutsche trinkt mehrmals in einer Woche oder sogar täglich Alkohol. Alkohol fördert Geselligkeit, hebt die Stimmung, schafft soziale Kontakte und überdeckt Depressionen* und Langeweile. In Maßen getrunken schadet er der Gesundheit nicht. Doch Alkohol ist das am meisten verbreitete Suchtmittel unserer Gesellschaft und fordert mehr Tote als andere Drogen. Aber Alkohol ist auch ein Teil unserer

Zwischenüberschriften finden, zusammenfassen

Kultur – eine legalisierte* Droge, die schon seit Jahrtausenden eine Rolle spielt.

Geringe Alkoholmengen haben eine scheinbar positive Wirkung: sie entspannen und regen an. Nach stärkerem Alkoholkonsum vermindert sich die Konzentrationsfähigkeit erheblich. Es kommt zu Kontrollverlust über Sprache und Bewegung, Hemmungen werden abgebaut und viele Menschen verhalten sich aggressiv.

Regelmäßiger Alkoholkonsum kann zu körperlicher und psychischer Abhängigkeit führen. Die stärksten organischen Schäden entstehen in der Leber, die etwa 90 % des aufgenommenen Alkohols abbaut.

Das Wort Alkohol stammt aus dem Arabischen „Arkul" und bedeutet „das Puder, das Feinste". Alkohol war die erste Droge, die der Mensch entdeckte, denn schon bei der Lagerung von Lebensmitteln traten leicht Gärungen auf.

Auch Tiere nehmen Alkohol zu sich. So fressen Elefanten mit besonderer Vorliebe vergorene Früchte. Anschließend taumeln sie angeheitert umher, machen riesige Sprünge und trompeten laut. Manchmal überfallen Elefanten auf der Suche nach Alkohol sogar Destillerien*. Untersuchungen zeigen, dass der Alkoholkonsum bei sozialem Stress zunimmt (z. B. ansteigende Herdendichte, Verkleinerung des Weidegebietes). Betrunkene Elefanten, aber auch andere unter Drogeneinfluss stehende Tiere wie Rentiere, Elefantenantilopen, Kudus isolieren sich oft oder werden aus der Gruppe ausgestoßen. Häufig schließen sich die berauschten Tiere zusammen.

4 Lies den Text jetzt noch einmal langsam und aufmerksam.

5 Ordne die folgenden Zwischenüberschriften den einzelnen Absätzen zu. Aber Achtung: Eine der Überschriften passt zu keinem Absatz. Zu diesem Absatz musst du selbst eine Überschrift formulieren.
a) Die Bedeutung des Wortes *Alkohol*
b) Schäden, die der Alkohol verursacht
c) Alkohol, das am meisten verbreitete Suchtmittel
d) Tiere sind „Antialkoholiker"
e) Wirkungen des Alkohols

In diesem Artikel geht es um die Wirkungen und Gefahren des Alkohols …

6 Schreibe einen kurzen Text aus fünf Sätzen, mit dem du den Artikel zusammenfasst.

7 Lest euch eure Zusammenfassungen gegenseitig vor und vergleicht sie.

8 Überarbeite deinen Kurztext mithilfe der Anregungen, die du von anderen erhalten hast.

Unbekannte Wörter klären, Textstellen markieren

1 Lies den folgenden Text und unterschlängele alle Wörter, die du nicht verstanden hast (Folientechnik). Kläre anschließend mit deinem Partner oder mithilfe eines Wörterbuchs, was sie bedeuten. Schreibe die Bedeutung an den Rand des Textes.

Sucht nach Extremen

Geschichte der Menschheit

Die Sehnsucht danach, die eigenen Grenzen zu überwinden oder so weit nach hinten zu schieben, dass man sie nicht mehr spüren muss, und die Suche nach Extremsituationen ist so alt wie die Menschen. Sich selbst überwinden, die eigenen Begrenzungen überschreiten, Neues erforschen, es genauer wissen wollen, experimentieren mit riskanten Situationen – all das gehört zur Evolution der Menschheit. „Testing the limits" (die Grenzen erproben) nennen es die Psychologen. Und dieses Abstecken und Überwinden der eigenen Grenzen gibt es bis heute vor allem bei jungen Leuten.

Wenn Menschen über glühende Kohlen laufen („Feuerlaufen") oder aus fahrenden S-Bahn-Zügen klettern, um dort Graffiti anzubringen („S-Bahn-Surfen"), wenn sie sich an Gummiseilen von hohen Türmen stürzen („Bungeejumping"), sich auf riskante Bergtouren begeben („Freeclimbing") oder waghalsige Auto- und Motorradrennen („Joyriding") unternehmen, dann ist der Stress für sie Lust. Genauso, wenn sie auf Skiern steile Geröllhalden hinunterrasen („Trashskiing") oder mit dem Schlauchboot Wildwasser zu bezwingen versuchen („Rafting"). Ob das Ganze Wahnsinn ist, ob Todesmut oder Lebensmüdigkeit – wer will das schon sagen?

Auf jeden Fall geht es bei diesen selbst gewählten Angstsituationen darum, das Risiko in den Griff zu bekommen. Man bezeichnet diese Reizsuchenden deshalb auch als Kontra-Phobiker, die nach dem Motto leben: „Wo die Angst ist, geht's lang." Für viele sind diese Extremsituationen wie ein Ritt auf dem Tiger. Und das Gefühl, vom Rücken des Tigers jederzeit in dessen Maul landen zu können, erzeugt in ihnen diese „Angst-Lust", diesen „Thrill", diesen „Kick" – vor allem bei jungen Leuten.

Unbekannte Wörter klären, Textstellen markieren

Hier findest du drei Fragen, die du beantworten kannst, wenn du den Text „Sucht nach Extremen“ (S. 246) gelesen hast:

a In welchem Alter ist die Sucht nach Extremsituationen besonders groß?
b Ist diese Sucht erlernt oder gehört sie zum Menschen dazu?
c Haben die Menschen, die sich in solche Situationen begeben, keine Angst?

Es ist sinnvoll, erst einmal die **Textstellen** zu **markieren,** die Antworten auf diese Fragen geben.

Aber was heißt eigentlich „markieren“? Weil die meisten das nicht wissen, wird häufig viel zu viel unterstrichen. Der ganze Text ist mit dem Leuchtstift angestrichen, die gesuchten Informationen sind nicht zu erkennen und der gesamte Textabschnitt muss noch einmal gelesen werden.

2 Vergleicht die unterschiedlich bearbeiteten Textstellen und überlegt, welche Markierung für die Beantwortung der Frage a hilfreich ist:

… nach dem Motto leben: „Wo die Angst ist, geht's lang.“ Für viele sind diese Extremsituationen wie ein Ritt auf dem Tiger. Und das Gefühl, vom Rücken des Tigers jederzeit in dessen Maul landen zu können, erzeugt in ihnen diese „Angst-Lust“, diesen „Thrill“, diesen „Kick“ – vor allem bei jungen Leuten.

… nach dem Motto leben: „Wo die Angst ist, geht's lang.“ Für viele sind diese Extremsituationen wie ein Ritt auf dem Tiger. Und das Gefühl, vom Rücken des Tigers jederzeit in dessen Maul landen zu können, erzeugt in ihnen diese „Angst-Lust“, diesen „Thrill“, diesen „Kick“ – vor allem bei jungen Leuten.

3 Markiere nun mit Folienstift auf Folie in verschiedenen Farben die Stellen, an denen du Antworten auf die Fragen a – c findest.

4 Vielleicht hast du selbst auch schon einmal eine Extremsituation erlebt. Berichte davon.

5 Gib in ein, zwei Sätzen deine Meinung zur Sucht nach Extremen wieder.

Einen Text für eine Zusammenfassung vorbereiten

1 Hier hat eine Schülerin den ersten Teil des Textes „Verspielt" schon einmal für eine Zusammenfassung vorbereitet. Sieh dir den Text und die Anmerkungen an: Welche Arbeitstechniken hat die Schülerin angewendet?

- Wichtige Textstellen …
- Unbekannte Wörter …
- Am rechten Rand stehen …
- Am linken Rand …

Verspielt

Obwohl vom Gesetzgeber mit starken Reglementierungen versehen, da Glücksspiele nicht gewerbefrei sind und altersmäßige Begrenzungen existieren (Mindestalter 18 Jahre), sind sie dennoch leicht zu finden, die Geldspielautomaten, Flipper und andere hochtechnische, computergesteuerte Spielgeräte. Man findet sie in eigens für sie errichteten Spielhallen, aber auch in Eissporthallen, in Einkaufszentren sowie in diversen Cafés und Kneipen.

Nach einer Untersuchung des „Institutes für Therapieforschung" (IFT) in München spielen acht bis zehn Millionen Deutsche jährlich an Glücksspielautomaten (alte Bundesländer). Etwa 360 000 Bundesbürger spielen täglich. 830 000 spielen mehr als dreimal in der Woche. Über eine Million tun es länger als eine Stunde und eine knappe halbe Million setzt allein an Glücksspielautomaten täglich mehr als 25 Euro ein, der Anteil der jungen Leute ist dabei sehr hoch.

Randnotizen links:
Glücksspiele sind leicht zu finden
Wie viele Menschen Glücksspiele spielen

Randnotizen rechts:
Regelungen, Vorschriften
verschiedenen
Heilung

Einen Text für eine Zusammenfassung vorbereiten

Mithilfe des Glücksspiels lässt sich die gefühlsmäßige Befindlichkeit in Richtung eines gesteigerten Wohlbefindens, einer lustvoll euphorischen Erregung ändern. Gleichzeitig wird ein völliges Abschalten von der Außenwelt ermöglicht. Ebenso können Glücksspiele Erfolgserlebnisse vermitteln, ohne dass besondere Fähigkeiten notwendig sind – nur durch das Zufallsereignis des Gewinns. Ein Gewinn ist mit Euphorie verbunden, mit Gefühlen von Macht und Ansehen. Der Spieler selbst kann – infolge von Verlusten – aufkommendes Missbehagen durch einen erneuten Spieleinsatz vermeiden, der wiederum Euphorie erzeugt.

Der angestrebte Zustand lässt sich beliebig oft herbeiführen, allerdings nur so lange, wie die finanziellen Mittel vorhanden sind. Mitunter führt genau das zu Diebstahl, Scheckbetrug und in seltenen Fällen zu Raub (Beschaffungskriminalität). Die Suche nach einem unmittelbaren, möglichst intensiven und lustbetonten Erlebniszustand, die Flucht vor einem als sinnentleert empfundenen problem- und konfliktbehafteten Leben muss Jugendliche nicht unbedingt zu illegalen Drogen und Alkohol führen, sie haben aufgrund der starken Verbreitung der Geldspielautomaten die Möglichkeit, zum Glücksspiel als Suchtmittel zu greifen. Die Spielsucht zeigt in ihrer ausgeprägten Form alle typischen Suchtkriterien.

2 Führe diese Arbeitstechniken auch an den letzten beiden Abschnitten durch. Am einfachsten geht das auf einer Kopie. Du kannst aber auch wie gewohnt mit Folie und Folienstift arbeiten.

3 Schreibe eine Zusammenfassung des Textes. Sie sollte folgende Aussagen enthalten:

- *In dem Text „Verspielt" geht es um …*
- *Der Text beschreibt in vier Absätzen …*
- *Im 1. Ansatz wird darauf hingewiesen, dass …*
- *Im 2. Absatz … usw.*

Tipps für Textprofis

Hier findest du als Tipps einige Methoden, die du immer wieder anwenden kannst, wenn du dir einen Sachtext erschließen willst. Welche Tipps du befolgst, d.h. welche Strategie du einschlägst, hängt davon ab, was du erreichen willst:

- Wenn du z.B. wissen willst, ob ein Text für deine Aufgabenstellung überhaupt interessant ist, wirst du dir einen ersten Eindruck verschaffen und den Text überfliegend lesen. Dann entscheidest du, ob du ihn genauer bearbeitest oder nicht weiter beachtest.
- Wenn du Aufgaben zu einem Text bearbeiten sollst, wirst du den Text gleich genauer untersuchen: wichtige Textstellen markieren, Unverstandenes klären, Stichwörter notieren usw.
- Wenn du den Inhalt eines Textes, den du bearbeitet und verstanden hast, wiedergeben willst, wirst du dir überlegen, wie du das tun kannst, z.B. als geordneten Stichwortzettel, als kurze Textzusammenfassung oder als Mindmap.

Tipp 1:
Einen ersten Eindruck gewinnen
Lies zunächst die Überschrift. Verschaffe dir dann einen Überblick über den ganzen Text:
- *Besteht er aus verschiedenen Absätzen?*
- *Gibt es Zwischenüberschriften?*
- *Siehst du fett gedruckte oder unterstrichene Wörter?*
- *Gibt es Abbildungen: Fotos, Zeichnungen, Grafiken, Diagramme?*

Tipp 2:
Überfliegend lesen, sich orientieren
Lies den Text rasch und orientiere dich, worum es geht:
- *Enthält der Text das, was du nach dem ersten Ansehen vermutet hast?*
- *Ist der Text für dich oder für deine Aufgabenstellung interessant?*

Tipp 3: Unverstandenes markieren
Unterschlängele unbekannte Begriffe und kläre die Bedeutung aus dem Textzusammenhang, durch Nachfragen oder Nachschlagen in einem Wörterbuch oder Lexikon.

Tipp 4: Gliedern und Zwischenüberschriften formulieren
Wenn der Text in Absätze unterteilt ist, mache beim Lesen nach jedem Absatz eine kurze Pause und fasse im Kopf in eigenen Worten zusammen, was darin steht. Versuche eigene Überschriften für die einzelnen Absätze zu finden.
Wenn dir die Abschnitte zu lang sind, kannst du dir eigene kürzere Absätze machen. Du weißt: Was in einem Absatz zusammensteht, gehört inhaltlich zusammen.

Tipps für Textprofis

Tipp 5: Wichtige Textstellen markieren

Bevor du Textstellen markierst, musst du dir klar machen, was wichtig ist. Das hängt von deinem Leseinteresse ab und von den Aufgaben, die dir zu dem Text gestellt worden sind:
- *Suchst du wichtige Informationen zu dem Thema des Textes?*
- *Möchtest du Antworten auf Fragen bekommen, die du dir gestellt hast?*
- *Musst du Aufgaben bearbeiten, die dir gestellt wurden?*

Oft wird viel zu viel markiert und der Text wird dadurch unübersichtlich. Konzentriere dich also zunächst auf einen Suchauftrag. Unterstreiche die Schlüsselbegriffe und die wichtigen Aussagen des Textes dazu mit einer geraden Linie und Farbstiften. Wenn du mit einem Leuchtstift (Textmarker) arbeitest, dann gehe sehr sparsam damit um, sonst findest du dich im Text nicht mehr zurecht..

Tipp 6: Informationen schriftlich festhalten

Wenn du den Text erarbeitet hast, denke noch einmal an deine Fragestellungen: Hat der Text sie beantwortet? Welche Informationen hat dir der Text außerdem gegeben? Beantworte deine Fragen schriftlich.

Um sich Textaussagen gut einzuprägen, ist es sinnvoll, sie schriftlich festzuhalten. Das kannst du auf unterschiedliche Weise tun:
- *als geordneter Stichwortzettel (z. B. Werkstatt Schreiben, S. 170)*
- *als Tabelle mit zwei oder mehr Spalten und geeigneten Spaltenüberschriften (z. B. Methoden lernen, S. 258)*
- *als Mindmap (Methoden lernen, S. 256)*
- *als Zusammenfassung in wenigen Sätzen*
- *als Diagramm (z. B. Selbstständig lernen, S. 19/24)*

Tipp 7:

Du solltest
- diese Tipps immer wieder ausprobieren und gezielt einsetzen,
- begründen können, warum du bestimmte Tipps anwendest,
- mit anderen besprechen, mit welchen Tipps ihr besonders erfolgreich wart,
- die Tipps evtl. ergänzen oder umformulieren.

Einen Kurzvortrag halten

1 Bereite den folgenden Text für einen Kurzvortrag vor. Du sollst deine Klasse darüber informieren, was bei der Jobsuche wichtig ist. Überlege dir, welche Tipps und Methoden du bei der Texterschließung anwenden willst.

Beachte auch die folgenden Hinweise:
- Du brauchst für dich Notizen, auf die du während deines Kurzvortrags schauen kannst.
- Deinen Mitschülern fällt das Zuhören leichter, wenn du ihnen die Hauptgedanken deines Vortrags schriftlich präsentierst, an der Tafel oder mit dem Overheadprojektor.

Schülerjobs

Jobs sind eine gute Möglichkeit, sein Taschengeld aufzubessern oder sich den kleinen Traum zu erfüllen, für den es von den Eltern kein Geld gibt. Außerdem bieten sie Gelegenheit, einmal in die Arbeitswelt hineinzuschnuppern, eigene Erfahrungen zu sammeln. Hier ein paar Tipps und Hinweise:

Willst du regelmäßig ein paar Euro mehr haben oder brauchst du einen größeren Betrag für eine Anschaffung, Urlaub usw.? Entsprechend muss der Job sein! Sich ein Jahr nebenbei abrackern und dann das Geld für den neuen Computer doch nicht zusammenkriegen macht keinen Sinn. Dann lieber die Freizeit für Freunde, Sport, Schule (oder sonstwas) nutzen und stattdessen rechtzeitig einen gut bezahlten Ferienjob für drei Wochen suchen, bei dem genug rausspringt.

Der Job muss ein Nebenjob bleiben. Wenn am Ende nur Stress mit Eltern, Schule oder Clique steht, weil du vor lauter Jobben keine Zeit mehr hast, nützt dir auch die Knete nichts. Also überleg' dir vorher, ob

Einen Kurzvortrag halten

der Job nebenher zu erledigen ist, wie viel Zeit du brauchst und vor allem auch, wann du sie brauchst. Wenn das klar und geregelt ist, wirst du auch deine Eltern besser überzeugen (und beruhigen) können.

Jobben heißt immer, Kompromisse zu machen und manchmal auch miese Arbeiten zu erledigen. Außerdem ist es nicht leicht, Jobs zu finden. Aber: Du und deine Arbeit sind etwas wert und sollten auch angemessen bezahlt werden. Verhandeln ist angesagt und vielleicht auch einmal Neinsagen, wenn das Angebot zu weit unter deinen Vorstellungen liegt. Aber du solltest dir überlegen, ob es für Arbeit nicht auch einen anderen Gegenwert als Geld gibt. Ein etwas schlechter bezahlter Job in einem Altenheim bringt dir persönlich vielleicht mehr als eine Menge Knete bei Akkordmaloche auf der Baustelle. Neue Erfahrungen machen, andere Lebensbereiche kennen lernen, mit anders denkenden Menschen in Kontakt kommen, verschiedene Fähigkeiten ausprobieren kann dir große Vorteile bringen: zum Beispiel, wenn du eines Tages eine Lehrstelle oder einen Arbeitsplatz suchst.

Bevor du nicht 18 bist, stehst du ohne die Erlaubnis deiner Eltern ziemlich im Regen. Viele Eltern finden es gar nicht gut, wenn ihre Kinder nachmittags im Supermarkt Kisten stapeln wollen. Überzeugungsarbeit ist notwendig! Wenn deine Eltern nachvollziehen können, warum du mehr Geld haben möchtest, fällt es ihnen leichter, die Erlaubnis zu geben. Eltern haben auch Angst, dass etwas passieren könnte, dass die Schule unter dem Job leidet, dass du kaum noch zu Hause bist. Zeig ihnen, was du machen möchtest, sprich mit ihnen über deine Zeiteinteilung! Vielleicht achtest du bei der Auswahl des Jobs schon ein bisschen darauf. Du kennst deine Eltern und weißt bestimmt, wann du auf absolute Ablehnung stoßen würdest.

Die Konkurrenz ist groß, Jobs werden von vielen gesucht. Du findest sie z. B. über die Kleinanzeigen in Tageszeitungen oder Wochenblättern. Allerdings – dort suchen auch alle anderen. Einfallsreichtum, Eigeninitiative und ein bisschen Mut sind angesagt: Lauf doch einmal ein paar Tage in deinem Stadtteil herum und klappere alle Geschäfte, Firmen usw. ab. Oft hängen Schilder draußen „Suchen Schüler für …“, in Supermärkten gibt es manchmal Pinnwände mit Suche-/Biete-Zetteln, oder aber du bist ganz mutig, klingelst und fragst: Vielleicht braucht der Steuerberater von nebenan ja zufällig einen Büroboten. Ein Job im eigenen Stadtviertel ist unter Umständen besser als einer am anderen Ende der Stadt: kein Zeit- und Geldverlust durch Fahrten und deine Eltern sind auch beruhigt, weil du nicht allzuweit von zu Hause jobbst.

2 **Sprecht über eure Kurzvorträge und überlegt, welche Lesetipps zur Vorbereitung sinnvoll waren.**

Eine Mindmap erarbeiten

1 Erarbeite den folgenden Artikel so, dass du die Informationen über das Baraka-Programm in einer Mindmap übersichtlich darstellen und zusammenfassen kannst.
Überlege dir, welche Methoden du bei der Texterschließung anwenden willst.

Das Afrika-Experiment

Inka Schmeling

Kriminelle Jugendliche aus der Stadt Baltimore im US-Bundesstaat Maryland bekommen eine ungewöhnliche Chance. Sie werden nach Afrika geschickt, um fern von ihrer Heimat ein neues Leben ohne Gewalt kennen zu lernen.

Baltimore, eine Stadt im Osten der USA. In der Abflughalle des Flughafens verabschieden sich Eltern von ihren Söhnen. Keiner der Jungs ist älter als zwölf oder dreizehn. Manche beten still, viele weinen. „Ich will nicht gehen …", schluchzt einer in die Arme seiner Mutter. Aber dann steigen die Jungs doch in den Flieger. Ihr Ziel liegt fast 12 000 Kilometer weit entfernt: Sie fliegen für ein Schuljahr nach Kenia, ein Land in Ostafrika.

Die Jungen, die mit den Tränen kämpfen, kommen aus den ärmsten Vierteln Baltimores; dorther, wo Banden ganze Straßenzüge regieren, wo mit Drogen gehandelt wird und Schlägereien normal sind. Die Kinder haben gelernt, hart zu sein. Zu hart: Viele von ihnen gelten als Störenfriede, Schläger, Schulversager.

Doch nun soll sich ihr Leben ändern: In Kenia wartet die „Baraka-Schule" auf sie. „Baraka" ist ein Wort aus der ostafrikanischen Sprache Kisuaheli und bedeutet „Segen". Eine Stiftung schickt jährlich rund 40 Problem-Jungs aus Baltimore hierher, damit sie Abstand bekommen von dieser Stadt und einen neuen Start in die Zukunft machen können.

Einer von ihnen ist Brandon Harlee. Einer, der nie ein normales Leben kennen gelernt hat. Brandon war erst zwei Jahre alt und schlief im Arm seiner Mutter, als sein Vater auf sie schoss. Seitdem sitzt die Mutter im Rollstuhl; der Vater verschwand. Mit elf Jahren war Brandon ein brutaler Schläger, seine Noten waren unterirdisch.

Seine Lehrer schlugen ihn für das Baraka-Programm vor, und Brandon sagte zu. Auch wenn ihn in Kenia ein Schock traf. Denn die

Eine Mindmap erarbeiten

Schule ist nichts als eine kleine Ansammlung von Hütten am Fuße des Mount Kenya. Kilometerweit nur ödes Buschland und Rinderfarmen. Um Hyänen und Leoparden abzuwehren, sind die Häuser mit Stacheldraht umgeben. Strom gibt es nur sechs Stunden am Tag. Die Jungs müssen ihre Wäsche mit der Hand waschen. Kein Fernseher, kein Fast Food. „Das erste Jahr war die Hölle", sagt Brandon.

Zum ersten Mal in seinem Leben aber lernte er Disziplin. Alle Jungs müssen Schuluniformen tragen. Je drei teilen sich ein Zimmer. Um sechs Uhr geht's zum Frühsport. In einer Klasse sind höchstens sieben Schüler – das heißt, dass die Lehrer jeden im Auge behalten können. Richtig Spaß macht den meisten nur das Freizeitprogramm: Die Jungs machen Ausflüge, lernen Tierspuren zu lesen, reiten auf Kamelen oder streicheln Elefanten.

Brandon konnte sich anfangs nicht unterordnen. Er wurde aufmüpfig, gab seinen Lehrern Widerworte, klopfte große Sprüche. Für solche Fälle gibt es eine Strafe: Weit weg in den Busch wurde Brandon geschickt, auf einen Zeltplatz inmitten von Dornenbüschen, wo Krieger vom Volk der Massai leben. Sehr bald hatte Brandon die Nase voll vom kenyanischen „Ugali", dem Maisbrei, vom Campen, von den langen Fußmärschen – und bettelte darum, wieder an die Schule zu dürfen.

Er durfte. Und er begann zu lernen. Bald sammelte Brandon seine ersten Punkte; die gibt es als Belohnung für gute Leistungen. Wer viele Punkte hat, darf auf Safari gehen, an Video-Abenden teilnehmen oder Ausflüge in die Hauptstadt Nairobi machen. „Ich habe gelernt, mich selbst zu kontrollieren", sagt Brandon.

Etwa ein Drittel der Jungen aus Baltimore schafft das nicht und muss das Projekt verlassen. Doch es gibt auch solche wie Kevin Prem, der mit zehn Jahren zu einer Straßengang gehörte, mit zwölf die Schule schmeißen wollte – und dann in Kenia fünf Preise für gute Leistungen bekam. Jetzt möchte er Staatsanwalt werden, „um die Leute in den Knast zu bringen, die Drogen an Kinder verkaufen".

Brandon wurde nach seiner Zeit in der Baraka-Schule zum „Schüler mit der größten Verbesserung" gekürt. Jetzt ist er wieder in Baltimore und geht dort an eine angesehene Schule im Stadtzentrum. Mit Erfolg: In seinem ersten Latein-Test erhielt er gleich eine Eins plus. An seiner alten Schule geht er nur noch vorbei, wenn es unbedingt sein muss; und dann so schnell wie möglich. Er sagt: „Ich will mit diesen Rowdys nichts zu tun haben."

Eine Mindmap erarbeiten

2 Diese Mindmap ist noch sehr unvollständig. Zeichne sie ab und ergänze sie. Das könnt ihr auch in Partnerarbeit tun.

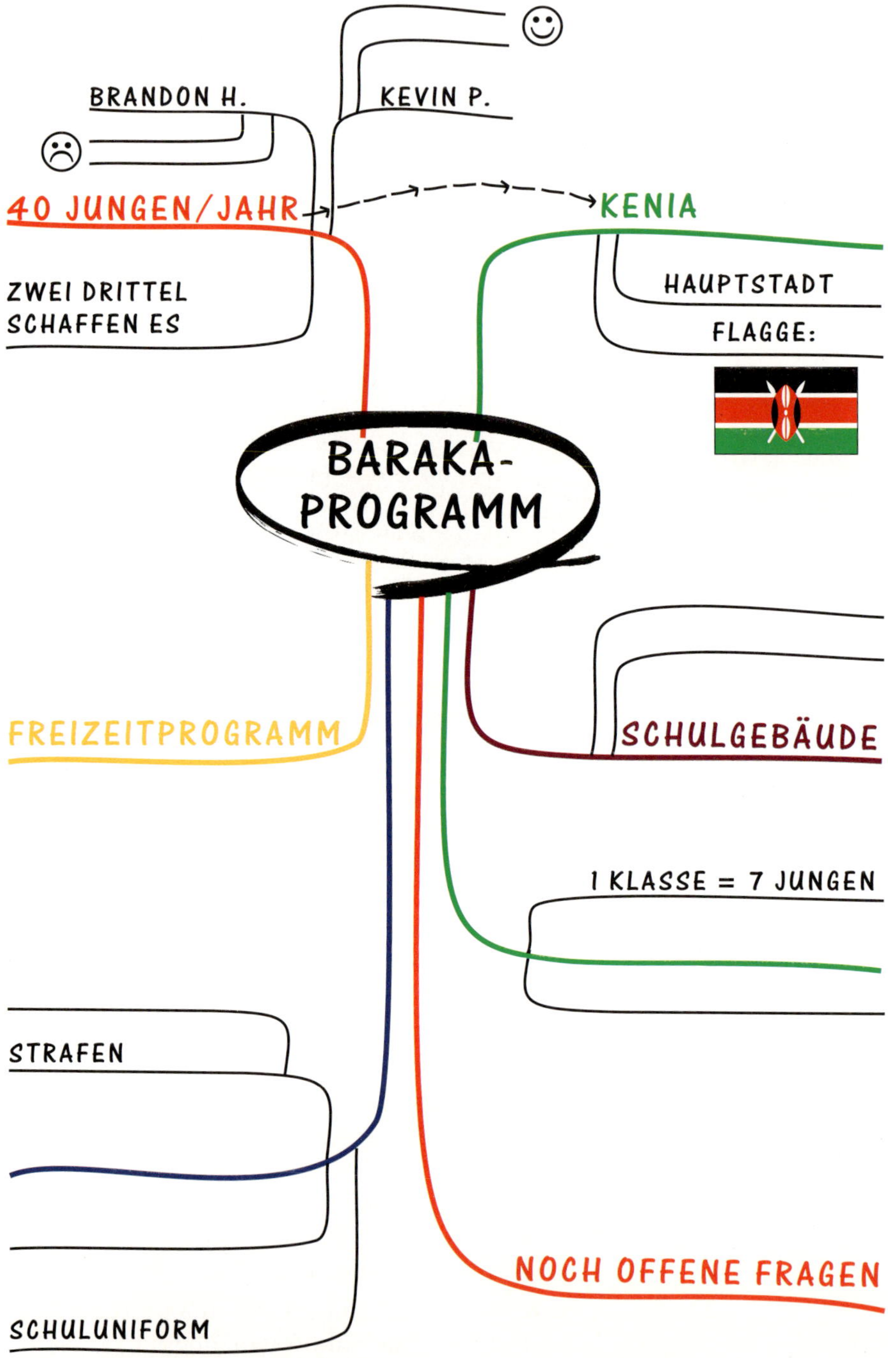

Eine Mindmap erarbeiten

Eine **Mindmap** ist eine Art Landkarte. Sie stellt Gedanken, die dir zu einem Thema einfallen, übersichtlich dar. Sie kann aber auch Informationen darstellen, die in einem Text enthalten sind.

Die Mindmap hat viele Vorteile:

- Sie gibt etwas bildlich und räumlich wieder, was in deinem Kopf durcheinander geht oder was in einem Text als Buchstabenwurm von oben nach unten aufgeschrieben ist.
- Auf einen Blick kannst du die wichtigsten Begriffe und Verbindungen eines Themas erkennen.
- Du kannst die Mindmap jederzeit ergänzen oder verändern.

So erarbeitest du eine Mindmap:

- Verwende ein unliniertes DIN-A4-Blatt und lege es vor dich hin.
- Schreibe das Thema in die Mitte des Blattes und kreise es ein.
- Vom Zentrum aus verlaufen – wie vom Stamm eines Baumes – einige Äste. Von jedem Ast gehen ein paar feinere Zweige ab.
- Schreibe an die Äste Schlüsselwörter und an die Zweige Informationen von untergeordneter Bedeutung. Ziehe die Linie so lang wie das Wort.
- Schreibe so, dass du das Blatt nicht drehen musst.
- Farben können zeigen, welche Bereiche zusammengehören.
- Bilder, Kreise, Dreiecke, Pfeile und andere Zeichen und Symbole heben Informationen hervor.
- Je übersichtlicher und sorgfältiger du eine Mindmap anfertigst, desto klarer sind deine Gedanken und deine Erinnerung.

3 Was du jetzt tun könntest:

Formuliere drei Fragen zum Text, die deine Mitschüler mit eigenen Worten in einem vollständigen Satz beantworten sollen. Bei deinen Fragen kannst du drei Schwierigkeitsstufen unterscheiden: einfach, mittelschwer und knifflig und danach Punkte vergeben. Am besten schreibst du dir die Antworten zu deinen Fragen auf und markierst dir die entsprechenden Textstellen.

Nachschlagewerke erkunden

Wenn ihr etwas mehr über Kenia herausfinden wollt, könnt ihr in einem **Universallexikon** nachsehen. Das ist ein Nachschlagewerk, das Wissen in Kurzform bietet. Lexika gibt es in Buchform als einbändiges oder mehrbändiges Nachschlagewerk. Sehr beliebt sind **Computer-Lexika,** die es auf CD-ROM oder online im Internet gibt.
In vielen Schulen gibt es Nachschlagewerke, die speziell für Jugendliche geschrieben sind. Dazu gehören auch **visuelle Lexika (Bildlexika).** Das sind Nachschlagewerke, in denen Informationen durch Fotos und Zeichnungen sehr stark veranschaulicht werden.

Hyänen [griech.]. Familie wolfsgroßer Raubtiere mit drei Arten in den Savannen und Wüsten Afrikas, Südwestasiens und Vorderindiens. Sie sind etwa 90–160 cm lang, nachtaktiv, haben ein kräftig entwickeltes Gebiss und große Ohren; sie fressen v.a. Aas. Durch die etwas längeren Vorderbeine bildet sich ein abschüssiger Rücken.

1 Du möchtest dich über Hyänen informieren. Lies den kurzen Eintrag aus einem Jugendlexikon und sieh dir die Seite aus einem visuellen Lexikon an (S. 259). Vergleiche die Einträge beider Nachschlagewerke.

2 Trage in der mittleren Spalte der folgenden Tabelle die Informationen ein, die in beiden Nachschlagewerken gegeben werden. Notiere rechts und links die Angaben, die im Jugendlexikon oder im Bildlexikon zusätzlich enthalten sind.

Hyänen

nur im Jugendlexikon	in beiden Lexika	nur im Bildlexikon
	drei Hyänenarten	

3 Auf welche Stelle aus dem Bildlexikon ist dein Blick zuerst gefallen?
- Versuche dich an deinen Blickverlauf zu erinnern und Schritt für Schritt zu beschreiben.
- Vergleicht euer Leseverhalten untereinander.

4 Suche dir einige Wörter aus der folgenden Liste aus und schlage sie in verschiedenen Büchern und elektronischen Nachschlagewerken nach.

Disziplin Leopard Massai Safari Rowdy Buschland Kenia Nairobi kenianische Flagge Maryland Jeep Savanne

Stellt euch eure Ergebnisse gegenseitig vor.

5 Sprecht über die Vorzüge eines Lexikons in Buchform und eines Computerlexikons. Was kann das eine Lexikon besser als das andere?

Lexikon in Buchform	Computerlexikon

Nachschlagewerke erkunden

HYÄNEN

DAS SCHAURIGE GELÄCHTER der Tüpfelhyäne ist einer der charakteristischen Laute in den Savannengebieten Afrikas. Man unterscheidet 3 Hyänenarten: Tüpfelhyäne, Streifenhyäne und Schabrackenhyäne. Alle haben große breite Köpfe mit mächtigen Kiefern. Die Vorderbeine und die Schultern sind deutlich größer als die Hinterbeine. Obwohl die Hyänen wie Hunde aussehen, stammen sie von katzenartigen Vorfahren ab.

Tüpfelhyäne

Die Tüpfelhyäne ist die aggressivste und auch zahlreichste Art ihrer Familie. Sie kommt vor allem in offenem Gelände sowie an Waldrändern vor. Die Tiere leben heimlich und haben eine Vorliebe für Aas. Deshalb glaubte man früher, Hyänen würden sich nur von dem ernähren, was ihnen andere Raubtiere übriglassen. Tatsächlich gehen Tüpfelhyänen selbst auf Jagd. Sie spielen dabei eine wichtige ökologische Rolle, weil sie die Herden der Huftiere und die Pflanzenfresser zwingen, in neue Gebiete zu ziehen und so den Lebensraum zu schonen.

Kiefer: Knochen und Knochenmark bilden einen wichtigen Teil für die Ernährung der Tüpfelhyäne. Im Gegensatz zu allen anderen Fleischfressern frisst sie auch Hauer und Hörner. Dazu besitzt sie unglaublich kräftige Kiefer und Zähne, mit denen sie selbst die stärksten Knochen knacken kann.

Rudel: Tüpfelhyänen leben in Rudeln von 10 bis 100 Tieren – angeführt von einem Weibchen. Tagsüber fressen sie Aas, nachts gehen sie selbst auf Jagd. Die Mitglieder eines Rudels arbeiten dabei zusammen und vermögen selbst Löwen von ihrer Beute zu vertreiben. Gelegentlich töten sie sogar einen älteren Löwen.

Nachschlagewerke erkunden

6 Oft tauchen in Wörterbüchern oder Lexikoneinträgen Zeichen und Abkürzungen auf. Welche kennst du?

7 Schlage das Inhaltsverzeichnis deines Lexikons auf: Wo werden die Zeichen und Abkürzungen erklärt?

8 Was bedeuten die folgenden Zeichen und Abkürzungen?

*	Mio	=	Ü. d. M.
Abk.	v. a.	d. h.	v. Chr.
E	z. T.	Jh.	↑

9 Welche Vorteile und welche Nachteile siehst du in der Verwendung von Zeichen und Abkürzungen? Begründe deine Meinung.

10 Ihr könnt in eurer Klasse eine Umfrage über Lexika durchführen, die beispielsweise folgende Fragen enthalten kann:

Hast du ein eigenes Lexikon?
- ☐ ja
- ☐ nein

Wenn ja, wie hast du es erhalten?
- ☐ selbst gekauft
- ☐ von den Eltern gekauft
- ☐ geschenkt bekommen

Gibt es in eurer Schüler- oder Klassenbibliothek Lexika?
- ☐ ja
- ☐ nein

Folgendes Lexikon habe ich mir schon einmal angesehen:
____

Wann verwendest du ein Lexikon?
- ☐ bei den Hausaufgaben
- ☐ vor den Klassenarbeiten
- ☐ gar nicht
- ☐ zum Schmökern
- ☐ ______________________

Worterklärungen

In den Lese- und Informationstexten in diesem Buch stehen manchmal Wörter, die selten gebraucht werden oder aus anderen Sprachen stammen (Fremdwörter). Diese Wörter sind in den Texten durch ein Sternchen (*) gekennzeichnet. Wenn du ihre Bedeutung nicht kennst, kannst du sie hier nachlesen.

akkurat: exakt, genau gleich

Alternative: weitere Möglichkeit

apathisch: teilnahmslos

Asthma: Erkrankung der Atemwege

Astrologie: Sterndeutung

Balbier: Barbier, Frisör

balbieren: alter Ausdruck für „rasieren"

Barbier: Frisör

behände: flink, beweglich, schnell

Biotop: durch bestimmte Lebewesen gekennzeichneter Lebensraum

Bodenversiegelung: Pflastern, Betonieren oder Asphaltieren des Erdbodens, sodass das Wasser nicht versickern kann

boomen: sich schnell entwickeln

Bronchitis: Erkrankung der Atemwege

Budget: Geld, das man zur Verfügung hat

chronisch: langwierig, dauernd

Concierge: Portiersfrau, Hausmeisterin

Department du Gard: Verwaltungsbezirk in Südfrankreich

Depression: seelische Erkrankung, Niedergeschlagenheit

Destillerie: Firma, die Alkohol herstellt

diverse: verschiedene, zahlreiche

Exoten: hier sind ausgefallene, seltene Berufe gemeint

geraunzt, raunzen: grob/unverschämt erwidern

Glamour: tolle Aufmachung, großer Glanz

Gründe: gemeint ist hier der Erdboden, in dem im Winter nichts mehr wächst und der durch das wärmende Laub vor der Kälte geschützt wird

Haschisch: Rauschgift aus der Cannabispflanze

historisch: geschichtlich

Hygiene: Gesundheitspflege, Sauberkeit

Indiskretion: Vertrauensbruch, Taktlosigkeit

Institution: (öffentliche) Einrichtung

Invalide: schwer kranker, arbeitsunfähiger Mensch

Klient: Auftraggeber, Kunde

Klischee: vorgefertigtes Bild, vorgefertigte Meinung

Kompromiss: Übereinkunft, Ausgleich, Zugeständnis

Kreativität: einfallsreiche Gestaltung, Schöpferkraft

Krisis: eine plötzliche Verbesserung oder Verschlechterung im Verlauf einer Krankheit

Kulak: russischer Großbauer vor der russischen Revolution

legalisiert: erlaubt, nicht verboten

Lifestyle: Lebensstil

makaber: unheimlich, Schauder erregend

Navigation: Steuern eines Wasserfahrzeugs oder Flugzeugs auf einem festgelegten Kurs

Nebbich: (jiddisch) der arme Kerl

Nimes: Stadt in Südfrankreich

ökologisch: umweltbewusst, umweltverträglich

Paillettenkostüm: Kleid mit glitzernden aufgenähten Metallplättchen

Patrouillenboot: Boot der Küstenwache

Pirouette: schnelle Drehung um die eigene Achse

Pont du Gard: Brücke aus der Römerzeit in Südfrankreich

Postbureau: Postbüro, kleines Postamt

prognostizieren: feststellen, vorhersagen

Protektoren: Schützer an Armen und Knien

Raingras: Gras am Rand eines Ackers

Rassist: Mensch, der seine Rasse als höherwertig gegenüber anderen Rassen ansieht und diese verachtet

recherchieren: nachforschen, sich Informationen beschaffen

restaurieren: ausbessern

Rubrik: (hier) Abteilung in einer Zeitung, z. B. Politik, Wirtschaft oder Sport

Sabotage: absichtliche Zerstörung von Betriebseigentum, Unterlassen von Hilfeleistungen

Schafskopp: Kartenspiel

Schemen: Schatten

Schloßen: Hagelkörner

Schmarotzer: jemand, der nichts selber tut und auf Kosten anderer leben

Senilität: (geistige) Altersschwäche

seriös: ernsthaft, glaubwürdig

Slogan: Schlagwort; Ausdruck, der sich besonders gut einprägt, z. B in der Werbung (Werbeslogan): *Milch macht müde Männer munter*

souverän: selbstständig, sicher

Statiker: Fachleute, die die Standfestigkeit von Gebäuden berechnen

Tabajie: Kneipe

Taverne: Weinschenke, Wirtshaus

Töff : umgangsprachlicher, etwas veralteter Ausdruck für „Moped"

Tremolo: (hier) zitternde, lauter werdende Stimme

Trendsetter: jemand, der einen bestimmten Stil, eine bestimmte Richtung vorgibt, der andere dann folgen

Überdüngung: in der Landwirtschaft Verwendung von zu viel Dünger, der dann in das Grundwasser gelangt

Utensil: Gebrauchsgegenstand, meist im Plural verwendet: Utensilien

Volontär: jemand, der eine Ausbildung macht, meist in Zeitungs- oder Buchverlagen

Zauberrunen: Runen sind alte germanische Schriftzeichen; gemeint ist hier so etwas wie ein Zauberbann

Zwerchfell: Trennwand zwischen Bauch- und Brusthöhle

Fachbegriffe zum Nachschlagen

Adjektiv (Eigenschaftswort, Wiewort): Wortart. Beispiele: *groß, dünn, viereckig.* Mit ihnen kann man Eigenschaften und Merkmale bezeichnen: *der braune Hund, der bissige Hund.* Viele können gesteigert werden: *größer, am größten; dünner, am dünnsten.* → Seite 226/227

Adverb (Umstandswort): Wortart. Beispiele: Adverb der Zeit: *heute, dann, nie;* Adverb des Ortes: *hier, hinten, dort;* Adverb der Art und Weise: *so, gern, entzwei.*

Adverbiale Bestimmung (Adverbial, Umstandsbestimmung): Satzglied. Beispiele: a. B. der Zeit (temporal): *Ich komme* (wann?) *am nächsten Sonntag;* a. B. des Ortes (lokal): *Wir treffen uns* (wo?) *im Schwimmbad;* a. B. der Art und Weise (modal): *Hoffentlich ist es* (wie?) *schön warm;* a. B. des Grundes (kausal): *Andernfalls raufe ich mir die Haare* (warum?) *vor Wut.*

Akkusativ (Wenfall, 4. Fall): Form des Nomens. Beispiele: *Ich sehe einen Turm; Ich steige auf den Turm.* Männliche Nomen bilden den Akkusativ im Singular mit *-en: den, einen Turm.*

Aktiv: Form des Verbs. Das wesentliche Kennzeichen von Aktivsätzen ist, dass derjenige, von dem eine Handlung ausgeht, im Subjekt des Satzes genannt wird, und derjenige, mit dem etwas geschieht, im Akkusativobjekt: *Das Mädchen lacht den Jungen aus.* Die meisten Sätze unserer Sprache stehen in dieser Form. → Seite 231

Apostroph: Der Apostroph ist ein Zeichen, mit dem der Schreiber darauf hinweist, dass Buchstaben beim Schreiben ausgelassen wurden: *Das ist's! Geht's dir gut?*

Artikel (Begleiter, Geschlechtswort): Wortart: Beispiele: *der, die, das* (bestimmte Artikel)*; ein, eine* (unbestimmte Artikel). Artikel geben das Geschlecht eines Nomens an: *der Löffel, die Gabel, das Messer.*

Attribut (Beifügung): Attribute sind Beifügungen, die in der Regel zu Nomen gehören. Sie erklären das, was ein Nomen bedeutet, näher. Attribute können vor allem aus Adjektiven bestehen: *der bissige Hund,* aus Nomen im Genitiv: *der Hund des Nachbarn,* aus Nomen mit einer Präposition: *der Hund in der Hütte* und aus Relativsätzen: *der Hund, der an der Kette liegt.* → Seite 236–238

Aufforderungssatz (Befehlssatz)**:** Satz, mit dem man zu etwas aufruft oder jemanden zu etwas auffordert: *Komm her! Gib mir bitte das Brötchen! Jens bleibt zu Hause!* Nach einem Satz mit einer besonders nachdrücklichen Aufforderung steht ein Ausrufezeichen.

Ausrufezeichen: Satzzeichen, mit dem man angeben möchte, dass ein Satz als Ausruf, Befehl, Wunsch oder nachdrückliche Aufforderung gemeint ist: *Das ist aber schön! Ach, wenn ich doch zaubern könnte! Mach jetzt endlich mal deine Hausaufgaben!*

Aussagesatz: Satz, mit dem man eine Aussage macht (im Gegensatz zu einem Frage- oder Aufforderungssatz). Nach einem Aussagesatz steht ein Punkt: *Morgen fahre ich nach Essen.*

Begleiter: Artikel und Possessivpronomen werden als Begleiter bezeichnet, weil sie das Nomen begleiten: *die Katze, meine Katze.*

Bestimmungswort: Ein zusammengesetztes Nomen besteht aus dem Grundwort und dem Bestimmungswort. Das Bestimmungswort ist der erste Teil eines solchen Nomens, mit dem das Grundwort näher bestimmt wird: *Taschentuch.*

Dativ (Wemfall, 3. Fall)**:** Form des Nomens. Beispiele: *Ich helfe meinem Bruder. Ich fahre auf dem Schulhof herum.* Männliche und sächliche Nomen bilden den Dativ im Singular auf -em: *dem, einem Kater, Kätzchen.*

Demonstrativpronomen (hinweisendes Fürwort)**:** Es weist auf etwas hin, das schon bekannt ist oder genauer bestimmt werden soll. Es kann im Satz allein stehen oder ein Nomen begleitet: *Das (was du eben gesagt hast) glaube ich nicht. Dieses Buch mag ich besonders gern.* Häufig gebrauchte Demonstrativpronomen sind *dieser, diese, dieses, jener, jene, jenes, solcher, solche, solches* und das besonders betonte *der, die, das.*

direkte/indirekte Rede: In einem Text wird die direkte Rede einer sprechenden Person mit Anführungszeichen gekennzeichet: *Er sagte: „Ich bin krank gewesen."* In der indirekten Rede wird die Aussage eines anderen mit dem Konjunktiv I gekennzeichnet: *Er sagte, er sei krank gewesen* → Seite 210/211, 232/233

Ergänzungen: Objekte werden auch Ergänzungen genannt, weil sie das Prädikat ergänzen: *Die Lehrerin lobt den Schüler.*

Fälle: Das Nomen kann in vier verschiedenen Fällen stehen: 1. Fall (Nominativ): *der Hund,* 2. Fall (Genitiv): *des Hundes,* 3. Fall (Dativ): *dem Hund,* 4. Fall (Akkusativ): *den Hund.*

Femininum (weiblich)**:** Grammatisches Geschlecht eines Nomens: *die Gabel.*

Fragesatz: Satz, mit dem man eine Frage stellt (im Gegensatz zu einem Aussage- oder Ausrufesatz). Nach einem Fragesatz setzt man ein Fragezeichen: *Kommst du auch wirklich?*

Fremdwort: Ein Wort, das aus einer fremden Sprache in unsere Sprache übernommen wurde. Man erkennt es in der Regel an der fremden Aussprache oder Schreibung: *Foul, Coolness, Pizza, Cello, Ragout, Chassis* → Seite 199, 217/218

Futur: Zeitform des Verbs. Mit dem Futur I kann man einen Vorgang als zukünftig darstellen. Das Futur I wird mit dem Hilfsverb *werden* gebildet: *Morgen werde ich das erledigen.* Mit dem Futur II kann ein Vorgang dargestellt werden, der in der Zukunft bereits abgeschlossen ist. Das Futur II wird mit dem Hilfsverb *werden* und dem Partizip II gebildet: *Morgen Abend werde ich das erledigt haben.* Beide Zeitformen werden selten verwendet. Das Futur I wird häufig durch das Präsens ersetzt: *Morgen erledige ich das.* Das Futur II kann durch das Perfekt ersetzt werden: *Morgen Abend habe ich das erledigt.*

Genitiv (Wesfall, 2. Fall)**:** Form des Nomens. Beispiele: *der Hund unseres Nachbarn.* Männliche und sächliche Nomen bilden den Genitiv im Singular auf -es: *des, eines Hundes.*

Grundwort: Ein zusammengesetztes Nomen besteht aus dem Grundwort und dem Bestimmungswort. Das Grundwort ist der zweite Teil eines solchen Nomens: *Taschentuch.*

Hauptsatz: In einem Hauptsatz steht, im Gegensatz zu einem Nebensatz (siehe auch dort!), das Prädikat oder ein Teil des Prädikats an zweiter Stelle im Satz: (1) *Ich* | (2) *fahre* | *heute* | *mit dem Bus.* – (1) *Ich* | (2) *bin* | *heute* | *mit dem Bus* | *gefahren.* Ausnahmen davon bilden nur manche Fragesätze, in denen das Prädikat am Anfang steht: (1) *Fährst* | *du* | *heute* | *mit dem Bus?* Geht dem Hauptsatz ein Nebensatz voraus, so bildet dieser Nebensatz die erste Stelle und das Prädikat die zweite: (1) *Weil ich es eilig habe,* | (2) *fahre* | *ich* | *mit dem Bus.* → Seite 213-215, 239

Hilfsverb: Wortart. Die Hilfsverben sind: *sein (ich bin, ich war, ich bin gewesen ...), haben (ich habe, ich hatte, ich habe gehabt ...), werden (ich werde, ich wurde, ich bin geworden ...).* Die Hilfsverben „helfen" den Verben beim Bilden der Zeitformen des Perfekts, Plusquamperfekts, Futur I und Futur II: *ich bin gekommen, ich hatte geschlafen, ich werde kommen, ich werde das erledigt haben.*

Imperativ: Ausrufe- oder Befehlsform eines Verbs (im Gegensatz zum Indikativ und Konjunktiv)**:** *Gib her! Lies das durch! Geh weg!*

Indikativ Die Normalform des Verbs. Der Indikativ ist die am häufigsten gebrauchte Aussageform eines Verbs. *Er kommt, sie fährt* ... (im Gegensatz zum Konjunktiv: *er käme, sie fahre* ...) → Seite 232

Infinitiv (Grundform des Verbs)**:** Es ist diejenige Form, in der ein Verb im Wörterbuch steht: *halten, schlafen.* In Sätzen dagegen stehen Verben fast immer in der Personalform: *er hält, sie schläft.* Die Grundform kommt aber auch in Sätzen vor, die mit den Verben *können, wollen, sollen* usw. gebildet sind: *Er soll halten. Sie will schlafen.*

Komma: Satzzeichen zur Gliederung von Sätzen. Sie werden vor allem gesetzt, damit Leser in einem Satz erkennen können, was zusammengehört und was voneinander getrennt ist. Kommas stehen bei Aufzählungen von Wörtern, Wortgruppen und Sätzen, bei Ausgliederungen von Wörtern und bei Unterordnungen von Haupt- und Nebensätzen. Die einzelnen Regeln dafür sind sehr vielfältig. → Seite 212–215, 238/239, 242

Konjunktion (Verbindungswort)**:** Wortart. Beispiele: *und, oder, weil, als, wenn* ... Mit Konjunktionen kann man Wörter, Wortgruppen, ganze Sätze oder Haupt- und Nebensätze verbinden. → Seite 239

Konjunktiv I: Eine Form des Verbs, die vom Präsens gebildet wird *(Sie sagte, sie gehe jetzt weg.),* vom Perfekt *(Sie sagte, sie habe geschlafen.)* oder vom Futur I *(Sie sagte, sie werde kommen.)* Der K. I wird in der indirekten Rede verwendet. → Seite 232/233

Konjunktiv II: Eine Form des Verbs, die vom Präteritum gebildet wird *(Ich sähe dich gern einmal wieder),* vom Plusquamperfekt *(Ich hätte dich so gerne gesehen!)* oder die mit *würde* gebildet wird *(Ich würde dich so gern sehen.)* Der K. II dient vor allem zum Ausdruck von Wünschen und Vorstellungen. → Seite 234/235

Komparativ: Steigerungsform des Adjektivs. Beispiele: *größer, schöner, höher als* ... → Seite 227

Konsonant: Mitlaut (im Gegensatz zu Vokal = Selbstlaut). Konsonanten sind die Laute und die entsprechenden Buchstaben dazu: *b, c, d, f, g, h, j, k, l, m, n, p, q, r, s, t, v, w, x, z.*

Maskulinum (männlich)**:** Grammatisches Geschlecht eines Nomens: *der Löffel.*

Metapher: Übertragung eines Wortes oder Satzes aus der Normalbedeutung in eine bildliche Bedeutung. Beispiele: *Fuchs (ein Säugetier) – schlauer Fuchs (ein listiger Mensch); Ferkel (junges Schwein) – Du bist ein Ferkel (Kind, das schmutzig ist).* → Seite 220-222

Nachsilbe: Als Nachsilben werden meistens Teile von Wörtern bezeichnet, die an den Wortstamm angehängt sind (auch wenn sie eigentlich keine echten Silben sind!): *kind-lich, witz-ig* (nach Silben getrennt: *wit-zig), Freund-schaft, Kleid-ung* (nach Silben getrennt: *Klei-dung*).

Nebensatz: Das wichtigste Kennzeichen eines Nebensatzes ist, dass das gesamte Prädikat (mit allen Zusätzen) am Ende des Satzes steht. Weitere Kennzeichen von Nebensätzen sind die Einleitungswörter (z. B. Konjunktionen oder Relativpronomen), die am Anfang eines Nebensatzes stehen. Diese Einleitungswörter bilden gemeinsam mit dem Prädikat den „Rahmen" von Nebensätzen: *Weil* | *Lotte von ihrer Freundin* | *abgeschrieben hat,* ... Nebensätze bilden gemeinsam mit Hauptsätzen ein Satzgefüge. Ohne einen Hauptsatz kommen Nebensätze nicht vor. Sie können dem Hauptsatz vorweg gehen *(Wenn es heute regnet, bleibe ich zu Hause),* ihm nachfolgen *(Ich bleibe zu Hause, wenn es heute regnet)* oder in ihn eingefügt werden *(Ich bleibe, wenn es heute regnet, zu Hause).*
→ Seite 213–215, 239

Neutrum (sächlich)**:** Grammatisches Geschlecht eines Nomens: *das Messer.*

Nomen (Substantiv, Hauptwort, Dingwort)**:** Wortart. Beispiele: *Kind, Katze, Computer, Glück.* Mit Nomen kann man Lebewesen, Dinge, Gefühle und Gedanken bezeichnen. Nomen haben einen Artikel: *das Kind, die Katze, der Computer ...*

Nominalisierung: Wenn Wörter anderer Wortarten zu Nomen werden, nennt man das Nominalisierung. Am häufigsten sind nominalisierte Verben *(das Lesen)* und nominalisierte Adjektive *(der Große).* → Seite 200/201, 203

Nominativ (Werfall, 1. Fall)**:** Form des Nomens. Im Nominativ stehen die Subjekte unserer Sprache: *Der Hund jagt die Katze.*

Objekt (Ergänzung)**:** Satzglied. Am häufigsten in unserer Sprache sind das Dativ- und das Akkusativ-Objekt. Beispiele: Dativ-Objekt: *Ich helfe meinem Bruder,* Akkusativ-Objekt: *Ich unterstütze meinen Bruder.*

Partizip (Mittelwort): Die Partizipien stehen „zwischen" der Wortart Verb und Adjektiv. Ihr Wortstamm besteht aus einem Verb *(lauf),* das aber auch als Adjektiv verwendet werden kann *(laufende Meter, die gelaufene Zeit).* Man unterscheidet: das Partizip I, das mit *-end* gebildet wird *(laufend)* und das Partizip II, das mit *ge-* und mit *-en* oder *-t* gebildet wird *(gelaufen, geholt).*

Passiv: Eine Form des Verbs. Das Passiv wird mit dem Hilfsverb *werden* und dem Partizip II gebildet *(Ich werde ausgelacht).* Mit dem Passiv kann man einen Vorgang so darstellen, dass nur von demjenigen die Rede ist, dem etwas passiert, nicht aber von dem, der etwas tut; es ist also nicht gesagt, wer auslacht, sondern nur, wer ausgelacht wird. In Passivsätzen kann man allerdings auch den „Täter" einer Handlung nennen; dann geschieht das mit einem Satzglied mit *von (Ich werde von meiner Freundin ausgelacht).* Das Passiv wird auch als eine Art „Gegenform" zum Aktiv angesehen (siehe dort!). Aktiv: *Meine Freundin lacht mich aus.* Passiv: *Ich werde von meiner Freundin ausgelacht.* → Seite 231

Perfekt (zusammengesetzte Vergangenheitsform)**:** Zeitform des Verbs. Zusammengesetzt wird sie aus dem Hilfsverb *haben* oder *sein* und dem Partizip Perfekt (Partizip 2). Wir verwenden diese Zeitform meistens dann, wenn wir über etwas Vergangenes sprechen: *Gestern bin ich mit dem Rad zur Schule gefahren. Da habe ich mich sehr beeilt.*

Personalpronomen (persönliches Fürwort)**:** Die Personalpronomen im Singular sind: *ich, du, er, sie, es* und ihre Pluralformen *wir, ihr, sie.* Dazu gehören auch alle gebeugten Formen wie *mir, mich, dir, dich, ihm, ihn, ihr ...*

Plural: Mehrzahl (im Gegensatz zum Singular). Der Plural gibt an, dass etwas mehrere Male gemeint ist. Er wird mit dem Artikel *die* gebildet. Die meisten Nomen haben einen Plural: *die Löffel, die Gabeln, die Messer.*

Plusquamperfekt: Zeitform des Verbs. Zusammengesetzt wird diese Zeitform mit den Hilfsverben *haben (hatte)* oder *sein (war)* und dem Partizip II. Man verwendet diese Zeitform, wenn man etwas darstellt, das der Vergangenheit vorausgeht und bereits abgeschlossen ist: *Wir kamen an, als der Zug schon abgefahren war. Ich fuhr los, nachdem ich alles eingepackt hatte.*

Positiv: Grundform des Adjektivs. Beispiele: *groß, schön, hoch ...* → Seite 227

Possessivpronomen (besitzanzeigendes Fürwort)**:** Sie stehen vor einem Nomen und zeigen oft an, wem etwas gehört: *mein Stift, deine Mütze, unser Haus.* Es gibt nur wenige Possessivpronomen: *mein, dein, sein, ihr, unser, euer, meine, deine, seine, ihre, unsere, eure.*

Prädikat (Satzaussage)**:** Das Prädikat ist dasjenige Satzglied, das aus einem Verb besteht: *Lotte schreibt.* Zum Prädikat gehören auch alle Wörter, die zum Verb gehören: *Lotte schreibt ab. Lotte schreibt sich etwas auf.* Man nennt solche Wörter „Verbzusätze". Wenn diese Wörter am Ende eines Satzes stehen, dann wird der Satz durch das Verb und seine Verbzusätze „eingerahmt"; man spricht dann von einer „Prädikatsklammer": *Lotte schreibt mit großem Geschick von ihrer Freundin ab. Lotte hat mit großem Geschick von ihrer Freundin abgeschrieben.*

Präposition (Verhältniswort)**:** Wortart. Beispiele: *auf, zu, wegen.* Präpositionen erkennt man daran, dass nach ihnen das Nomen im Genitiv *(wegen des Sturms),* Dativ *(zu dem Fest)* oder Akkusativ *(durch den Tunnel)* steht.

Präsens (Gegenwartsform): Zeitform, die wir in der Regel verwenden, wenn wir über etwas sprechen, was in der Gegenwart des Sprechers abläuft *(Jetzt regnet es gerade).* Das Präsens ist aber vielfältig verwendbar. Es wird auch zur Darstellung von etwas verwendet, was in der Zukunft abläuft *(Morgen komme ich zu dir),* und es kann sogar etwas Vergangenes vergegenwärtigen *(Gestern läuft mir doch plötzlich eine Katze ins Rad!).* Diese Form nennt man „szenisches Präsens". Darüber hinaus kann das Präsens etwas darstellen, was mit Zeit überhaupt nichts zu tun hat *(Wale sind Säugetiere. Aller Anfang ist schwer).* → Seite 228/229

Präteritum (einfache Vergangenheitsform)**:** Zeitform des Verbs. Wir verwenden diese Zeitform meistens dann, wenn wir über etwas Vergangenes schreiben: *Ein König besaß ein großes Schloss und herrschte über ein großes Land.* → Seite 228/229

Pronomen (Fürwort oder Begleiter)**:** Wortart. Es gibt verschiedene Arten von Pronomen. Die eine Art steht *für* ein Nomen: *der dicke Kater → er;* die andere Art steht *vor* einem Nomen: *mein Kater.* (Siehe auch Personalpronomen, Possessivpronomen, Demonstrativpronomen, Relativpronomen)

Punkt: Satzzeichen, mit dem wir angeben, dass ein geschriebener Satz zu Ende ist. (Siehe auch Aussagesatz!)

Relativpronomen/Relativsatz: Pronomen, die einen Relativsatz einleiten und sich auf ein vorausgehendes Nomen beziehen: *Ein Frosch, der/welcher ständig quakt, nervt mich.* Relativpronomen stammen von den Artikeln und Fragepronomen ab; es sind: *der, die, das, was, welcher* in ihren verschiedenen Formen. Relativsätze beziehen sich in der Regel auf das ihnen unmittelbar vorausgehende Nomen: Nicht also: *Im Teich, der ständig quakt, sitzt ein Frosch,* sondern: *Im Teich sitzt ein Frosch, der ständig quakt.* → Seite 238

Satz: Von der Grammatik her betrachtet besteht ein Satz mindestens aus einem Prädikat und einem weiteren Satzglied: *Die Stadt / lärmt. Heute / wird gearbeitet.* Vom Sinn her betrachtet ist ein Satz ein Gedanke, der abgeschlossen ist.

Satzgefüge: Ein Satzgefüge ist eine Kombination aus einem Hauptsatz mit mindestens einem Nebensatz: (Nebensatz:) *Was du nicht willst,* (Nebensatz:) *das man dir tu,* (Hauptsatz:) *das füg auch keinem andern zu.* → Seite 213–215, 238/239

Satzglied: Ein Wort oder eine Wortgruppe, die man bei der Umstellprobe im Satz an eine andere Stelle (z. B. an den Anfang) verschieben kann: *Sie / gibt / diesem Schüler / auf seinen Aufsatz / eine Zwei. – Diesem Schüler / gibt / sie / ... – Auf seinen Aufsatz / gibt / sie / ... – Eine Zwei / gibt / sie / ...– Gibt / sie / diesem Schüler / auf seinen Aufsatz / eine Zwei?* Dieser Satz besteht also aus fünf Satzgliedern. Einige davon bestehen aus einem, andere aus mehreren Wörtern. → Seite 240/241

Satzzeichen: Zu den Satzzeichen gehören in der geschriebenen Sprache alle Zeichen, die keine Wörter sind. Satzzeichen setzt man vor allem deswegen, damit ein Leser einen Text besser verstehen kann. Zu den Satzzeichen gehören: der Punkt, das Komma, das Ausrufe- und Fragezeichen, der Doppelpunkt, die Anführungszeichen und noch einige andere.

Silbe: Silben sind Teile eines Wortes, die man beim Sprechen von Wörtern erkennen kann. Wörter bestehen aus einer Silbe, aus zwei oder drei Silben. Mehr als dreisilbige Wörter sind selten. Die meisten Wörter sind zweisilbig. Solche Wörter enthalten eine betonte Silbe und eine unbetonte: *I-gel, ge-ben, im-mer, Stra-ße, ernst-haft ...* Jede Silbe enthält einen Vokal. Vor und nach dem Vokal können Konsonanten vorkommen – einer oder mehrere. Beim Trennen eines Wortes am Zeilenende setzt man einen Silbentrennungsstrich.

Singular: Einzahl (im Gegensatz zum Plural). Der Singular gibt an, dass etwas nur einmal gemeint ist: *Der/ein Hund hat mich angebellt.* Der Singular kann aber auch bedeuten, dass etwas ganz allgemein gültig ist, auch wenn mehrere gemeint sind: *Der Hund ist ein beliebtes Haustier.*

Steigerung: Viele Adjektive können gesteigert werden: *groß, größer, am größten.* Bei manchen Adjektiven ist eine Steigerung sinnlos, z. B.: *viereckig.* Manche Adjektive kommen in gesteigerter Form gar nicht vor, z. B.: *lila.* → Seite 227

Subjekt: Satzglied. Neben dem Prädikat ist das Subjekt das wichtigste Satzglied. Meistens bezeichnet das Subjekt jemanden, der etwas tut, und steht an erster Stelle im Satz. Das Subjekt steht immer im Nominativ (1. Fall). Beispiel: *Der Hund bellt den Briefträger an.*

Superlativ: Höchstform beim Steigern eines Adjektivs. Beispiele: *am größten, am schönsten, am besten ...* → Seite 227

Umlaut: Die Vokale ä, äu, ö, ü nennt man Umlaute. Sie kommen meistens in Wörtern vor, die von Wörtern mit einem a, au, o, u abstammen: *Hände – Hand, Häuser – Haus, größer – groß, Schnüre – Schnur.* Die Vokale a, au, o, u werden also „umgelautet".

Umstellprobe (Verschiebeprobe): Ein Verfahren zur Ermittlung von Satzgliedern. Wörter oder Wortgruppen, die man im Satz umstellen oder verschieben kann, nennt man Satzglieder. (Siehe auch Satzglied!). → Seite 240/241

Verb (Tätigkeitswort, Zeitwort): Wortart. Beispiele: *schlafen, wachen.* Mit Verben bezeichnet man Vorgänge und Zustände wie *schlafen, blühen, sitzen, liegen* und Tätigkeiten wie *laufen, packen, essen.* Verben können in den Zeitformen verändert werden (siehe auch: Zeitformen). Dabei verändern die einen ihren Wortstamm, die anderen aber nicht. Verben, die ihren Wortstamm verändern, nennt man „starke" Verben (*schlafen, schläft, schlief*), solche, die ihren Wortstamm nicht verändern, heißen „schwache" Verben (*wachen, wacht, wachte*). → Seite 228–235

Vokal: Selbstlaut (im Gegensatz zu Konsonant = Mitlaut). Vokale sind die Laute und Buchstaben *a, e, i, o, u,* auch: deren Umlaute *ä, ö, ü.* Zu den Vokalen zählt man auch die Zwielaute, die aus zwei Vokalen bestehen: *au, ei, eu, äu.*

Vorsilbe: Teil eines Wortes, der nicht allein vorkommt, sondern vor einem Wortstamm steht: *ent-laufen, ver-laufen, un-echt ...* Doch auch die kleinen Wörter, die allein stehen können, nennt man oft Vorsilben: *ab-hauen, durch-laufen* ...

Wemfall: Man nennt den Dativ auch Wemfall, weil man ihn mit *wem?* erfragen kann: *Ich helfe (wem?) meiner Schwester.* (Siehe Dativ!)

Wenfall: Man nennt den Akkusativ auch Wenfall, weil man ihn mit *wen oder was* erfragen kann: *Ich unterstütze (wen oder was?) meinen Bruder.* (Siehe Akkusativ!)

Werfall: Man nennt den Nominativ auch Werfall, weil man ihn mit *wer oder was* erfragen kann: *Das Tor erzielte (wer oder was?) der Linksaußen.* (Siehe Nominativ!)

Wortarten: Wortarten sind Gruppen von Wörtern, die sich nach bestimmten Gesichtspunkten ordnen lassen. Die meisten Sprachwissenschaftler ordnen die Wörter unserer Sprache heute diesen Wortarten zu: Verben, Nomen, Adjektive, Artikel/Pronomen, Adverbien, Konjunktionen, Präpositionen.

Wortbaustein: Wortbausteine nennt man (im Gegensatz zu Silben) Teile eines Wortes, die etwas bedeuten: den Wortstamm *(z. B. spitz)* und die Teile, die den Wortstamm einrahmen (z. B. *an-spitz-en, be-spitz-eln, ge-spitz-t, Spitz-er).* Ein Wort ist in der Regel aus einem Wortstamm und weiteren Teilen „aufgebaut".

Wortfamilie: Eine Gruppe von Wörtern, die einen gemeinsamen Wortstamm haben und deswegen miteinander verwandt sind. Beispiele: *fließen, flüssig, Fluss, geflossen, abfließen, Abfluss …*

Wortfeld: Eine Gruppe von Wörtern, die eine ähnliche Bedeutung haben. Beispiele: Wortfeld „sprechen": *sagen, reden, flüstern … ;* Wortfeld „dumm": *blöde, doof, unintelligent, bescheuert …* → Seite 223

Wortstamm: Der Wortstamm ist der wichtigste Teil eines Wortes, das aus mehreren Wortbausteinen besteht: *verlaufen, Anlauf, übergetreten, Abtreter …*

Wörtliche Rede: Teil eines Textes, in dem steht, was einer wörtlich sagt. Damit man in einem Text das, was einer sagt, von dem unterscheiden kann, was der Schreiber schreibt, setzt man die wörtliche Rede in Anführungszeichen: *Ich ging zu ihr und sagte: „Komm doch einfach mit!"* → Seite 210/211, 232/233

Zahlwort: Zahlwörter sind Wörter über Zahlen, die aber zu ganz verschiedenen Wortarten gehören: Nomen: *die Sieben;* Adjektive: *die sieben Schwaben;* Adverbien: *sieb(en)tens …*

Zeitform: Eine Form des Verbs. Mit den Zeitformen kann man auf verschiedene Zeiten hindeuten, über die jemand spricht. Zeit und Zeitform sind aber nicht dasselbe! Denn man kann über eine Zeit sprechen, die schon in der Vergangenheit liegt, und dabei doch verschiedene Zeitformen gebrauchen: *Gestern ging ich so auf der Straße* (Präteritum), *da kommt mir doch ein Hund entgegen* (Präsens), *der mich laut angebellt hat* (Perfekt). (Siehe auch Gegenwart – Gegenwartsform!). → Seite 228/229

Zusammensetzung: Wörter können mit anderen Wörtern zusammengesetzt werden. Beispiele: *Fußballspiel* (drei Nomen), *blaugrün* (zwei Adjektive). (Siehe auch Bestimmungswort, Grundwort!)

Textsortenverzeichnis

Autoren- und Quellenverzeichnis

Aigner, Christoph Wilhelm
(geb. 1954)
Tonerde S. 58
Aus: C. W. Aigner. Landsolo. Gedichte. Salzburg/Wien: Otto Müller 1993. S. 41.

Auf dem Kampe, Jörn
Tsunami S. 61
Aus: Geolino 3/2002. S. 66ff.

Bergmann, Thomas
Kletterpartie S. 140
Aus: T. Bergmann. Giftzwerge. Wenn der Nachbar zum Feind wird. München: Beck 1992.

Böhme, Hartmut
Wasser S. 60
Aus: Kulturgeschichte des Wassers. Hrsg. von H. Böhme. Frankfurt a. M.: Suhrkamp 1986. S. 13 (gekürzt).

Boie, Kirsten
(geb. 1950 in Hamburg)
Kahlschnitt S. 38
Aus: K. Boie. Jeden Tag ein Happening. Hamburg: Oetinger 1993. S. 12ff.

Bongers, Jürgen
Alkohol S. 244
Aus: Hagemann Transparent. Biologie: Allgemeine Biologie. Alkohol (172284). Düsseldorf: Hagemann-Lehrmittelverlag. (Mittelteil ergänzt)

Braun, Johanna und Günter
(J. Braun geb. 1929 in Magdeburg, G. Braun geb. 1928 in Wismar)
Herrn Morphs Wölfe S. 144
Aus: J. und G. Braun. Herr A. Morph. 52 Geschichten. Frankfurt a. M.: Insel 1998.

Cesco, Federica de
(geb. 1938 in Porderone/Italine)
Spaghetti für zwei S. 42
Aus: F. de Cesco. Freundschaft hat viele Gesichter. Luzern und Stuttgart: Rex 1969. S. 79ff.

Christ, Lena
(geb. 1881 in Glonn, gest. 1920 in München)
Eine gefährliche Situation S. 228
Aus: L. Christ. Erinnerungen einer Überflüssigen. München: Piper 1992.

Crummenerl, Rainer
Gerdas Rache S. 115
Aus: R. Crummenerl. Kommissar Hell. Fluchtweg ausgeschlossen. 20 Ratekrimis. München: ars edition 2002.

Die Prinzen
Millionär S. 77
Liedtext und Komposition von Sebastian Krummbiegel.

Ecke, Günter
Der Inselschreck S. 112
Aus: W. Ecke. Das Karussell der Spitzbuben. Bayreuth: Loewes 1984. S. 224ff.

Eichendorff, Joseph von
(geb. 1788 auf Schloss Lubowitz/Oberschlesien, gest. 1857 in Neiße)
Die Blätter fallen S. 129
Aus: J. von Eichendorff. Werke. Hrsg. von G. Baumann. Stuttgart. Cotta'sche Buchhandlung 1953.

Fenski, Barbara
Rotschopf S. 131
Aus: Workshop Schreiben. Hrsg. von H. Blumensath u. a. Berlin: Pädagogisches Zentrum 1980.

Gernhardt, Robert
(geb. 1937 in Reval/Estland)
Was es alles gibt S. 127, 134
Aus: R. Gernhardt. Lichte Gedichte. Frankfurt a. M.: Fischer 1999. S. 151.
Ein Tag S. 145
Aus: Ein Malik. Geschichten für lange Nächte und kurze Tage. Hrsg. von Gerhard Seidl und Linda Walz. München: Piper 1999.

Glasbrenner, Adolf
(geb. 1810 in Berlin, gest. 1876 in Berlin)
Seltener Gewinn S. 137
Aus: Unsterblicher Volkswitz. Adolf Glasbrenners Werk in neuer Auswahl. Hrsg. von Klaus Gysi und Kurt Böttcher. Berlin: Das neue Berlin 1951.

Goethe, Johann Wolfgang von
(geb. 1749 in Frankfurt a. M., gest. 1832 in Weimar)
Des Menschen Seele … S. 58
1. Strophe des Gedichts: Gesang der Geister über dem Wasser. Aus: Goethes Werke. Bd. 1: Gedichte und Epen. Hrsg. von Erich Trunz. München: Beck 1981.

Gotthelf, Jeremias
(geb. 1797 in Murten, gest. 1854 in Lützelflüh)
Der Geizhals S. 180
Aus: Deutsche Anekdoten aus fünf Jahrhunderten. Ausgewählt und hrsg. von Achim Roscher. Leipzig: Reclam 1988.

Hänsel, Wolfgang
Endloses Fischleiden S. 95
Originalbeitrag.

Hebbel, Friedrich
(geb. 1813 in Wesselburen, gest. 1863 in Wien)
Herbstbild S. 134
Aus: F. Hebbel. Werke. Hrsg. von F. Zinkernagel. Leipzig o. J.

Ihering, Herbert
(geb. 1888 in Springe, gest. 1977 in Berlin)
Die schlechte Zensur S. 138
Aus: Die Schaubude. Deutsche Anekdoten und Kalendergeschichten aus sechs Jahrhunderten. Berlin: Neues Leben 1964. © Herbert Ihering, Berlin.

Jandl, Ernst
(geb. 1925 in Wien, gest. 2000 in Wien)
my own song S. 40
Aus: E. Jandl. Gesammelte Werke. Bd. 2 Frankfurt a. M.: Luchterhand 1990. S. 557.

Krüss, James
(geb. 1926 auf Helgoland, gest. 1997 auf Gran Canaria)
Für uns sind die Andern anders S. 41
Aus: J. Krüss. Alle Kinder dieser Erde. München: Lentz 1979.

Litwin, Alexander/Safrin, Horacy
Albert Einstein S. 136
Aus: Jüdische Anekdoten und Sprichwörter. Hrsg. von Salcia Landmann. München: Deutscher Taschenbuch Verlag 1965.

Ludwig, Niklas
Von Tierquälerei keine Spur S. 94
Originalbeitrag.

Meidinger-Geise, Inge
Platzkarten S. 157
Aus: Auch Deutsche lachen. Hrsg. von Eugen Skaga-Weiß. Tübingen und Basel: Erdmann o. J.

Morgenstern, Christian
(geb. 1871 in München, gest. 1914 in Meran)
Gewitteranfang S. 63
Aus: C. Morgenstern. Sämtliche Dichtungen. Basel: Zbinden 1978.

Philipps, Carolin
Das Boot ist voll! S. 49
Aus: Du bist nicht wie wir. Geschichten vom Anderssein. Wien: Ueberreuter 2001. S. 7ff.

Pressler, Mirjam
(geb. 1940 in Darmstadt)
Das war das Schlimmste S. 32
Aus: M. Pressler. Nun red doch endlich. Weinheim: Beltz 1988. S. 14ff.

Radecki, Sigismund von
(geb. 1891 in Riga, gest. 1970 in Gladbeck)
Überraschendes Urteil S. 141
Aus: S. von Radecki. Das Abc des Lachens. Reinbek bei Hamburg: Rowohlt 1978. S. 268.

Reding, Josef
(geb. 1929 in Castrop-Rauxel)
Er ist „in" S. 34
Aus: Mit 13 ist alles ganz anders. Hrsg. von Jutta Modler. Wien: Herder 1990.

Rilke, Rainer Maria
(geb. 1875 in Prag, gest. 1926 in Valmont/Schweiz)
Der Panther S. 128
Aus: R. M. Rilke. Sämtliche Werke Hrsg. von E. Zinn. Frankfurt a. M.: Insel 1975.

Schmeling, Inka
Das Afrika-Experiment S. 254
Aus: Geolino 7/2002. S. 52ff.

Schramm, Godehard
(geb. 1943 in Konstanz)
Spiegelfrätzchen S. 35
Aus: Das neue Narrenschiff. Hrsg. von Christel Schütz. Frankfurt a. M.: Fischer 1980. S. 88.

Steenfatt, Margret
(geb. 1935 in Hamburg)
Im Spiegel S. 148
Aus: Augenaufmachen. 7. Jahrbuch der Kinderliteratur. Hrsg. von Hans-Joachim Gelberg. Weinheim/Basel: Beltz & Gelberg 1984. S. 218f.

Strittmatter, Erwin
(geb. 1912 in Spremberg, gest. 1994)
Die Macht des Wortes S. 143
Aus: Kramkalender. Hrsg. von E. S. Schulzenhofer. Berlin 1966.

Thurber, James
(geb. 1894 in Columbus/Ohio, gest. 1961 in New York)
Der Löwe und die Füchse S. 210
Aus: J. Thurber. 75 Fabeln für Zeitgenossen. Rowohlt: Hamburg 1967.

Tiemann, Hans-Peter
Gegendarstellung S. 130
Aus: Lust auf Lyrik. Ideen zum Umgang mit Gedichten 7/8. Hrsg. von H.-P. Tiemann. Aachen: Bergmoser & Höller.

Tucholsky, Kurt
(geb. 1890 in Berlin, gest. 1935 in Göteborg)
Der Floh S. 139
Aus: K. Tucholsky. Gesammelte Werke in drei Bänden. Reinbek bei Hamburg: Rowohlt 1960. S. 457.

Texte ohne Verfasserangabe und Texte unbekannter Verfasser

„Aalfred" darf bleiben S. 92
Originalbeitrag.

Aalfred von der Wanne S. 93
Aus: www.wdr.de, Beitrag vom 13.6.2003.

Am meisten für Sauberkeit und Hygiene S. 64
Originalbeitrag.

Anekdoten S. 139
Originalbeitrag.

Ansichten aus Rajasthan S. 101
Bildunterschrift zu einem AP-Foto.

Asservatenkammern S. 121
Originalbeitrag.
Der blaue Handschuh S. 155
Originalbeitrag.

Der Kulak und der Knecht S. 142
Aus: Die Räubernachtigall. Betorussische Märchen. Übersetzt von Liselotte Remané. Berlin: Kultur und Fortschritt 1969.

Der Tote – Mörder – Ypsilon S. 114
Aus: Wolfgang Menzel/Kaspar H. Spinner. Geschichten basteln. Ein Schülerarbeitsheft für die Sek. 1 (zu Praxis Deutsch, Heft 75). Seelze: Friedrich 1986. S. 14.

Die alte Dame und die Handtasche S. 161
Aus: Rolf W. Brednich. Die Spinne in der Yucca-Palme. München: Beck 2002.

Die Prinzen – so fing es an S. 77
Aus: DB mobil was uns bewegt 02/03. Hrsg. von der Deutsche Bahn AG, Kommunikation. Hamburg: G+J Corporate Media. S. 19.

Die Verkleidungen der Melusine S. 162
Aus Michel Bulteau. Die Töchter der Wasser. Mythologische Gestaltungen des Unbewussten. Übersetzt von Sylvia Luetjohann. Bad Münstereifel: Edition Tramontane 1987 (Trilla).

Drogen: Der schnelle Weg zur Sucht S. 243
Aus: Geolino 02/03. Text von Stefan Greschik.

Kreativität mit dem Hammer S. 84
Aus: Was werden. Das Magazin der Berufsberatung. Heft 1/2003. S. 14.

Haikus S. 58
Originalbeiträge.

Heidesee geht „baden" S. 70
Aus: Westdeutsche Allgemeine Zeitung (Essen) vom 3.7.1992. Lokalbeilage Bottrop.

Hyänen S. 259
Aus: Bertelsmann: Wissen visuell. Gütersloh/München: Wissen Media 2002. S. 351.

Hyänen S. 258
Aus: Meyers Jugendlexikon. 5., aktualisierte Auflage. Mannheim: Meyers Lexikonverlag 2003. S. 275.

Junge Mädchen als Detektive S. 120
Originalbeitrag.

Kaum geht man heute vor die Tür ... S. 35
Originalbeitrag.

Klamotten – und was auf die hohe Kante S. 30
Aus: Hannoversche Allgemeine Zeitung vom 8./9.1.2003. Welt im Spiegel.

Klein Viktoria kriegt im Freibad immer Pickel S. 59
Aus: Westdeutsche Allgemeine Zeitung (Essen) vom 19.8.1995. Lokalbeilage Bottrop.

Krimis S. 118
Originalbeitrag.

Meine Meinung dazu S. 20
Originalbeitrag.

Obdachlose – Obdachlos S. 126
Originalbeitrag.

Polizeitaucher S. 123
Originalbeitrag.

Privatdetektive S. 122
Originalbeitrag.

Schülerjobs S. 252
Aus: Jetzt oder nie. Heft 10/1995. Hrsg. von der Bundeszentrale für gesundheitliche Aufklärung, Köln.

Schutz für den Schreiadler S. 20
Originalbeitrag.

Sechs Richtige, zwei Tote S. 111
Aus: Berliner Zeitung vom 22./23. 3. 2003. Magazin. S. 8.

Sucht nach Extremen S. 246
Aus: Fluchtwege. Texte zum Thema Drogen/Sucht. Hrsg. von Reiner Engelmann. Würzburg: Arena 1995. S. 244f.

Trendinfos aus dem Web S. 27
Originalbeitrag.

Trinken S. 66
Originalbeitrag.

Unser Trinkwasservorrat S. 65
Aus: Naturstoff Wasser. Schriftenreihe der Vereinigung Deutscher Gewässerschutz e. V. Bd. 37.

Verspielt S. 248
Aus: Fluchtwege. Texte zum Thema Drogen/Sucht. Hrsg. von Reiner Engelmann. Würzburg: Arena 1995. S. 239f.

Was Jugendliche lesen S. 21
Originalbeitrag.

Wasser S. 59
Aus: Bertelsmann Jugendlexikon in Farbe. Gütersloh: Bertelsmann 1999. S. 671

Wie kommen die Nachrichten in die Zeitung? S. 96
Originalbeitrag.

Wie Trends entstehen S. 27
Aus: Menschenskinder Nr. 9/1986. S. 3

Bildquellenverzeichnis

S. 11, 33, 36, 39, 43, 45, 50, 55, 74, 109, 110, 111, 117, 119, 130, 131, 137, 138, 139, 140, 143, 146, 167, 171: Sabine Lochmann, Frankfurt a. M.; S. 15, 16, 177, 186: Katja Schmiedeskamp, Hannover; S. 20: blickwinkel/C. Huetter; S. 22 o., 58 M., 64, 93 o., 118 r., 236, 248: dpa, Frankfurt a. M.; S. 22 u.: Globus Kartendienst, Hamburg; S. 25, 246: Mauritius, Mittenwald; S. 26, 28, 30, 32: AKG, Berlin; S. 29, 94, 98, 113, 114, 136, 141, 193, 194, 197, 202, 204, 205, 212, 215, 217, 219, 222, 223, 224, 229, 231, 232, 233, 234, 235, 240, 241: Manfred Bofinger, Berlin; S. 34: Minkus, Isernhagen; S. 41: Dieter Rixe, Braunschweig; S. 57, 58 o., 59 r.: creativ collection; S. 58 u.: plainpicture/Hexx; S. 59 l., 96, 108: Gerd Ludwig, Münster; S. 61: Corbis; S. 62, 77: action press, Hamburg; S. 65, 66, 78, 91, 151, 152, 154, 192, 213: Ulrike Köcher, Hannover; S. 67, 79, 81, 88, 89, 102, 106, 153, 155, 156, 158, 160, 188: Michael Fabian, Hannover; S. 68: Joker-Jeans, Bönnigheim; S. 69: Unicef; S. 70: Labus/WAZ, Bottrop; S. 73: Cartoon von Jutta Bauer. Aus: Christine Nöstlinger und Jutta Bauer. Ein und alles. Weinheim und Basel: Beltz 1992. S. 10; S. 75, 90, 243: Irmgard Ehls, Hofgeismar; S. 82, 84: redkon, G. Bayer; S. 93 u.: Lichtblick/Olaf Ziegler; S. 98: Deutsche Gesellschaft für Luft- und Raumfahrt, Oberpfaffenhofen; S. 99: Titelseite der Münsterschen Zeitung vom 5. 5. 2003; S. 101: AP, Frankfurt a. M.; S. 118 l.: pwe Kinoarchiv, Hamburg; S. 121: Berliner Zeitung/Markus Wächter; S. 122: (Buchumschläge) WAS IST WAS Kriminalistik. Nürnberg: Tessloff 2003; Sehen – Staunen – Wissen: Verbrecher & Detektive. Copyright © 1998 Dorling Kindersley Ltd., London. Deutsche Ausgabe Copyright © 1998 Gerstenberg Verlag, Hildesheim; S. 123: Berliner Zeitung; S. 125: Uwe Tönnies, Hannover; S. 132, 133, 144, 149, 162, 163, 180, 210: Jaroslaw Schwarzstein, Hannover; S. 136: Wilhelm-Busch-Gesellschaft, Hannover; S. 165: Salvador Dali. Die Beständigkeit der Erinnerung. Museum of Modern Art, New York/Artothek, Weilheim © Demart pro Arte B.V./VG Bild-Kunst, Bonn 2003; S. 172, 173, 175: Nießing Anlagenbau GmbH, Borken; S. 184: Aus: Leonie Alt. Speckstein-Figuren gestalten. Augsburg: Augustus 1994. Umschlagseite 4.; S. 244: altrofoto.de; S. 252: Conny Neumann, Raesfeld-Erle; S. 254, 255: Radhika Chalasani, New York; S. 259: (Gruppe) Schapowalow/Nebbia, (Kopf) M. Harvey/Wildlife, (einzeln) KPA/Kina.